Chairs.

N°. XIII.

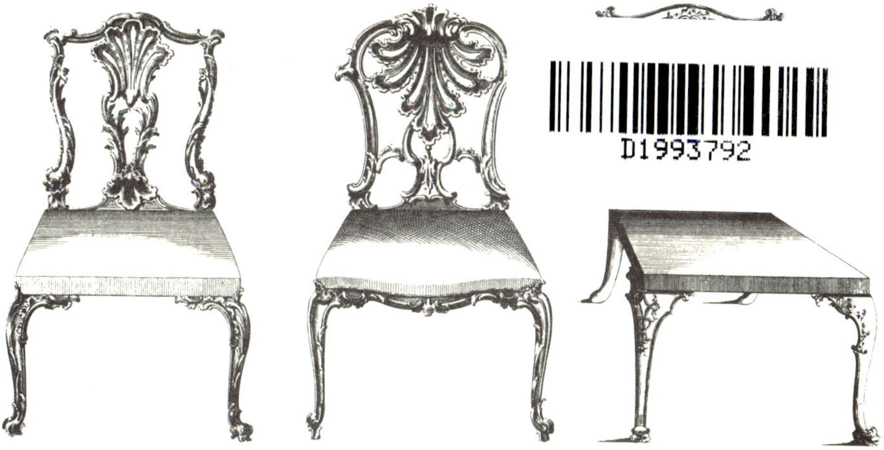

T. Chippendale inv.t et del

Pub.d according to Act of Parliam.t 1761.

J. Taylor Sculp.

N°. XIIII

Chairs.

T. Chippendale inv.t et del

Pub.d according to Act of Parliam.t 1753.

M Darly sculp

Originalzeichnungen von Thomas CHIPPENDALE

Fellow's Lexikon der Englischen Antiquitäten

Fellow's Lexikon der Englischen Antiquitäten

BECHTERMÜNZ
VERLAG

2. Auflage 1991

Gesamtherstellung: May + Co., Darmstadt
ISBN 3 927117 70 6

Vorwort zur 2. Auflage

A. Englische Antiquitäten finden weiterhin ihren Markt auf dem europäischen Kontinent. Aus verschiedenen Gründen:

1. Antiquitäten – deutsche, italienische, französische, holländische – werden knapp und teuer. In England aber steckt noch ein ausreichender Vorrat; die wahren Insider schätzen ihn auf 20 bis 30 Jahre. England hatte keinen großen Krieg im Lande, und die Zerstörungen durch Bombenangriffe blieben im Rahmen. England ist durch Eroberungen, Kolonien und Commonwealth bis etwa 1900 ungeheuer reich geworden, sowohl der Staat als auch die private Ober- und Mittelschicht. In den großen Häusern des 18. und 19. Jahrhunderts war Geld und Platz genug für umfangreiche Möbelausstattungen. Und wenn ein Stil „unmodern" wurde, lagerte man diese Stücke einfach ein. Diese Vorratshaltung kommt dem Festland heute zugute: Aufgrund des guten Angebots sind englische Antiquitäten immer noch preisgünstig.

2. Englische Möbel sind weiterhin „in". In den deutschen Hansestädten war das schon immer so. Seit aber Stilmöbel, Teakholzdesign und Schleflack langweilig geworden sind – das fing etwa 1973 an – hat der englische Stil auch in den übrigen deutschen Landen zunehmend Anhänger gefunden. Die gleichzeitig einsetzende Nostalgiewelle tat ein übriges: das alte Stück als kontrastreicher Akzent in den fortschrittlich-kühlen Wohnungseinrichtungen – das gefiel. Hinzu kommt, daß englische Antiquitäten nicht nur Sammler- und Prestigewert haben: Sie sind praktisch und enorm vielfältig, mit so manchem Geheimfach oder überraschendem Zusatznutzen. Daß dann die kontinentalen Kaufhäuser den englischen Stil mit billigen Massenartikeln aufgegriffen haben, ist für den wahren Antiquitäten-Freund fast schon wieder ein Grund, aus dem Markt und aus dem Trend auszusteigen.

3. Der Wohlstand des kontinentalen, insbesondere des deutschen Mittelstandsbürgers wächst. Seine Bedürfnisse sind fast gedeckt: Er besitzt die totale elektrische Ausrüstung, einen Zweitwagen und ist dabci, scinc IIypothek abzutragen. So fällt es nicht schwer, sich ein wertvolles Bookcase oder ein attraktives Silberservice zu leisten.

4. Trotz relativ geringer Inflationsraten in Deutschland ist zu beobachten, daß in Sachwerte investiert wird, die nicht nur dem schnellen Konsum verfallen. Neben Grundstücken und Wertpapieren sind Antiquitäten hier die angenehmste Mischung aus Anlage und Konsumfreude. An echten Antiquitäten verliert man selten. Und auch für jüngere Stücke von 50 oder 100 Jahren erlöst man bei einem Wiederverkauf mehr als für fabrikneue Waren.

Diese Faktoren gemeinsam betrachtet, sind die Erklärung dafür, warum englische Antiquitäten gefragt sind.

B. Um auch außerhalb Englands zur „Aufklärung" beizutragen, wurde dieses Buch geschrieben und erscheint hier in der zweiten Auflage. Die kontinentale Literatur über englische Antiquitäten ist ohnehin dünn oder sehr elitär geschrieben. Oder sie krankt daran, daß Museumsstücke abgebildet sind. Um ein schnelles Zurechtfinden zu erleichtern, wurde also die Lexikonform gewählt. Anhand der gezeigten Strichzeichnungen soll man sich das Stück vorstellen können. Zeichnungen können – besser als Fotos – informieren, ohne daß der Sammler auf ein Einzelstück fixiert wird.

C. Der Inhalt kam durch die unterschiedlichsten Fachleute zustande, die Spaß daran hatten, an einem solchen Lexikon mitzuarbeiten: Private Sammler, englische Händler, Auktionshäuser und Innenarchitekten. Unser Dank für das Zustandekommen des Scripts gehört vor allem:

Terry Caplin, John Chipplewhite, Mike Cole, Bob Firman, M. F. Harvey, U. R. S. Rade, Arthur Reader, David G. Roberts, Hugh. J. Schofield, Martin Taylor, Oliver Twist, Stanley Wagstaff, Guy J. H. Wald, Alan & Thelma Williamson.

D. Durch die Vielzahl der Beiträge war es schwer, einen einheitlichen Sprachstil zu erreichen. Unebenheiten durch die Übersetzung aus dem Englischen bitten wir zu entschuldigen, ebenso, wenn im Interesse der Lesbarkeit manche englischen Wörter nicht ganz korrekt getrennt sind. Ansonsten werden bei unseren kontinentalen Lesern einfachste Englischkenntnisse vorausgesetzt, Wörter wie Table oder Chair zum Beispiel wurden nicht jeweils übersetzt. Französische Ausdrücke haben wir weitgehend vermieden und nur solche Begriffe genommen, die fest im englischen Sprachgebrauch sind wie zum Beispiel Chaiselongue oder Etagère.

E. Die vorliegende Auflage hat ihren Schwerpunkt in Möbeln. Die Neigung zu Einfachheit und Strenge in Form und Linie, verbunden mit einem sicheren Gefühl für Proportionen und Materialien ließen englische Möbel zum Vorreiter für den angelsächsischen Trend in Europa und Übersee werden.

F. Last not least: Unser FELLOW'S soll Sie vor Reinfällen in einem schwierigen Markt bewahren. Wenn Sie informiert sind, können Sie Geld sparen. Oder Sie haben mit ihrem Wissen vielleicht manchesmal die Gelegenheit zuzugreifen und Ihr Geld gut anzulegen. Darum geht's heutzutage.

Gordon Fellow

Foreword

A. The dramatic increase in sales of English antiques continues. There are several good reasons for this:

1. German, Italian, French and Dutch antiques are becoming rare and expensive. But the supply from England—according to knowledgeable guesses—will last for another 20 years, if the present rate of demand continues.
No destructive war has ever been fought on English soil and damage to property in the last war by bombing was limited.
In the 18th and 19th centuries the British Empire made England a wealthy country, enabling the aristocracy and upper middle classes to indulge their fancies. Large houses of the period had space and money for bulky furnishings. When fashion changed, the old style furniture was often hidden away in the house so that today, there is still a large enough supply at reasonable prices to satisfy the continental appetite.

2. English furniture is now "in". This is nothing new in the Hanse towns. In other parts of Germany, the trend started in the early 1970's when teak design and reproduction furniture became a bore and, at the same time, a wave of nostalgia increased demand—the old pieces being a vivid contrast to today's progressive furnishings—people liked them! Furthermore, the collector enjoys the prestige of ownership. English antiques also have a practical value with uses not immediately obvious and unexpected features such as a secret drawer. Now that Continental multiple stores have adopted the English style for cheap mass produced articles the antique connoisseur could feel this is the time to stop collecting. He may console himself in the knowledge that, for mass produced goods, this is a passing fashion and, before long, his individuality will be re-established. Meanwhile there is no doubt that multiple

store advertisements stir up interest in people who have never before thought of England and its antiques.

3. The wealth of the continental middle class man is growing, especially in Germany. His demands are almost fulfilled; he possesses all the latest electrical gadgetry, has a second car, and is about to pay off his mortgage. So, it is no great financial burden for him to acquire an antique, such as a valuable bookcase or an attractive silver service.

4. In spite of relatively low inflation rates in Germany, people are now investing in objects of lasting value as opposed to short-lived consumer goods. Security can probably be bought by an investment in real estate or stocks and shares but the purchase of an antique gives both security and pleasure. Historically, genuine antiques have always appreciated in value in the long term and even later pieces, say 50 or 100 years old, will, at least, hold their price whereas brand new goods from the factory immediately depreciate.
The arguments set out above explain, in or opinion, the continued success of English antiques.

B. This book has been written to widen the horizon of readers abroad on the subject of English antiques. Continental literature on the subject is scanty and the few books available are written for the cognoscenti. Only museum pieces are illustrated—of little practical value to the beginner. For quick reference we have written this book in dictionary form; line drawings are used—better than photographs, we believe, because they illustrate a general style rather than one particular unique piece.

C. The book has been compiled from a variety of sources. Contributors include private collectors, English dealers aund auctoneers, interior designers. Our thanks to them all, and especially to:

Terry Caplin, John Chipplewhite, Mike Cole, Bob Firman, M. F. Harvey, U. R. S. Rade, Arthur Reader, David G. Roberts, Hugh. J. Schofield, Martin Taylor, Oliver Twist, Stanley Wagstaff, Guy J. H. Wald, Alan & Thelma Williamson.

D. Because of the wide area from which material has been drawn it has not been easy to produce a text with uniformity of style and we apologize for any lack of fluency in translation. French expressions have been avoided with the exception of those commonly used in England such as chaiselongue, étagère etc.

E. This edition is mainly concerned with furniture. The line, proportion and materials of English furniture are such that it has become the forerunner of the Anglo-Saxon trend overseas. In later editions of FELLOW'S LEXICON we shall deal with other subjects such as glass and china, bronzes and pewter, weapons, jewellery, paintings, lamps, instruments, dolls and other toys.

F. Finally our FELLOW'S should help you avoid making purchasing mistakes in a difficult market. If you are well informed you can save money. With your newly acquired knowledge you may even find a bargain and make a successful investment—that's the name of the game today.

GORDON FELLOW

ACKNOWLEDGEMENTS

Most of the drawings which appear in this dictionary have been supplied by the editor from his own private sources. Some are of unknown origin and, to the best of our knowledge and belief, are not subject to copyright. Should any claim for copyright arise the publishers will be pleased to correspond with the claimant and make any arrangement which may appropriate.

A

ACACIA. Ein gemasertes Holz, das in der Farbc von hellem Braun bis leichtem Rot oder Grün variiert; wurde im 18. Jh. in England gern als Furnierholz verwendet.

ACANTHUS. (Säulen-)Laubwerk, Bärenklau. Blattform in der klassischen und Renaissance-Architektur, auch im engl. Möbeldesign übernommen. Sehr wichtig bei Chippendale-Möbeln als dekoratives Motiv an den „Knien" von Cabriole Legs.

ACT OF PARLIAMENT-CLOCK. Eine große engl. Wanduhr, runde oder längliche Form, oft auch geigenförmig, und mit Einlegearbeiten, auffälliges Zifferblatt (ca. 75 cm im Durchmesser). Die Uhr ist seit dem frühen 18. Jh. bekannt. Sie wurde nach einem Gesetz von 1797/98 benannt, durch das die Regierung Uhren mit einer Steuer belegte.

ACORN. Gedrechselter Holzzapfen in Form einer Eichel, aufrecht oder tropfenförmig hängend, oft als Möbelfuß an Jacobean Furniture des frühen 17. Jh.

ADAM, Robert. Ein berühmter engl. Architekt und Möbeldesigner (1728-1792), der eine bedeutende Rolle in der Verbreitung des neoklassischen Stils in England spielte. Wichtigste Arbeiten: Entwürfe für das Osterley-, Isleworth- und Syon-House in Brentford in Middlesex, für die Kendleston Hall in Derbyshire, für Kennwood in Highgate in London

Elbow Chair und armlehnenloser Dining Chair von ADAM

sowie für die Nostell Priory und Newby Hall in Yorkshire. Bei vielen dieser Häuser entwarf er auch die Möbel für die Prunkräume, da für ihn

das Zusammenspiel der gesamten Innenarchitektur wichtig war. Seine Möbel waren mit Vasen-, Urnen-, Girlanden- und Blumenintarsien dekoriert. Seine Entwürfe waren sehr beliebt und wurden oft kopiert. Sein Lieblingsholz war Satinwood.
ADAM's Stiche und Entwürfe zeigen, daß er sich selbst mit dem kleinsten Detail befaßte.

ADAMS. Engl. Töpferfamilie aus Staffordshire, eigene Manufaktur vom späten 18. bis Mitte 19. Jh. Marken u.a. im Uhrzeigersinn um einen Adler angeordnet, z.B. ADAMS WARRANTED STAFFORDSHIRE oder nur ADAMS oder WA & S.

AGATE WARE (Achatware).
Engl. Steingut aus Staffordshire, Mitte des 18. Jh. Durch Kneten von verschiedenfarbigem Ton oder durch Bemalung wurde Marmor oder Achat imitiert. Auch von Wedgwood hergestellt (> Porzellan).

AGE OF MAHOGANY. Periode der engl. Möbeldesigner und Innenarchitekten von 1710 bis 1765. Designer und Käufer bevorzugten Mahagoni, so daß viele der Georgian- und Chippendale-Möbel aus diesem Holz gefertigt wurden.
Schon seit dem 16. Jh. wurde Mahagoni im Schiffbau verwendet, im 17. Jh. auch schon für Wandverkleidungen (>Panel) und Einlegearbeiten (>Inlay).
Die Stilrichtungen während des Age of Mahogany bekamen ihre Namen nicht von den regierenden Herrschern, sondern von den hervorragenden Designern, die sowohl Innenarchitekten als auch Möbelhandwerker waren.
> CHIPPENDALE, > HEPPLEWHITE und > SHERATON sind zweifellos die bekanntesten, aber die Arbeiten vieler zeitgenössischer Handwerker war ebenso ausgezeichnet. Es gab auch schon große Ladengeschäfte, wie das von George > SEDDON. Viele Möbel wurden für die schnell wachsenden Städte und riesigen Landhäuser hergestellt, was z. B. die große Bedeutung von Robert > ADAM erklärt, der jedes Innen- und Außendetail von vielen Häusern plante. Architekten, die im > Early Georgian von Mahagoni inspiriert wurden, waren Lord BURLINGTON, William > KENT und Henry > FLITCROFT. In den 60er Jahren des 18. Jh. lebte die Neo-Klassik auf.

Georgian Eßtisch aus Mahagoni

Was weiterhin sehr typisch für das Age of Mahogany war: > Fret Work, reiches > Inlay Work, Beschläge (> Mounts) aus Messing (oft im Rokoko-Stil) oder vergoldet und feine > Veneers.

AGE OF OAK. Periode der engl. Renaissance (ca. 1500-1660), schließt die Perioden Tudor, Elizabethan, Jacobean und Cromwellian ein. Es wurde hauptsächlich Eiche (Oak) für Möbel und Wände verwandt.
Möbel der Eichen-Periode wurden meistens in rechten Winkeln und sehr stabil und dauerhaft konstruiert, meist mit eichenen Splinten und Dübeln zusammengehalten. Die Derbheit der

Konstruktionen ermöglichte, daß es heute noch viele Möbel aus dieser Zeit gibt.

Eichenbett aus der Tudor-Zeit

Die Möbel der frühen Gotik hatten eine relativ glatte Oberfläche, die gern farbig dekoriert oder mit „Lime“ geweißt wurde. Ab der Mitte des 16. Jh. ließ man die Oberfläche gern in ihrem natürlichen Zustand. Ab dem 17. Jh. wurde Bienenwachs einpoliert, was heute der alten engl. Eiche die beliebte dunkle, glänzende Patina verleiht. Gold und Gesso, während der Renaissance in Italien sehr beliebt, waren in England im Age of Oak kaum zu finden.
Schnitzereien kamen im frühen Tudor auf, Renaissance-Motive, die durch italienische, französische und flämische Handwerker in England eingeführt wurden. Der überschwengliche Stil während der Elizabethian Period („flamboyant“) ließ dann im frühen 17. Jh. wieder nach. Erst recht der Geist des Commonwealth brachte eine Ernüchterung und Vereinfachung. Manche Eichen-Stücke der Elizabethian und Jacobean Period waren mit geometrisch-akkuratem > Inlay versehen, auch > Marquetry in > Boxwood und Mosaikarbeiten in > Bog Oak (vgl. auch > Nonsuch Chests).

Das Age of Oak ist mit den Stilen der Architektur eng verbunden: Gotik, Renaissance, Jacobean und Commonwealth Period. Der erworbene Reichtum von Heinrich VIII, die politische und wirtschaftliche Stabilität des ganzen Landes und das Gefallen reicher Familien an imposanten Gebäuden waren Faktoren, die diesen Zeitabschnitt im Möbelbau beeinflußten (Motto: „Live wealthie, keep good houses, and travell to get riches“).

AGE OF SATINWOOD. ”Elegante“ Periode (ca. 1765-1800) in England, als die ”Cabinetmaker“ und Designer das helle, fein gemusterte Satinwood für Möbel bevorzugten. Die ADAM-Brüder verwendeten es häufig, ebenso HEPPLEWHITE und SHERATON.

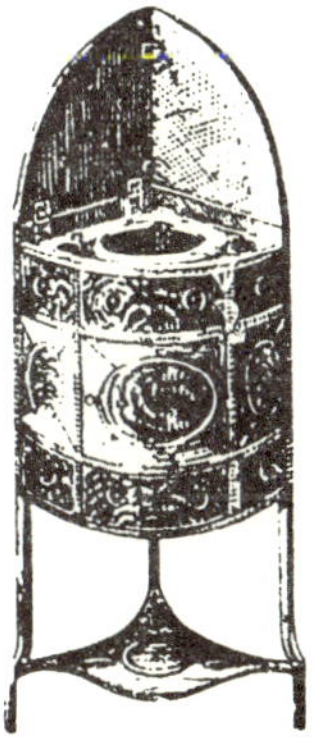

Waschgestell
(Corner Washstand)
von 1780
(aus Satinwood)

AGE OF WALNUT. Periode der Stuarts, Periode von > William and Mary und > Queen Anne, ca. 1660 bis 1714. Walnut war in dieser Zeit das beliebteste Holz für Möbel und Innendesign.
Kam 1700 aus Amerika nach England und wurde dort besonders zur Zeit von > Queen Anne und von > Chippendale verwendet.

Walnut wurde zwar schon in der Tudorperiode verwendet (vor allem zur Konstruktion von Betten), aber „fashionable" wurde es erst Ende des 17. Jh. Seine hübsche Farbe und Maserung machten es für Furniere sehr brauchbar. Wenn es 7 bis 10 Jahre von der Verarbeitung gelagert wurde, war es auch zum Schnitzen sehr geeignet und im Gegensatz zur Eiche vor Schrumpfen oder Schwellen unempfindlich. Nachteil allerdings: Anfällig gegen Holzwurm.

Nußbaum-Bookcase aus der Queen-Anne-Zeit

Walnut wurde nach England hauptsächlich aus Frankreich importiert (1720 von Frankreich verboten), dann aus Nordamerika. Die Möbel des ganzen Zeitabschnitts spiegeln den weiter wachsenden Wohlstand in England. Die Stile des Age of Walnut wurden im wesentlichen nach den regierenden Herrschern genannt: Charles II (1660–85), William and Mary (1689–1702), Anne (1702–14) und Early Georgian, nämlich Georg I (1714–27) und II (1727–60). Es entwickelten sich > Writing Desks (besserer Postservice, häufigeres Briefeschreiben), > Card Tables, > Tea Tables, > Bookcases, > Chests and > Display Cabinets (zum Zeigen der „collected rarities" der gehobenen Klassen). > Gesso und > Japanwork waren zwei besondere Moderichtungen, Schnitzereien (Mouldings, besonders an den Simsen von Cabinets und > Tallboys) und gedrechselte Partien, Furniere und Marketerien waren beliebt zum Verschönern der Möbel. Eine wichtige und neue Rolle unter den verschiedenen Stücken spielten Bookcases, > Daybeds, > Settees, > Tallboys, die Gehäuse von > Grandfather Clocks und Spiegel. Bei den Tischen wurde der Gateleg Table kreiert. In der Queen Ann Periode fingen die Tische an, > Cabriol Legs und > Ball-and-Claw-Füße zu haben. Ab 1730 eroberte Mahagoni die Werkstätten englischer Cabinetmaker.

AHORN. (> Maple)

ALLEN, Robert. Englischer Porzellanmaler (1744-1835).

ALLWINE, Lawrence. Kunsttischler des 18. Jh., auf Windsorstühle spezialisiert.

ALKEN, Henry. Engl. Maler (1784-1851), spezialisiert auf Sportszenen (Aquatinta, Radierungen, Farbstiche).

AMBOYNA. Hartholz mit schönen Maserungen, von rotbraun bis zu orange gesprenkelt. Das Holz kommt von den Molukken, vor allem von Amboyna und Ceram. Es wurde in der zweiten Hälfte des 18. Jh. für Einlegearbeiten und > Marquetry verarbeitet.

AMBRY. Alter engl. Begriff für einen kleinen Schrank, in dem Nahrungsmittel aufbewahrt wurden; vor 1600 zur Verwahrung heiliger Gefäße in Kirchen.

ANIMALIA. Ausgestopfte Tiere; in England eine beliebtere Sammlerleidenschaft als auf dem Kontinent. Ab dem 18. Jh. findet man ausgestopfte Hirschköpfe, Marder, Igel, Wildvögel usw., aber auch Schmetterlinge und andere Insekten gehören zu Animalia.

ANRICHTE. (> Dresser, > Sideboard, > Credenza). Im engl. Sprachgebrauch unterscheidet man grundsätzlich

Eichen-Dresser von 1730

zwischen zwei Arten von Anrichten: Dresser und Sideboard. Der Dresser ist ein voluminöses, schweres Möbelstück, mit oder auch ohne Tellerbordaufsatz, meist aus Eiche, manchmal auch aus Fichtenholz. Selten und deshalb besonders begehrt sind Dresser aus Fruitwood, also aus Birnbaum oder Kirsche. Dresser sind ländliche, rustikale Möbel. Sie wurden im 19. Jh. kaum noch gebaut. Man entwickelte sie weiter zum Sideboard, das im Vergleich zum Dresser viel eleganter und gefälliger wirkt. Hauptsächlich wurden Sideboards ohne Aufsatz aus Mahagoni hergestellt. Sie waren oft bis zu einem Meter tief – zu groß also für heutige Eßzimmer. Sideboards, die

Georgian Sideboards

heute mit für unsere Ansprüche idealen Maßen angeboten werden, haben fast immer eine Schlankheitskur beim Schreiner durchgemacht.

ANTIQUAX. Ein über die Grenzen Englands hinaus berühmtes, hochwertiges Möbelwachs ("antique wax"), das es in verschiedenen Farbtönen in Antiquitätengeschäften zu kaufen gibt.

ANTIQUE DEALER. Engl. Bezeichnung für einen Antiquitätenhändler. In London gibt es ganze Straßenzüge, wo ein Händler neben dem anderen sitzt. Aber auch in allen anderen Städten findet man Antique Dealers, entsprechend der jeweiligen Kaufkraft. Das Schaufensterschild "Trade only" besagt meistens, daß Händler wegen größerer Einkaufsmengen am willkommensten sind, aber Privatkunden ebenso gern bedient werden.

ANTIQUE FINISH. Eine Technik, die benutzt wurde, um dem Holz ein älteres Aussehen zu geben; eine künstlich geschaffene Patina. Ein dunkler Schatten, Farbe oder Beize, kann auf einem helleren Ton aufgetragen und weggerieben werden, oder ein hellerer Ton kann auf dunklerem Untergrund aufgetragen werden. Holz kann auch durch künstliche Verwitterung "antiqued" werden.

ANTIQUES. Antik sind nach der Definition der meisten Zollbehörden Kunstgegenstände, die mindestens 100 Jahre alt sind. Antik im Sprachgebrauch exklusiver Antiquitätenhändler sind Möbel und Silber vor 1840, Teppiche und Porzellan vor 1700. Im Im- und Export wird der Begriff je nach Politik und Vorrat lax oder streng gebraucht. Im Verkehr mit England läßt man Antiquitäten ohne weiteres passieren, aber auch mal ein "jüngeres" Stück von z.B. 1890. Durch die EG-Vorschriften ist die Einfuhr aus Großbritannien sowieso zollfrei.

ANTIQUITÄTEN-MÄRKTE.
In England sehr beliebt, meist unter freiem Himmel. Die Händler bauen ihre Stände im Morgengrauen auf; dann schon sind Käufer mit der Taschenlampe unterwegs. Wenn Privatkunden und Touristen gegen 9 oder 10 Uhr auf den Markt kommen, sind die guten Stücke meist weg.

ANTIQUITÄTEN-MESSEN.
In England gibt es viele Antiquitätenmessen, die auf Plakaten und in Zeitungsanzeigen vorher angekündigt werden. Auf dem europäischen Kontinent sind München, Zürich, Köln und Hannover recht interessante Antiquitätenmessen, aber dort ist es schwer, ein konzentriertes Angebot von engl. Stücken zu finden. Eine Messe ausschließlich mit engl. Antiquitäten gibt es außerhalb Englands nicht.

ANTIQUITÄTEN-VORRAT.
Das Interesse an engl. Antiquitäten ist mindestens zwei Jahrhunderte alt, nach 1965 aber international besonders stark. Tag für Tag verlassen LKW und Schiffscontainer voller alter Möbel, Silber, Porzellan, Glas und Bilder die Insel. Wie kam solcher Vorrat zustande?

1. Seit der Mitte des 17. Jh. hat England keinen Krieg im eigenen Land.

2. Zwei bis drei Jahrhunderte Kolonialherrschaft brachten den Briten einen enormen Reichtum, und die Kolonien stellten eine reiche und billige Quelle der schönsten Hölzer dar.

3. Anders als auf dem europäischen Kontinent wurden Möbel nicht nur für den königlichen Hof hergestellt, sondern schon im 18. Jh. auch für viele Bürgerhäuser. Gerade in der wohlhabenden viktorianischen Zeit war das breite Volk überaus kaufkräftig, und die Schreiner hatten viel zu tun.

4. Bei Wechsel der Mode oder der Generationen wurden die nicht mehr "aktuellen" Stücke in großen Speichern oder auf dem Dachboden geräumiger Häuser gelagert.

Daß England jetzt "leergekauft" wird, dafür besteht noch 20-30 Jahre lang keine Gefahr. Mit der Erhöhung der engl. Erbschaftssteuer und der enormen US- und kontinentalen Nachfrage drängen die Antiquitäten aber verstärkt an den Markt, und es ist bei manchen Stücken (z.B. Canterburies, Bureau Bookcases) eine deutliche Verknappung zu bemerken. Wohlhabende Engländer kaufen wertvolle Stücke sogar schon zurück und führen sie heim auf die Insel.

Zwei Auswirkungen der Marktverknappung:

1. Steigende Herstellung von Reproduktionen, die allmählich auch in deutschen Kaufhäusern den Trend zeigen.

2. Verstärktes "Converting": Aus altem Holz (also aus losen Bretteilen) oder durch Umbau aus unförmigen Möbeln werden "alte" Stücke neu hergestellt, also aus einem riesigen Wäscheschrank z.B. ein Bookcase.

Seriöse Händler weisen ausdrücklich darauf hin, ob es sich um ein altes und nur unwesentlich verändertes Stück handelt oder ob es "REPRODUCTION" oder "CONVERTED" ist.

Wo man kaufen kann: auf Auktionen, bei Händlern (> antique dealer), auf
> Antiquitäten-Märkten, auf
> Antiquitäten-Messen.

APOTHECARY'S CABINET. Arzneischränkchen mit Fächern und Schubladen.

APPLE. > Fruitwood. Hartes, hellrötlich-braunes Holz mit schwacher Zeichnung, das im 18. Jh. für ländliches Mobilar verwendet wurde.

APRON. "Schürze", ein Stück Holz, das aus dekorativen Gründen an den unteren Teil von Kastenmöbeln und Tischen, speziell Kommoden, im späten 18. und frühen 19. Jh. angefügt wurde.

Apron bei einem Console Table

AQUATINT. (> Engraving). Eine besondere Stecher-Technik, die den Effekt hat, als ob ein Stich mit Wasserfarben gemalt ist.

ARABESKE. Verschlungenes Muster von verflochtenen stilisierten Blattranken, ein Motiv aus der antiken Kunst, nämlich aus dem islamischen Raum über Venedig und Spanien gekommen. Geschnitzte Dekorationen dieser Art waren im späten 16. Jh. und im frühen 17. Jh. beliebt; Marketerien in Form von Arabesken finden sich auf Kabinettschränkchen und Uhrgehäusen aus der Zeit zwischen 1690 und 1720.

ARCADED BACK. Besondere Form der Stuhllehnen aus "Säulen" und Bogen. Ein Motiv von Louis XVI., das von SHERATON im späten 18. Jh. gern verwendet wurde.

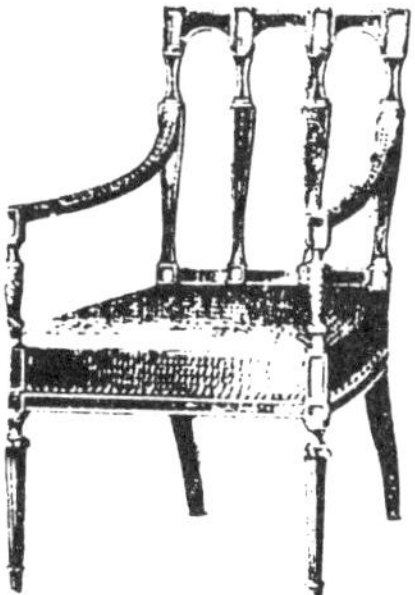

Sheraton Chair

Stuhlrückenlehne
in Arcaded-Form

ARCHED STRETCHER. Bogenförmige Strebe (> Stretcher) zwischen den Beinen von Tischen, Stühlen oder Kastenmöbeln während der engl. Restoration Period. Kam von Spanien nach England, wo diese Form im 17. Jh. beliebt war.

ARCHITECT'S TABLE. Eine Kombination von Zeichen- und Schreibtisch, mit einer verstellbaren Platte. Eine Erfindung im 18. Jh.

Georgian Architektentisch

ARKANUM. (> China) Die Masse, aus der Porzellan hergestellt wird. Ebenso als Begriff für das Mischungsverhältnis.

ARMADA CHEST. (> Chest). Eisenkommode des 17. Jh. mit kompliziertem Verschlußmechanismus und verstärkten Bändern. Der Name kommt wahrscheinlich daher, daß solche Truhen im 19. Jh. in den Wracks der spanischen Armada gefunden wurden.

ARMCHAIR. Ein Stuhl mit Armlehnen, kam gegen Ende des 17. Jh. auf. In der heute beliebten Form (> Carver) meist als Schreibtischstuhl oder in Eßzimmern in einem Stuhlsatz von 4 (1 Carver + 3 Stühle ohne Armlehnen) oder 6 (1-2 Carver) oder 8 (2 Carver).

ARMING CHEST. Kommode zum Verstauen von Waffen, manchmal mit feinen Unterteilungen (ehemals für Munition?), in denen kleine Silberteile aufbewahrt wurden.

ARM PADS. Teilpolsterung an den Armlehnen von Stühlen.

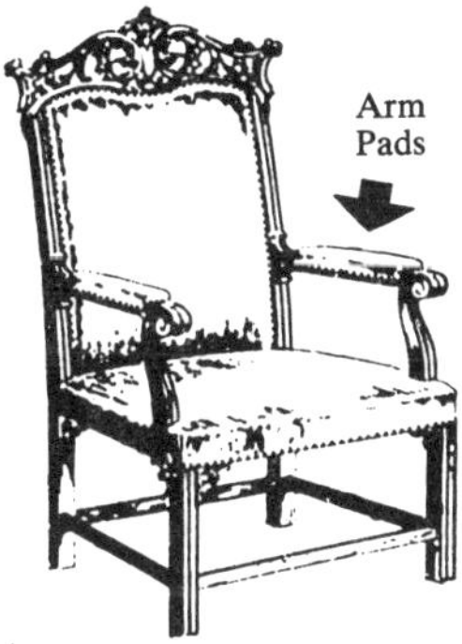

ARNOLD, John. Englischer Uhrmacher (1763-1799), entwickelte eine Hemmung für Chronometer zur Verbesserung der Genauigkeit, vor allem für Schiffschronometer.

ART NOUVEAU. Stilrichtung während der späten viktorianischen und frühen edwardianischen Periode, die unserem Jugendstil gleichkommt. Einfluß durch chinesische und gotische Formen. Berühmte engl. Möbeldesigner: Charles Rennie MACKINTOSH und William MORRIS.

ASH. Esche, ein typisch englischer Baum, hellgelbes Holz mit schöner Maserung, Es läßt sich leicht dunkel beizen, ist jedoch sehr hart zum Verarbeiten. Gern für die Stangen in der Rückenlehne von > Windsorchairs verwendet.

ASKEW, Richard. Englischer Porzellanmaler, tätig im späten 18. Jh.; arbeitete zuerst in Chelsea und anschließend in Derby.

ASTBURY, John. Englischer Töpfer in Shelton (Staffordshire), 1688-1743. Seine Ware wurde nach ihm benannt (> Porzellan).

AUFARBEITUNG. Fachmännische Aufarbeitung kann teuer sein. Bei einem Stuhl z.B. kostet Polstern und Beziehen zwischen DM 50,– bis DM 100,– plus Stoff. Wenn man nicht selbst aufzuarbeiten versteht, ist es besser, aufgearbeitete Stücke vom Händler zu kaufen.
Vorsicht vor sogenannten Hausschreinern: Antiquitäten müssen fachmännisch und der Zeit entsprechend aufgearbeitet werden, z.B. durch Beizen statt durch einfaches Polieren.

AUFSATZ-MÖBEL. Aufsatzschreibmöbel (> Bureau Bookcase, > Secretaire Bookcase) und Aufsatzvitrinenschrank (> Bookcase).

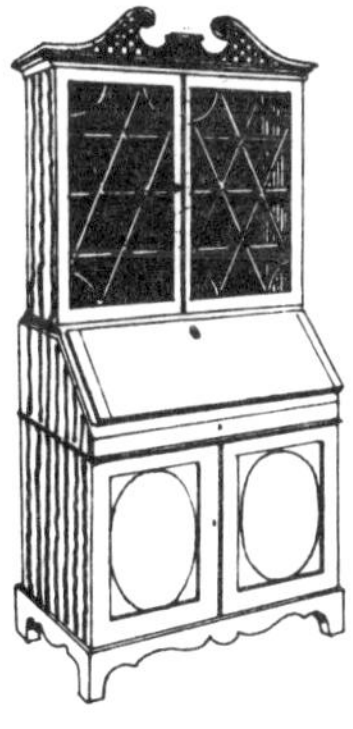

Georgian
Bureau Bookcase
mit Swan Neck-Aufsatz

Edwardian
Bureau Bookcase
mit Cabriole
Legs

AUKTIONSHÄUSER. (Engl. Sales Rooms, Auctioneers). Die bekanntesten, aber auch teuersten in England sind Christie's und Sotheby's. Am besten ist es, sich vorher in Antiquitätengeschäften über die Preise zu informieren, denn auf Auktionen entstehen oft Überpreise. Ratsam ist auch, sich vorher einen Katalog zu besorgen, sich eigene Limit-Preise zu notieren, bis zu denen man auf der Auktion bieten würde. Ein bis zwei Tage vor der Auktion sollte man sich die Stücke ansehen (in England aus den Katalogen zu ersehen, wann Möbel "on view" sind) und die Preise nochmals vergleichen.

AUSTERNFURNIER. (> Oysterveneer).

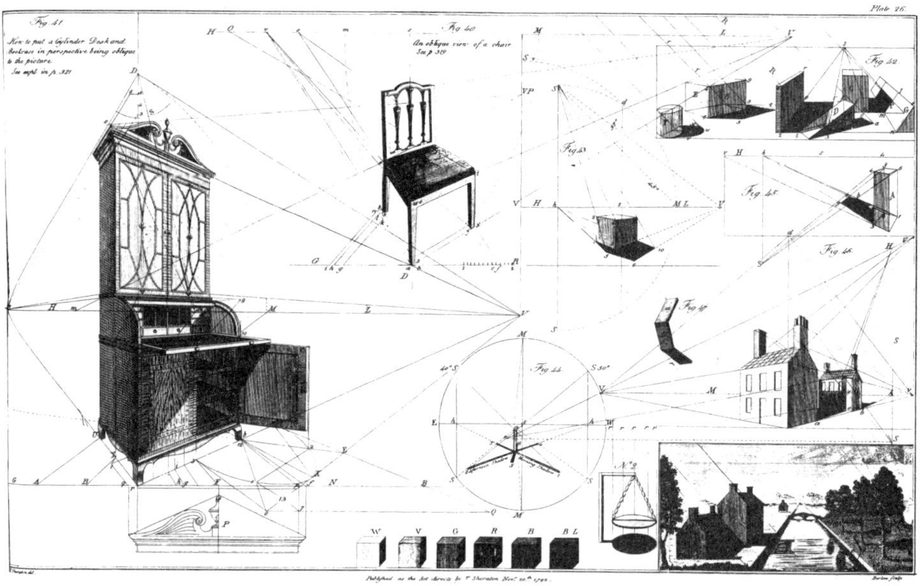

Architect's Design by SHERATON

B

BACHELOR CHEST. Sogenannte Junggesellenkommode: einfache Schubladenkommode mit nach vorne aufklappbarer Deckplatte (wird auch als Sofa Table benutzt). Das Bachelor Chest kommt manchmal paarweise vor.

Georgian Bachelor Chest

BACK STOOL. Gepolsterter Sessel ohne Armlehnen, also > Stool mit Rückenlehne. Die Bezeichnung Back Stool wurde verwendet, um generell einfach Sitzmöbel des 15. und 16. Jh. zu beschreiben.

Early Georgian Back Stool mit Ball and Claw-Füßen

BACON SETTEE. Sitzbank mit sehr hoher Rückenlehne im frühen 19. Jh.

BAIL. (Henkel). Tropfenförmiger Metallgriff, meist aus Messing, der an einer ebensolchen Metallplatte festgemacht war. Kam 1700 aus Amerika nach England und wurde dort besonders zur Zeit von > Queen Anne und von > Chippendale verwendet.

BAIL HANDLE. Ein herunterhängender Beschlag in Form eines Bogens oder Halbmonds. Als Begriff gewöhnlich gebraucht bei Messingbeschlägen der William and Mary Period.

BALL AND CLAW. Eine Möbelfußform, die etwa ab 1710 verwendet wurde (Ball- und Klauenfuß), häufig bei Stuhl- und Tischbeinen. Die Form stellt eine Vogel- oder Drachenklaue dar, die einen Ball oder ein Juwel umfaßt. Möglich, daß das ein altes chinesisches Motiv ist, das die Weltmacht symbolisiert. Es erscheint in Europa an römischen Möbeln und im holländischen Design des 17. und 18. Jh., populär in England in der Georgian Period.

BALL FOOT. Gedrehter Möbelfuß im kugelförmigen oder fast kugelförmigen Schnitt mit scheibenähnlichem Kissen am Ende. Er wurde hauptsächlich an englischen und flämischen Möbeln des 17. Jh. verwendet und ähnelt dem > Bun Foot.

BALLOON CHAIR. Bogen- und hufeisenförmiger Stuhlrücken der Hepplewhite-Zeit. Die geschwungene Linie beginnt am obersten Teil der Lehne

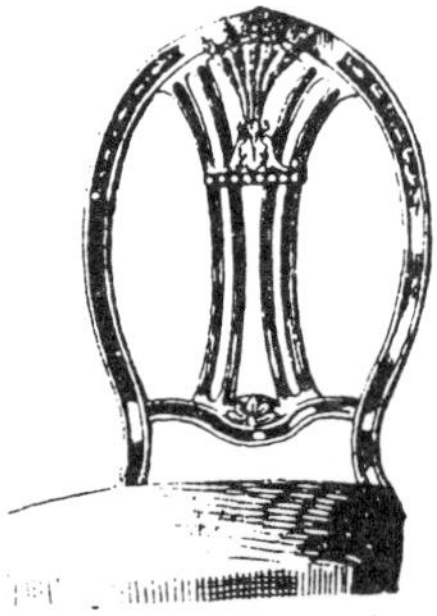

„Klassische“ Rückenlehne in Balloon-Form

und schwingt dann verjüngt nach unten aus. Er ähnelt dem Montgolfier Chair (Montgolfier, ein franz. Ballonfahrer) im späten 18. Jh. in Frankreich und wurde hauptsächlich während der viktorianischen Zeit bekannt und beliebt.

Beispiele für Balloon Chairs

BALLONUHR. (> clocks). Englische Uhr, deren Form einem Luftballon ähnelt; von der Mitte des 18. Jh. bis um 1810 hergestellt. Nachahmungen in viktorianischer Zeit.

BALUSTER. Untersetzte, kurze, gedrechselte Säule mit ausgebauchtem Schaft, wurde als Tisch- und Stuhlbein verwendet oder als Träger eines Geländers. Besonders häufig bei Eichenmöbeln aus dem 16. und 17. Jh.

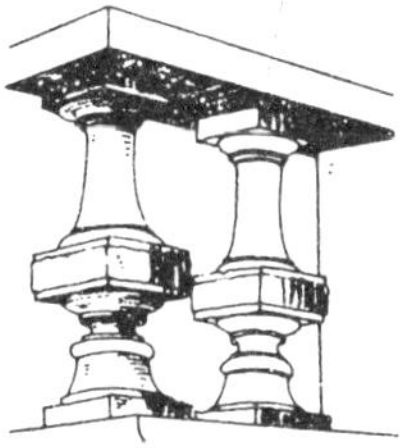

Die Balusterform (auch Banister genannt) wurde häufig als > Stretcher zwischen Stuhlbeinen oder als Teil des Stuhlrückens verwendet.

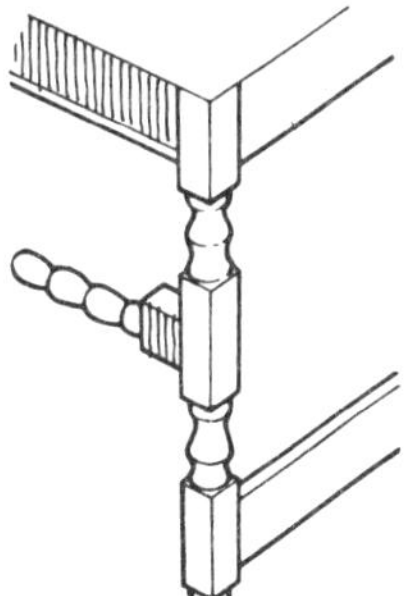

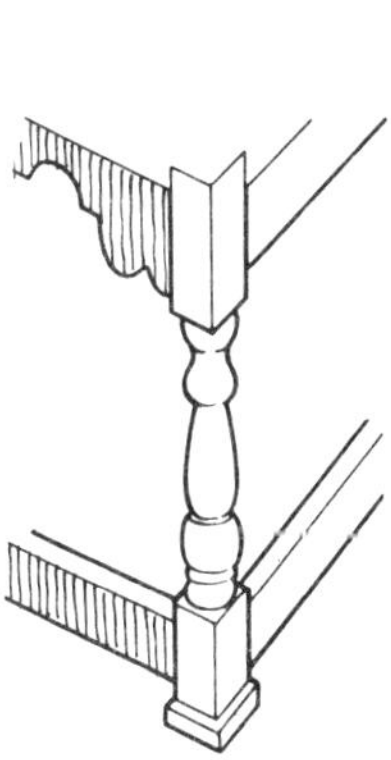

BALUSTER- UND SPINDELLEHNE. Rückenlehne eines Windsor-Stuhles mit durchbrochenem Mittelbrett mit Balusterformen und Spindeln.

BAMBOO TURNING. Vorgetäuschter Bambuseffekt bei gedrechselten Beinen an Möbeln im späten 18. Jh. und frühen 19. Jh.

Beispiel eines Bamboo Turned Chair

BANDELWERK. Dekorationsmotiv aus lebhaft geschwungenen Bändern, oft in Verbindung mit Blatt- und Rankenmustern. Dieser Dekor flämischen und deutschen Ursprungs ist typisch für englische Möbel des späten 16. und frühen 17. Jh.

BANDING. Schmales Streifen-Furnier, verwendet als Borde oder Begrenzung an Tischplatten, Schubladenfronten, Kommodenoberflächen, Spieltischen etc. Es wurde gewöhnlich als Kontrast-Intarsie (Bandintarsie) aus Holz, Metall oder anderen Materialien (während des Regency besonders aus Messing) hergestellt.

BANISTER BACK CHAIR. Ein engl. oder amerikanischer Stuhl im späten 17. Jh. mit gesplitteten und gedrehten Spindeln als Beine oder flachen senk-

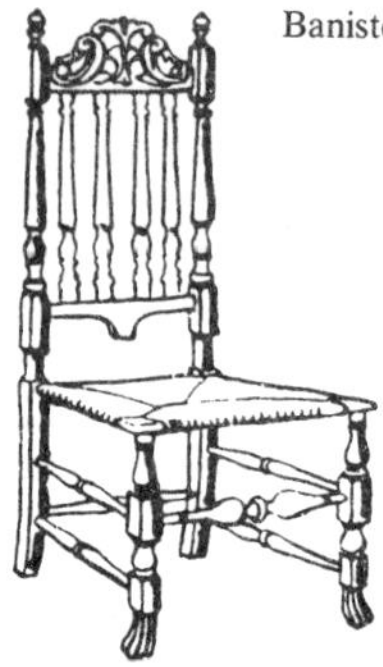
Banister Back Chair

rechten Streben am Stuhlrücken. Eine elegantere und hübschere Form dieses Stuhltyps war in der Hepplewhite-Zeit sehr populär (spätes 18. Jh.). Siehe auch > Bar Back.

BANJOBAROMETER. > Barometer in der Form eines Banjo.

BANJOCLOCK. Banjoförmige Wanduhr im 19. Jh. (> clocks).

Banjoclock ca. 1810

BANK OF ENGLAND-CHAIR. Ein englischer Regency-Stuhl, ähnlich dem > Tub Chair, gewöhnlich auf > Cabriole Legs. Die Vorderfront des Sitzes ist schlangenförmig (serpentine form).

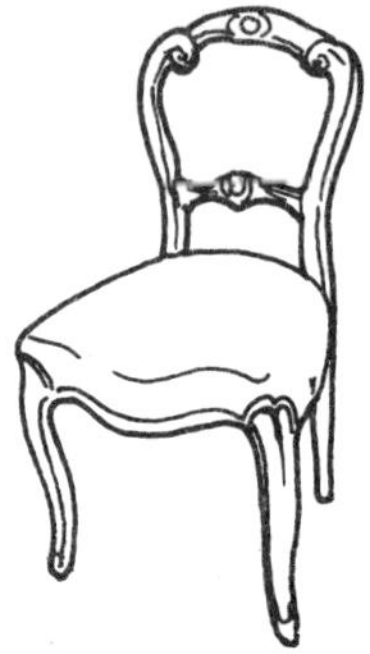
Späterer Bank of England Stuhl (ca. 1830/40) mit Cabriole Legs

BANNER SCREEN. (> Fire-Screens). Ein Wärmeschutz für Kamine, bei dem das jeweilige Wappen des Besitzers verwendet wurde, ein beliebtes Accessoire gegen Mitte des 18. Jh. Handarbeit aus Messing, Mahagoni, Glas, Seide oder einer Kombination solcher Materialien.

BANTAM WORK. Lackierungstechnik im späten 17. Jh. Diese Technik stammte aus Bantam im holländischen Java.

BAR BACK. Hepplewhite's Ausdruck der geschnitzten senkrechten Streben

der Stuhllehne, die die äußere Schildform füllen (> Shield Back Chair).

BARBER'S CHAIR. Ein Eckstuhl (Corner oder Writing Chair) im 18. Jh.

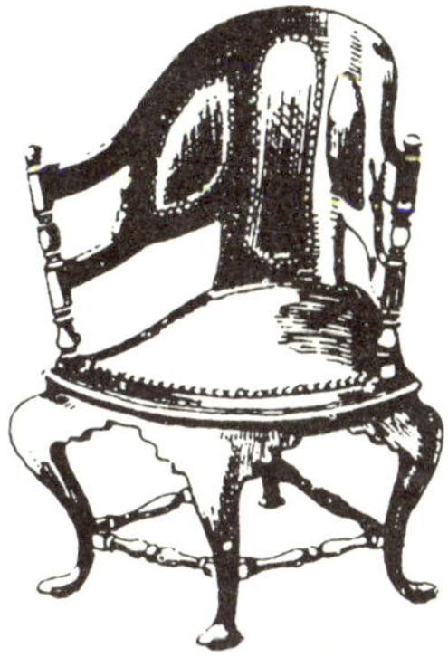

BARLEY TWIST oder BARLEY SUGAR. Ausdruck für spiralförmiges,

Victorian Gateleg Table aus Eiche

Victorian Whatnot aus Mahagoni mit Barley Legs

Country Chair aus dem 17. Jh.

Victorian Kommode mit Barley Twist Ecksäulen

gedrechseltes Teil. Kam in England in der 2. Hälfte des 17. Jh. auf und wurde

Barley Twist Legs und Stretcher (waagerecht) an altem Stuhl aus dem 17. Jh.

an Eichenmöbeln des beginnenden 20. Jh. gern kopiert. Eßtische oder > Gateleg Table nannte man deshalb ab 1900/1910 auch Barley Twist Tables.

BAROCK. Dieser Begriff kennzeichnet den vorherrschenden Architektur- und Dekorationsstil im ausgehenden 17. und den ersten Dekaden des 18. Jh. Diese Stilrichtung, die vor allem in Italien, Frankreich und Österreich in hoher Blüte stand, hat das engl. Inselreich vom europäischen Kontinent übernommen. Der Barockstil erzielt seine imponierenden Effekte durch die schwellende Bewegung von ineinander übergehenden Linien und Formen (typisch : Rocaille-Form) und dem geschickten Einsatz von Licht und Schatten.

BAROMETER. Bei den engl. Barometern unterscheidet man hauptsächlich zwei verschiedene Formen :

1. Das breitflächige BANJO-Barometer (Abwandlung : ONION Barometer). Hier ist die Quecksilbersäule im Korpus unsichtbar, ihre Bewegung wird auf einen Zeiger übertragen. Bis zum Ende des 18. Jh. sehr selten in England, eher schon vom Kontinent importiert (italienisches Meisterhandwerk !). Die Gehäuse waren meist aus Mahagoni oder Palisander (Rosewood). Das Ober-

stück bestand oft aus einem durchbrochenen Aufsatz, beliebt in der Form eines > Swan Neck Pediment. Die Skalenscheibe ist aus versilbertem Messing, die Nadel aus reinem Messing. Bei Stücken aus dem frühen 19. Jh. ist über dem Barometer ein langes Thermometer angebracht, darunter häufig eine Wasserwaage. Bei jüngeren Exemplaren finden sich ein etwas kürzeres Thermometer, ein Hygrometer zum Messen der Luftfeuchtigkeit und ein runder Spiegel.

Banjo-Barometer (Victorian)

Banjo-Barometer (Georgian) mit Swan Neck-Aufsatz

2. Das stabförmige STICK-Barometer, etwas einfacher im Design. Aber da es nicht so häufig hergestellt wurde, ist es heute trotz seiner Schlichtheit meist teurer als BANJO-Barometer. In der sichtbar eingebauten Quecksilbersäule kann man direkt den Luftdruck ablesen: Der Luftdruck drückt das Quecksilber mehr oder weniger stark in ein hohles Glasröhrchen. Notwendig ist ein Vernier, ein Feineinsteller.

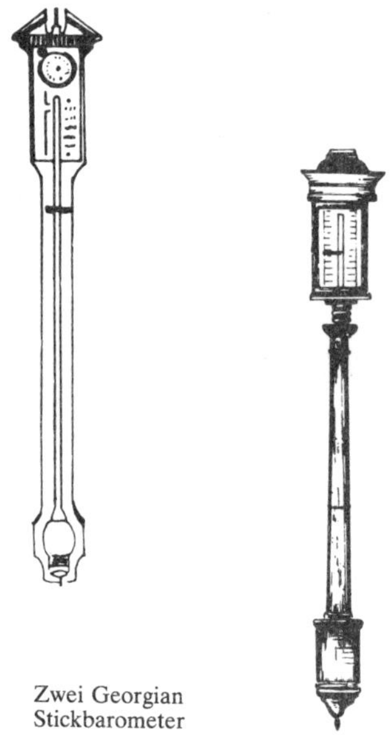

Zwei Georgian Stickbarometer

Wie bei alten Uhren ist bei Barometern der auf der Skala eingetragene "Hersteller"-Name oft nur der des Einzelhändlers oder des Fabrikanten, der die einzelnen Teile montieren ließ. Eine ganze Reihe von Barometern gleicher Art trägt statt des Handelsnamens zu beiden Seiten der Wasserwaage die Inschrift "Guaranted accurate" (= geeicht). Bei spätviktorianischen Stücken sind die Gehäuse mit voluminösem Dekor und Schnitzwerk überladen.

Wenn man alte Barometer heute vom Händler kauft, sind sie oft reparaturbedürftig. Zumindest müssen sie auf die richtige (Meeres-)Höhe eingestellt werden. Als Käufer sollte man darauf achten, daß das Barometer hinten im Korpus vollständig und heil ist:

a) Eine U-förmig gebogene Röhre, gefüllt mit einer ununterbrochenen

Quecksilbersäule, die mit einem Stöpsel verschlossen sein sollte.

b) Neben dieser Röhre muß eine zweite Röhre sein.

c) Über beiden kürzeren Stücken ein kleiner Flaschenzug, dessen zwei Seiten jeweils mit einem gefüllten Glasröhrchen enden.

Solange die Quecksilbersäule verschlossen ist, sind meistens die Fäden des Flaschenzugs mit Klebstreifen an der Rückwand befestigt oder auch mit Papier und Reißzwecken, und beide kleinen Röhrchen stecken in dem kleinen rechten Rohr.

Banjo-Barometer von Sheraton (um 1800)

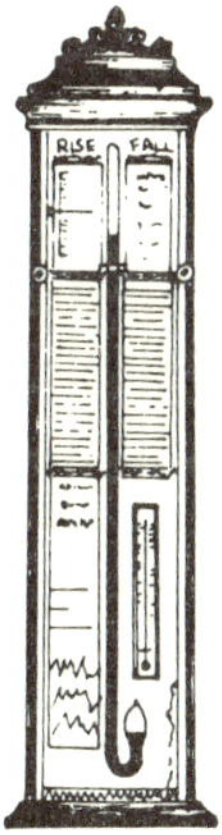

Victorian Barometer

Transportiert man ein altes Barometer, so immer senkrecht. Für die Inbetriebnahme ist dann zu beachten:

1. Bei einem Winkel von 45 Grad das Barometer schräg halten. Ganz langsam den Stöpsel aus der Barometersäule ziehen.

2. Reißzwecke oder Klebstreifen lösen, mit dem die Fäden des Flaschenzugs befestigt sind, dann das linke Röhrchen des Flaschenzugs in die Quecksilberröhre stecken, das rechte lassen, wo es ist.

3. Beim Optiker erfragen, wo der Zeiger stehen muß, mit Knopf einstellen. Dann sollten, wenn das Barometer aufgehängt ist, beide Zeiger ungefähr übereinander stehen.

4. Anhand der Wasserwaage unten im Barometer darauf achten, daß es möglichst gerade hängt. Am besten X-Haken verwenden.

5. Sollten die beiden Zeiger voneinander abweichen, muß man dann das Verschlußrädchen vom Flaschenzug lösen und den Faden evtl. noch einmal um das Rad legen, dann wieder fest zuschrauben.

Am besten empfiehlt es sich, einen Optiker zu Rate zu ziehen.

BARRED DOOR. Glasvitrinen-, Sekretär- und Bücherschranktüren mit einem Holzgitter. Aufgrund der hohen Kosten von Glas wurden die kleinen kostbaren Glasstücke mit einem Holzgitter zusammengehalten.

BARREL-CHAIR. (> Sitzmöbel) Gepolsterter engl. Lehnstuhl mit hoher, runder Lehne (wie ein in der Hälfte durchgeschnittener Zylinder).

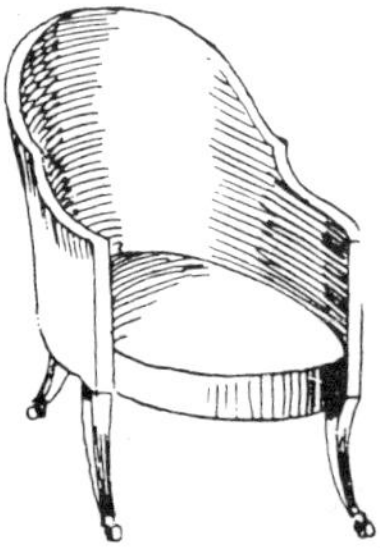

BASALTWARE. (> Stoneware). Ein von > Wedgwood 1752 entwickeltes schwarzes Steingut, durch Hinzufügen von Basalt besonders hart und widerstandsfähig. Geeignet für Büsten und Figuren.

BASIN STAND. (> Wash Stand) Kleine CHIPPENDALE und HEPPLEWHITE Washstands, im 18. Jh. zum Halten kleinster Waschschüsseln entworfen.

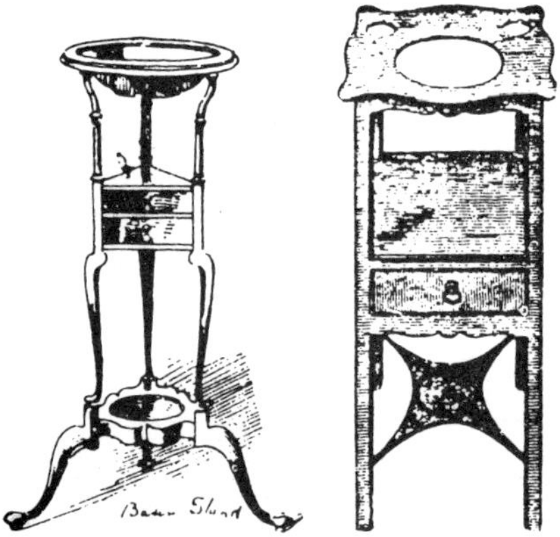

Zwei Beispiele alter Basin Stands
(aus einer Werkstattanleitung von 1744)

BASSET TABLE. Ein Spieltisch im Queen-Anne-Stil zum Spielen von Basset, einem beliebten Kartenspiel im 18. Jh.

BASSWOOD. Ein leichtes, aber relativ hartes, helles Holz, verwandt mit der Linde, hauptsächlich für Intarsien verwendet. Es kommt aus den nördlichen USA und Kanada.

BATTY, Robert. Engl. Offizier und Radierer (London 1789-1848), aquarellierte Städteansichten, die nach 1821 in Stahlstich gedruckt wurden.

BAYWOOD. Auch Honduras-Mahagoni genannt. Es ist heller und weicher als das kubanische Mahagoni. Die feine Maserung des Baywoods macht es zum geschätzten Furnierholz.

BEAD. Kleine, halbkugelförmige Vertiefung in Möbeln.

BEAD-AND-REEL. Dekorative Vertiefungen, die aus der klassischen Architektur entlehnt sind: Drei kleine "Beads" folgen jeweils auf ein längeres "Reed". Beliebt an Mahagonimöbeln des 18. Jh.

BEAD-Moulding. Dekorative Vertiefungen, die durch aneinandergereihte "Beads" entstehen:

BEARER. Links und rechts ausziehbare Stützen für die Schreibplatte an Sekretären.

BEAU BRUMMEL. Ein Dressing Table für Herren im frühen 19. Jh. mit verstellbaren Spiegeln, Schubladen, Kerzenhaltern, etc. Es wurde nach dem berühmten Dandy in der Zeit Georg IV benannt. SHERATON entwarf einige dieser Modelle.

BEDS. Im Mittelalter gab es das Bett nur als hölzernen Rahmen, auf dessen Seilgeflecht die Matratze lag. Im 15.

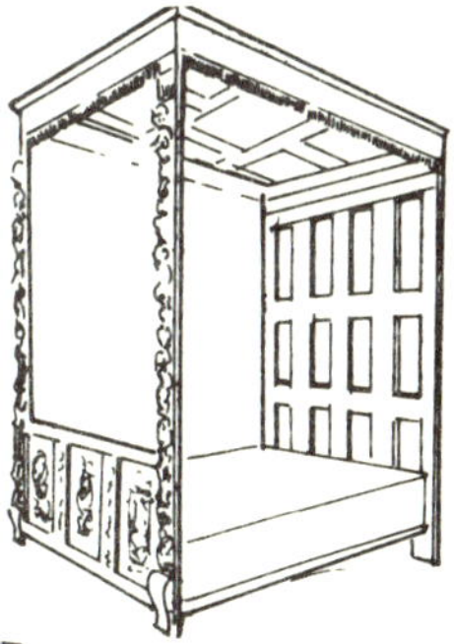

Eichenbetten
(4 Pfosten) 18. Jh.

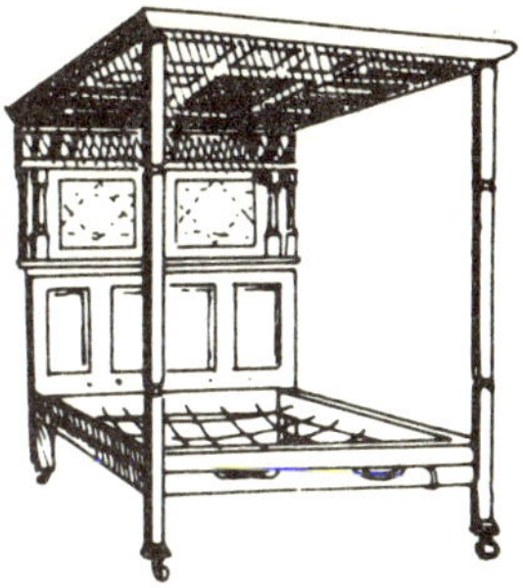

Mahagoni-Betten,
18. Jh.

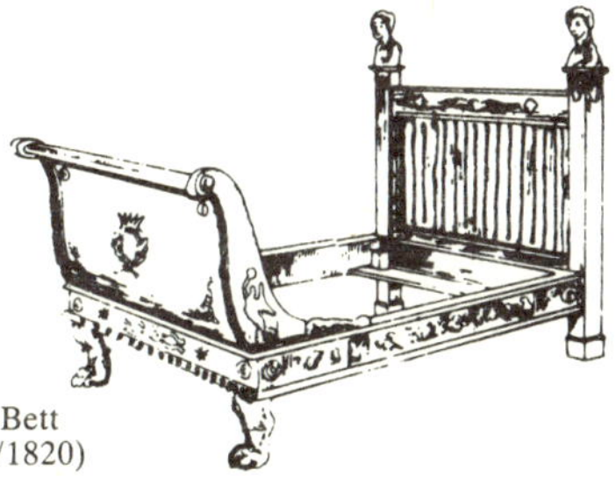

Regency-Bett
(ca. 1810/1820)

und 16. Jh. erhöhte man in England die Schmalseite des Bettes zur Kopfwand, baute Baldachine auf Pfosten und Betthimmel bekamen z.T. reiches Schnitzwerk. Betten des 17. Jh. waren wieder schlichter, Prunkbetten des 18. Jh. führten die Tradition der Großartigkeit wieder fort, um 1750 oft im chinesischen Stil. Im Victoria and Albert Museum fällt unter der großen Bettensammlung ein Bett im Chinese Chippendale Stil auf, das jedoch entgegen ursprünglichen Annahmen nicht von CHIPPENDALE stammt.

In Chippendale's "Director" sind elegante, zierliche Betten gezeigt, wobei besondere Liebe den Bettpfosten gewidmet wurde. Ebenso entwarf Robert ADAM für seine aristokratischen Kunden leichte, elegante Bettformen. Im frühen 19. Jh. waren sogenannte French Beds in England sehr beliebt. Bei ihnen war der Betthimmel über der Mitte der Schlafstatt an der Decke befestigt. In der Viktorianischen Periode kam das Eisen- und Messingbett auf, das bis 1870 Holzbetten völlig verdrängte (Reproduktionen von Holzbetten Edwardian) und heute noch reichlich zu haben ist.

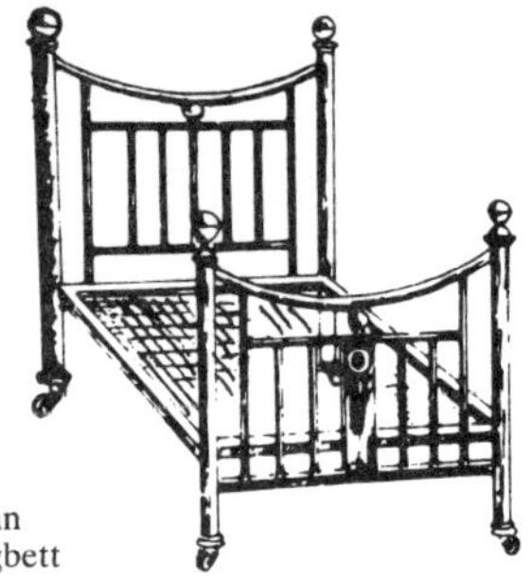

Victorian
Messingbett

BEDROOM-CHAIR. (> Chair). Ein leichter Stuhl, der im Schlafzimmer benutzt wurde. SHERATON entwarf diese Art Stuhl gegen Ende des 18. Jh. und Anfang des 19. Jh.

BEDSIDE CUPPBOARD. (> Pot Cupboard, > Nighttable). Ein schmales Nachttischchen, in dem gewöhnlich ein Nachttopf stand. Es wurde auch als "Pot Cupboard" bezeichnet.

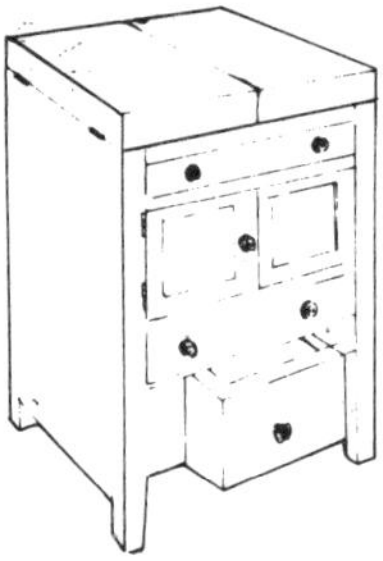

4 Beispiele für
Georgian Pot Cupboards

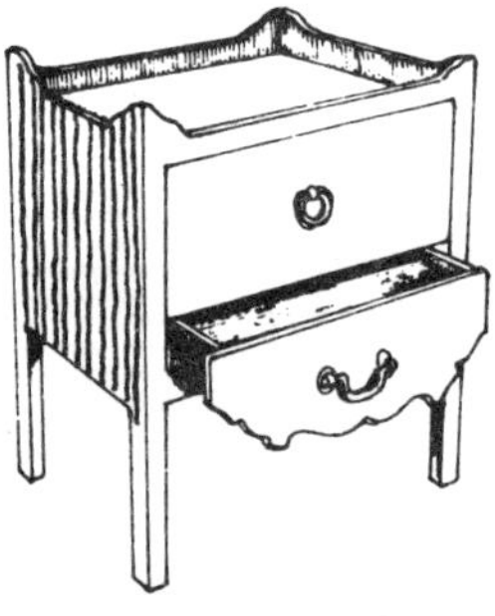

BEDSTEAD. Stützender Holzrahmen für das Bett.

BED STEPS. Kleine Treppe, die benutzt wurde beim Zubettgehen, nämlich beim Besteigen der früher sehr hohen Betten. Die Stufen waren oft in anderen Schlafzimmermöbeln eingebaut, manchmal zusammen mit einem Nachttopf (Commode) (> Commode).

BEECH. Buche. Hartes, bleiches, gerade gemasertes Holz. Auf dem Land wurden Stühle schon immer aus Buche gefertigt, ab dem 18. Jh. diente Buche als Holz für Polsterrahmen. Während der Regency-Periode wurde es gefaßt, vergoldet und mit der Maserung eines edlen Holzes (z.B. Palisander) bemalt oder schwarz gestrichen ("japanned").

BEEFWOOD. Engl. Bezeichnung für Casuarina-Holz. Rötliches Hartholz, das für die Marketerien des 18. Jh. verwendet wurde. Früher vermutlich aus Südafrika, heute aus Australien.

BEISTELLTISCH. (> Side Table, Tripod and Tilt Top Table).

Eichen-Tripod-Table, Georgian

BEIZE. Sie entsteht, indem Beizpulver – meist mit Wasser – angesetzt und aufgekocht wird. Damit die Beize besser ins Holz eindringen kann, setzt man oft etwas Salmiak zu. Neben der wasserlöslichen kennt man noch die spirituslösliche Beize. Man benutzt sie hauptsächlich, um bereits polierte Holzoberflächen zu retuschieren.

BEKRÖNUNG. Geschnitzter Dekor am oberen Querbrett von Stuhllehnen im späten 16. und frühen 17. Jh. Auch manche Spiegelrahmen und Kabinettschränkchen aus dem späten 17. Jh. ziert eine Bekrönung.

BELL FLOWER. Eine Ranke von 3 bzw. 5 untereinander hängenden Blüten, ein beliebtes Motiv an Stuhl- oder Tischbeinen, als Relief geschnitzt oder als > Inlay. Kam vor bei amerikanischen Nachbauten von Hepplewhite- und Sheraton-Möbeln, wurde dann aber auch von den Engländern selbst gern verwendet.

BELLOWS. Blasebalg. Da nur selten unversehrt zu finden, sind antike Blasebälge meist mit neuen Lederteilen versehen.

BELL SEAT. Ein Queen-Anne-Stuhl mit abgerundeter Front; frühes 18. Jh.

BENCH. Ein langer Hocker oder eine rechteckige niedrige Bank, gepolstert oder nicht gepolstert.

Georgian Bench

BENGE. Afrikanisches Holz, goldbraun mit helleren und dunkleren Nuancierungen, sehr hart und von großer Widerstandsfähigkeit.

BENTLEY, Thomas. Engl. Kaufmann aus Liverpool (1730-1780); seit 1768 Partner von Josiah WEDGWOOD, Leiter der Londoner Ausstellungsräume; überwachte die Malerwerkstatt.

BENTWOOD. Über Dampf gebogene Leisten, meist aus Birke, wird zur Verarbeitung von Stühlen und Tischen verwandt (> Bentwood Furniture, > Bentwood Rocker).

BENTWOOD FURNITURE. Möbel, die aus dampfbearbeitetem Holz gefertigt wurden. Die Bezeichnung wurde hauptsächlich verwendet, um die Möbel zu beschreiben, die in der o. g. Art von dem Österreicher, Michael THONET, Anfang 1857 hergestellt wurden (> Bentwood, > Bentwood Rocker).

BERGÈRE. Ein niedriger, rundum gepolsterter Sessel, normalerweise mit Holzrahmen und geschlossenen Seiten. Die gepolsterten Armlehnen sind kürzer als der Sitz selbst. Das lose Kissen ruht auf einem geflochtenen

Sitz. Die Bergère kam zu Zeiten Louis XV. auf und war in England zur Zeit Louis XVI. sehr beliebt. Diese Form wird immer noch gebaut.

3 Beispiel-Formen von Bergères

BERLINER STICKEREI. Bestickter Stoff, der in der frühviktorianischen Zeit häufig zum Überziehen von Polstermöbeln und zum Bespannen von Ofenschirmen verwendet wurde. Die ersten Stickereien und Muster stammten aus Deutschland; ab 1831 wurden sie in beträchtlichen Mengen von einem Mr. WILKS in der Londoner Regent Street importiert. 1840 waren nicht weniger als 14.000 verschiedene Muster eingeführt oder in England selbst hergestellt worden. Am üblichsten waren Blumenmuster oder Vögel (gewöhnlich Papageien), aber auch historische, religiöse und romantische Szenen als Motive beliebt.

BESCHLÄGE. (> Handles).

BESTECKKASTEN. (> Knife Box). Speziell zum Aufbewahren von Besteck bestimmte Kästen scheint es schon mindestens seit dem frühen 17. Jh. gegeben zu haben; aus der Zeit vor 1750 sind jedoch kaum welche im Handel zu bekommen. Ab der zweiten Hälfte des 18. Jh. finden sich zwei Grundtypen. Die gebräuchlichste Form

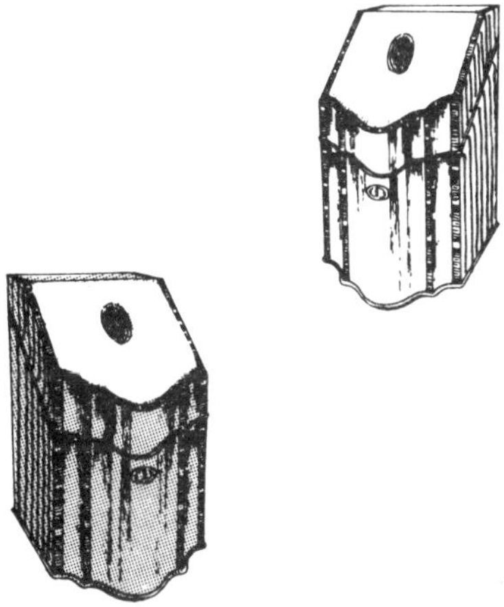

hat eine geschweifte Vorderfront und einen abgeschrägten Deckel, in den häufig ein sternförmiges Motiv intarsiert ist. Messer und Gabeln wurden mit dem Griff nach oben in den hinteren Teil des Kästchens gesteckt; die Löffel, umgekehrt, in den vorderen. Schon um 1780 wurden die Besteckkästen offenbar weitgehend von Kunsthandwerkern angefertigt, die sich auf dieses Gebiet spezialisiert hatten. Die zweite Art von Besteckkästen war vasenförmig (ADAM-Stil). Der Deckel ließ sich an einer in der Mitte durchlaufenden Stütze senkrecht hochschieben; durch eine Stützvorrichtung wurde er offengehalten. Um diese zentrale Strebe herum waren Fächer für das Besteck angeordnet. Solche Besteckkästen wurden als Paare angefertigt.

BIBLE BOX. Geschnitzter Kasten im 17. Jh., der die Familienbibel enthielt. Die Box wurde später mit einer bewegbaren Klappe versehen, die, wenn sie geschlossen war, als Lesepult diente. Das Innere der Box war oft mit kleinen Fächern und Regalen ausgestattet.

BIBLIOTHEK. (> Library).

Beispiele von Georgian Libraries, alle drei mit Breakfront

BIBLIOTHEKS- ODER LESETISCH. (> Library Table).

Library Table ca. 1850

BIJOUTERIE TABLE. (> Tische). Marketerie-Tisch mit verglasten Ober- und Seitenflächen.

BIRCH. Birke. Gelbliches, helles Holz. Aus Birke (wie aus Buche) wurde in England vorwiegend einfaches, rustikales Mobiliar hergestellt. Das Holz ist fest und hart, wird naturfarben verwendet. Es kann aber auch dunkel gebeizt werden, um Mahagoni, Walnut und andere teuren Hölzer zu imitieren.

BIRDCAGE CLOCK. Uhrform aus dem 18. Jh., ein an der Decke hängender Vogelkäfig, an dessen Unu

BIRDCAGE CLOCK. Uhrform aus dem 18. Jh., ein an der Decke hängender Vogelkäfig, an dessen Unterseite das Uhrziffernblatt montiert ist. Oft mit ORMOLU verziert. Birdcage Clocks sind selten und erzielen Preise über 50.000,– DM.

BIRD'S EYE. Eine Zeichnung im Holz, kleine Flecken, die an Vogelaugen erinnern. Ahornsorten, in denen sich diese Zeichnung fand, wurden Bird's Eye Maple genannt. Diese Art Zeichnung hat seit dem 18. Jh. eine große Werterhöhung bedeutet.

BIRKE. (> Birch).

BIRNBAUM. (> Pear, > Fruitwood).

BISKUIT-Porzellan. Ein Porzellan,das ohne Glasur zweimal gebrannt wird, matt-weiß, ähnlich dem Marmor. Es war beliebt bei Büsten, Standbildern und Vasen.

Krug aus Biskuit-Porzellan

Achteckiger Biskuitteller

BLACK WALNUT. Art des Nußbaumholzes, sehr farbig. Seine feine Qualität in der Maserung macht es einfach zum Schneiden. Das Holz kann viel "Polish" vertragen und ist ziemlich teuer, da der Nachschub begrenzt ist. Black Walnut wird auch als "English Walnut" bezeichnet.

BLAKER. Wandleuchter mit einem oder zwei Kerzenhaltern vor einem Schild, der als Schutz der Wand vor dem Kerzenruß und als Reflektor dient; aus Holz, Metall (Messing, Silber, Zinn) und Keramik; im 16. bis 18. Jh. gebräuchlich. Ähnlich, aber mit Spiegeln versehen sind > Girandoles.

BLANKET CHESTS. (> Chests, > Coffer). Truhe mit 1 oder 2 schmalen Schubladen, beliebt in Amerika.

BLEIKRISTALLGLAS. (> Glass).

BLIND ARCADES. Zierform in Möbeldesign und Architektur: Auf Holz werden Gotikformen (meist Bögen) aufgesetzt.

BLISTER. Holzmaserungseffekt, der durch die ungleiche Kontur der Jahresringe im Holz entsteht. Diese Art Maserung findet man häufig bei Maple, Cedar und Mahogany.

BLOCK FOOT. Ein quadratisch geformter Tischfuß, um die Mitte des 18. Jh. gern von CHIPPENDALE entworfen, als > Marlborough Foot bekannt. Wenn der Block am Tischbeinende leicht zugespitzt ist, nennt man die Form > Spade Foot oder Therm Foot.

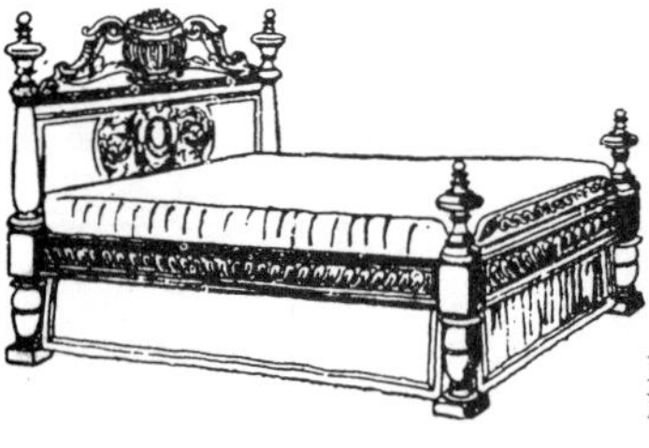

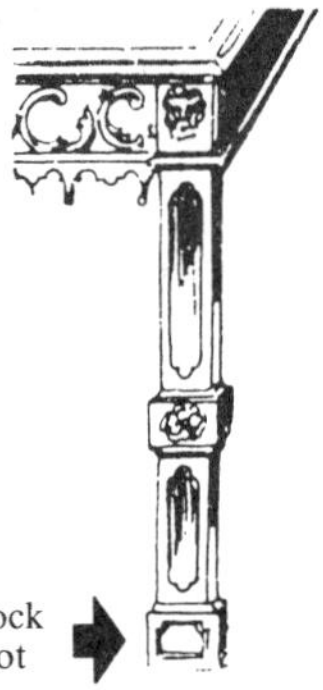

BLOCK FRONT. Eine Form der Vorderfront an > Chests, > Secretaries und > Bookcases: das Mittelteil flieht in einer flachen Kurve zurück (konkav), die beiden Enden kommen in

Georgian Chest of Drawers
mit Block Front

zwei Wölbungen hervor (konvex). Bei Stücken, die aus Ober- und Unterteil bestehen, ist oft nur das letztere in Block Front geformt.

BLOOR, Robert. (> Derby).

BLUMENMAHAGONI. Hat kleine Wirbel und unruhige Stellen in der Maserung, die von oben betrachtet wie ein Blumenstrauß aussehen.

BOARDROOM TABLE. (> Table).

BOG OAK. Mooreiche, einheimische engl. Holzart, die im späten 16. Jh. für Einlegearbeiten verwendet wurde ("Elizabethan and Jacobean Period").

BOMBÉ. Französische Bezeichnung für die rund nach außen geschwungene Front von Kommoden der Mitte des 18. Jh. Im Englischen "arched" oder "humpbacked" genannt. Diese Form

(häufig an Kommoden der Louis XIV. und Regency-Zeit in Frankreich) wurde während der Chippendale-Zeit in England populär.

BONE-CHINA. Knochenporzellan, eine englische Erfindung, wahrscheinlich von SPODE. Es wird hergestellt aus Porzellanton (kalkhaltig, dem Feldspat sehr ähnlich), plastischem Ton, Feuerstein und phosphorsaurem Kalk (in Knochenasche und Phosphorit). Es ist recht empfindlich. Es ähnelt dem > Frittenporzellan.

BONHEUR DU JOUR (CHEVRET). Zierlicher Damensekretär oder auch Toilettentisch im franz. Stil, mit Mittelschubladen und mit einem kleinen Aufbau mit Fächern.

Bonheur du Jour (Cabinet on Stand) von Sheraton

Französisch beeinflußtes Bonheur du Jour (ca. 1810)

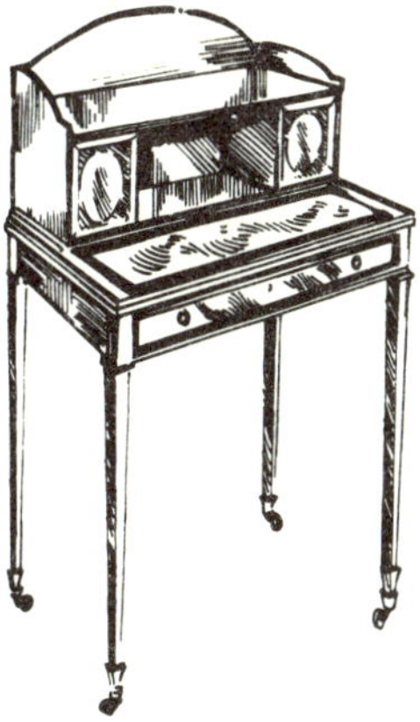

Late Georgian

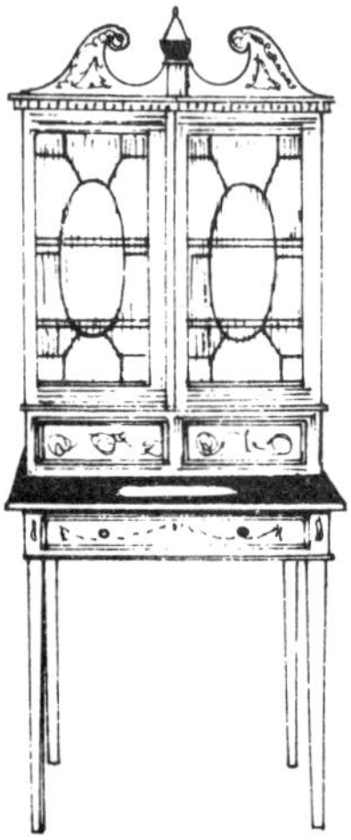

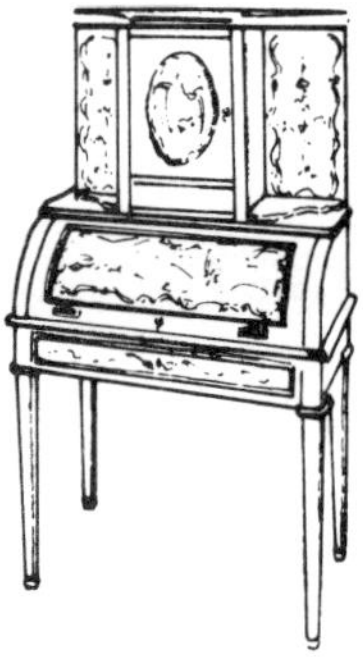

2 Formen von Bonheur du Jour, die Georgian und Edwardian sein können.

BONNET CHEST. Eichenkommode mit vertieft eingesetzten Schubladen ca. 1690. Bonnet-shape = haubenförmig.

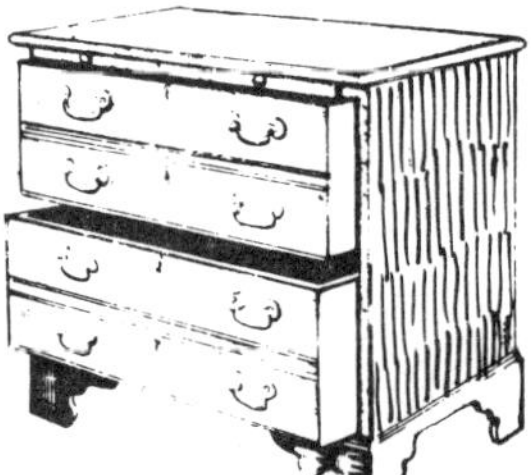

Georgian Bonnet Chest

BONNET TOP. Ein Ausdruck für das Sims auf hohen Möbelstücken, z. B. ein > Broken Arch Pediment, das von vorn bis hinten geht, also über die ganze Tiefe konstruiert ist; z.T. sind die hinteren Partien nachlässiger gearbeitet oder als Holzblock roh gelassen.

BOOKCASE. Aufsatzvitrinenschrank. Im späten 17. Jh. und frühen 18. Jh. ersetzte das Bookcase das > China Cabinet dieser Zeit. Gegen Mitte und Ende des 18. Jh. bekamen Bookcases eine große Bedeutung. Sie bestanden ab dann aus zwei Teilen, einem verglasten Oberteil mit Türen und einem geschlossenen Schrank oder Schubladen unten.

Offenes Bookcase, Georgian

Swan Neck Bookcase

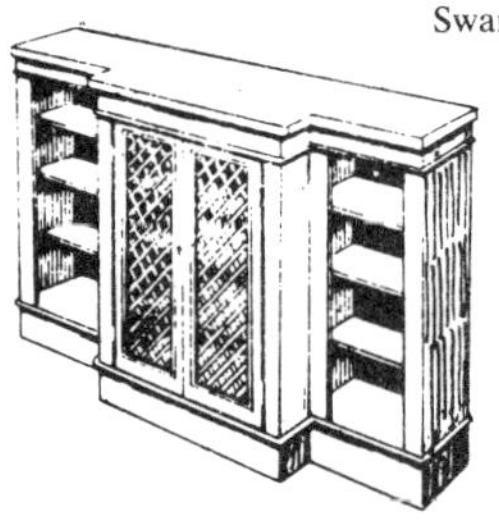

2 Beispiele eines niedrigen Bookcases, offen und mit Breakfront

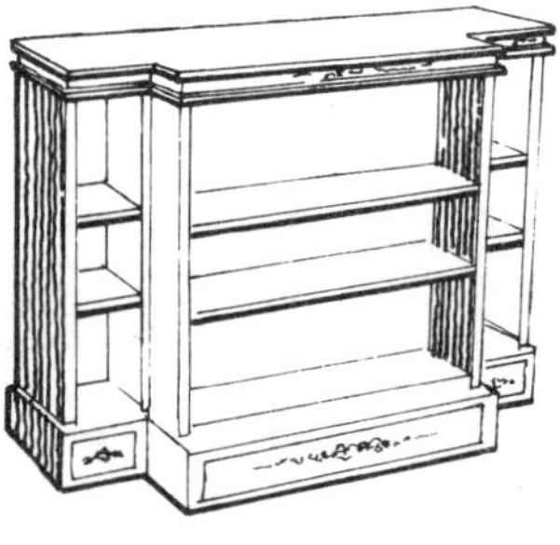

BOOK-REST. Bücherhalter. Kam in Bibliotheken in der Georgian Period vor: Ein quadratischer oder rechteckiger Rahmen mit Abstell-Leiste. Der Book-Rest konnte ein eigenes Möbel „on Stand“ sein oder als Aufsatzteil auf > Libary Tables.

BOOKSHELVES. Offene Bücherregale, die entweder frei stehen oder an der Wand hängen.

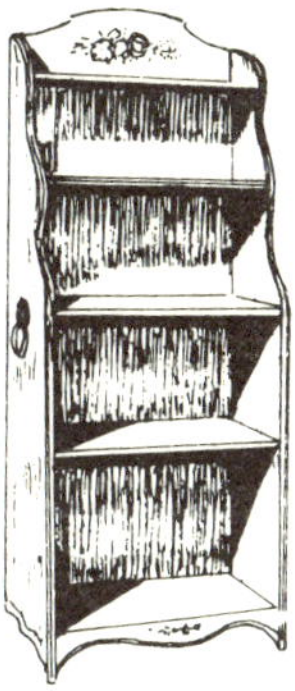

BOOKSTAND. Engl. Bezeichnung für ein Bücherregal auf vier kurzen Beinen mit zwei oder mehr Fächern; oft aus

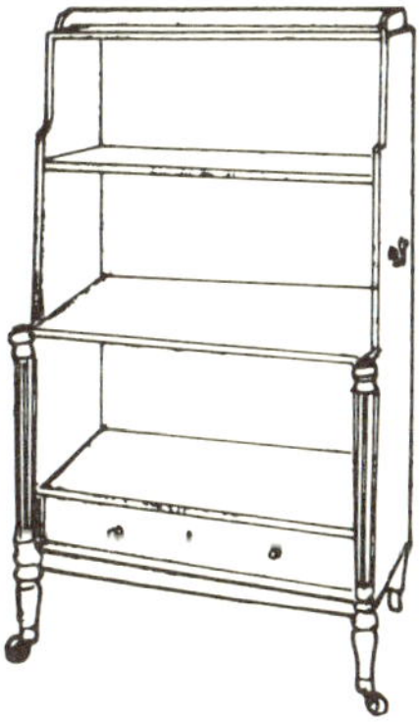

3 Beispiele
von Bookstands

Mahagoni oder Satinwood, manchmal auch auf Laufrollen. Verwandt ist das drehbare > Revolving Bookcase, das von vier Seiten aus mit Büchern vollgestellt werden kann.

BORDER. "Grenze", kontinuierlich fortlaufende Verzierung auf einem Stück Möbel, Teppich, Porzellan usw.

BOSTON ROCKER. Ein Schaukelstuhl, dessen Sitzfläche von vorne nach hinten geschwungen ist. Er hat oft eine Rückenlehne mit schmalen Streben und ist an der Holzquerstrebe bemalt.

BOULLE, André Charles. (1642-1732). Als Sohn eines Schreiners in Paris geboren, war Maler, Architekt, Beschläge- und Bronzehersteller und ein hervorragender Schreiner. Als Hofschreiner belieferte er ab 1672 auch Versaillers. Seine Spezialität waren reiche Einlegearbeiten aus Schildpatt, Elfenbein und Messing, die vor allem zur Zeit des Regency und von William and Mary sehr beliebt waren. Seine speziellen Einlegearbeiten aus Silber und Messing bekamen nach ihm sogar den Gattungsnamen "Boulle Design". Neben vielen anderen Cabinetmakern war sein bekanntester Imitator Gerreit > JENSEN.

Console Chest von Boulle

BOW. Engl. Manufaktur in Ost-London (1744-1776), wurde 1776 von W. DUESBURY, Manufaktur DERBY, übernommen.

BOW BACK. Rückenlehne, die zu den Armlehnen hin rundgebogen ist, meist an Windsor Chairs im 18. Jh.

BOW-FRONT. Rund nach außen gewölbte Front, typisch für > Chests und > Sideboards im späten 18. Jh. Diese

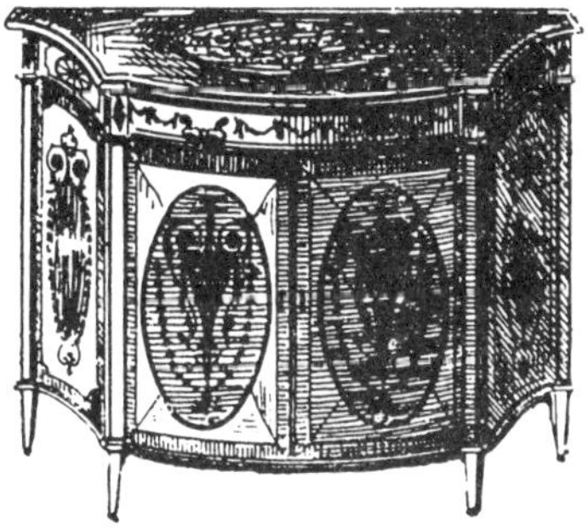

Bow-Front Chest, Georgian

Form wurde in England hauptsächlich durch ADAM und HEPPLEWHITE populär.

Georgian Bow Front Chest mit Bun Feet

mit Bracket Feet

BOW TOP. Durchgehender, bogenförmig gewölbter äußerer Rand einer Stuhl-Rückenlehne.

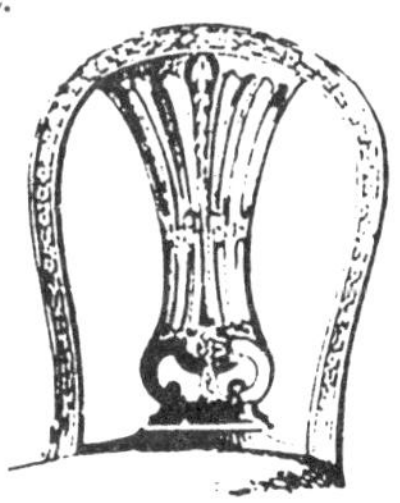

BOX. Kasten, Kästchen, Schatulle, Kassette. Boxes gehören zu den attraktivsten Kleinigkeiten engl. Möbeldesigns. Sie wurden für die verschiedensten Zwecke gebaut: Für Schreib-

Drinks Box
(oder auch Toilet Box)

zeug, zum Schreiben(aufklappbare > Writing Boxes), für Briefe und Dokumente, Schmuck, Kosmetikgegenstände usw. Es gab und gibt Boxes geschnitzt, mit > Inlay, > Marquetry, Messing- und Silberbeschlägen, aus Eiche, Mahagoni, > Satinwood, > Bird's Eye Maple und vielen anderen Holzarten.

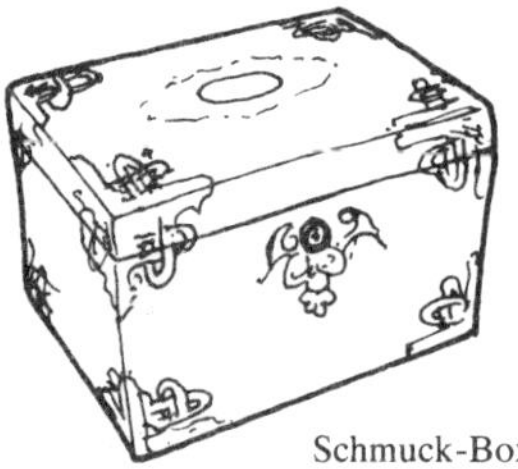

Schmuck-Box

BOXWOOD. Ein hartes, weißlich-gelbes Holz ohne jede Zeichnung. Recht früh schon (16. Jh.) als Bandintarsien in Eichen- und Nußbaummöbeln verwendet, im späten 18. Jh. in Satinwood-Stücken.

BOYDELL, John. (1719-1804). Londoner Zeichner, Kupferstecher und Kunsthändler, spezialisiert auf Shakespeare-Scenen.

BOYS AND CROWNS. Alter Ausdruck für ein geschnitztes Ornament, bestehend aus einer Krone, die von zwei fliegenden nackten Knaben flankiert ist. An Stuhlrücken oder am oberen Rand von > Daybeds, im späten 16. Jh., lange bevor Putten der Renaissance aufkamen.

BRACE. Meist ein Holzteil, das als Zwischenstrebe zur Verstärkung an Möbeln angebracht wird, z.B. als > Stretcher zwischen Tisch- oder Stuhlbeinen.

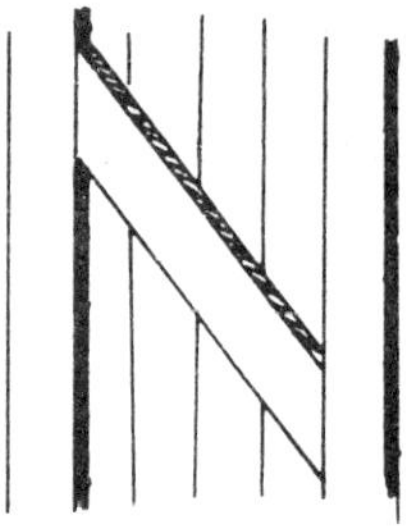

BRACED BACK. "Verstärkter Rücken", Begriff meistens bei Windsor-Stühlen angewendet: Zwei Verstärkungsstreben, die hinter den Rückenlehnensprossen bis zum oberen Teil der Lehne verlaufen.

BRACKET. Eine Stütze zwischen dem Bein und dem Sitz eines Stuhles oder dem Bein und der Platte eines Tisches. Ein Bracket kann auch ein an der Wand hängendes dekoratives Bord sein, das einen Vorsprung oder eine Verzierung optisch zur Unterstützung trägt.

BRACKET CLOCK. (> Clocks). Eine kleine Uhr, die speziell auf einem an der Wand hängenden Bord (Bracket) steht.

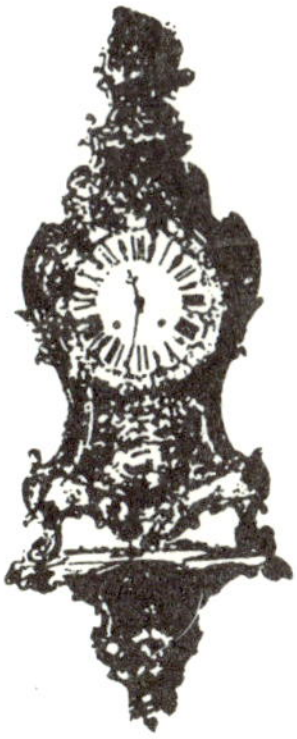

BRACKET FOOT. Eine beliebte Fußform des 18. Jh. Der Fuß hat eine gerade Außenecke und eine geschwungene Innenecke. An engl. Möbeln ist dieses Bein meist breiter als hoch. Es wird auch "Console Leg" genannt.

Georgian Tallboy

Edwardian Bureau

Georgian Bureau

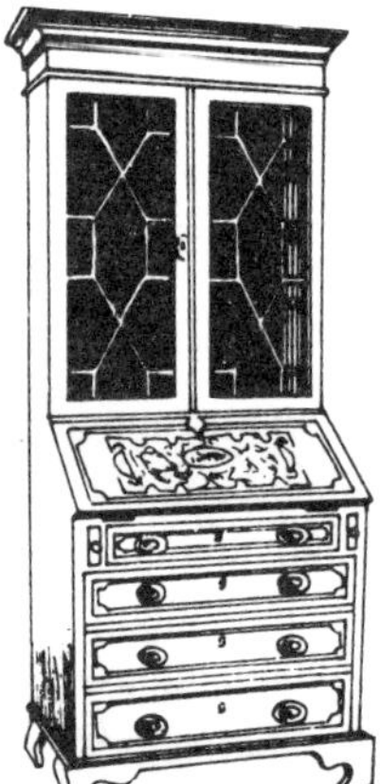

Georgian Bureau Bookcase

BRASS. Messing, Legierung von einem Teil Zink und drei bis sieben Teilen Kupfer.

Abgebildet sind hier ein paar Messingstücke, die antik sehr gern gehandelt werden:

Bettpfanne

Wasserkessel

Gießkanne

Kohleneimer

Eimer

Post-Waage

Rechaud

Lampe

Stehlampe

Mikroskop

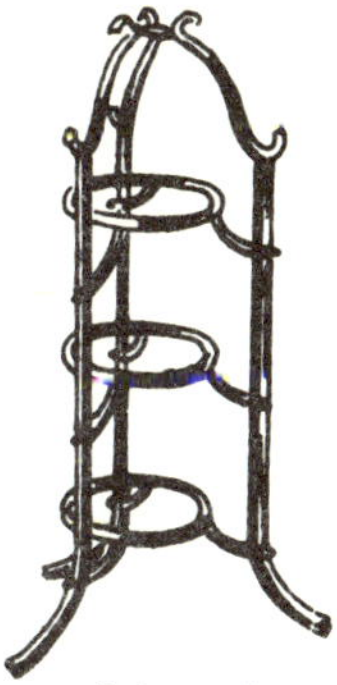

Cakestand

Tisch-
Lampe

Rechaud

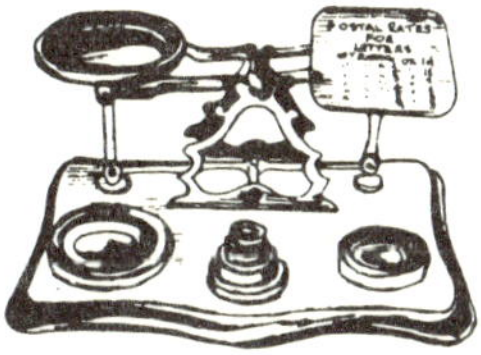

Briefwaage

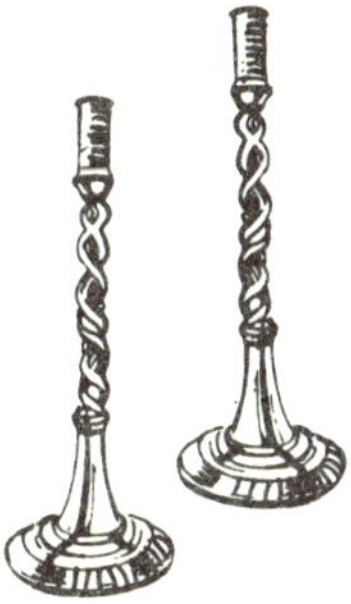

Kerzen-
leuchter

Zeitschriften-
ständer

Eisenbahner-
Lampe

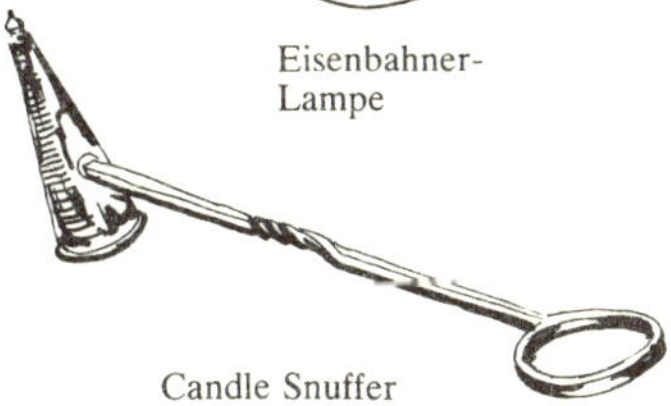

Candle Snuffer

Vogelbauer

Tischlampe

BRASSES. (> Handles). Andere Bezeichnung für Beschläge (Handles), Scharniere etc. aus Messing.

BRASS STRINGING. Messingverarbeitung, hauptsächlich an kleinen Kästen, an Stühlen und Tischen der späten Georgian und Regency Periode. Gewöhnlich ein Zeichen für gute Qualität.

BRAZIER. Ein tragbarer Metallbehälter der Tudorzeit, in dem Holzkohle oder glühende Kohlen aufbewahrt wurden; mit Griffen und Füßen.

BREAKFAST TABLE. Frühstückstisch; ein rechteckiger Tisch, an dem die Familie, unter Umständen sogar in der Küche, frühstückte, um nicht den großen Eßtisch benutzen zu müssen. Der Breakfast Table stand während des Tages mit heruntergeklappten Platten an der Wand.

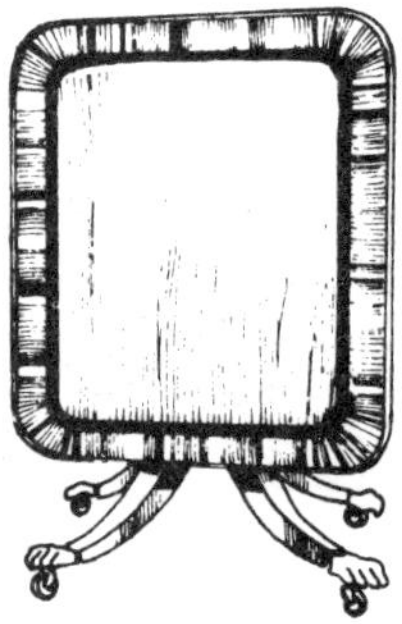

2 Beispiele von Regency Breakfast Tables

Ursprünglich wurde der Name "Breakfast Table" von CHIPPENDALE für einen eleganten, kleinen vierbeinigen Tisch geprägt, der oft mit einer Galerie oder Gitterarbeit verziert war. Der Tisch hatte manchmal eine lange schmale Schublade.

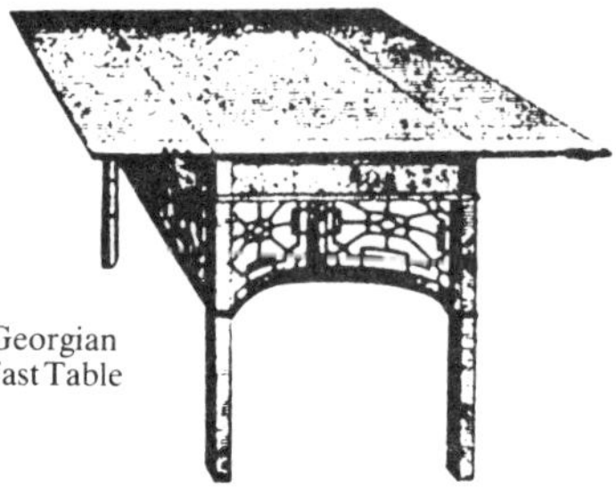

Early Georgian Breakfast Table

BREAKFRONT. Bei Bücherschränken, Aufsatzsekretären (> Secretaires) und Vitrinen (> Cabinets) die gebräuchliche Bezeichnung, wenn das Mittelteil zwischen den beiden Seitenteilen hervorspringt; populär seit dem 18. Jh.

BREAKFRONT BOOKCASE. Bücherschrank (Bibliothek) mit "gebrochener" Front (> Breakfront), heute eines der beliebtesten engl. Antiquitäten, gern als Reproduktion (> Stilmöbel) nachgebaut.

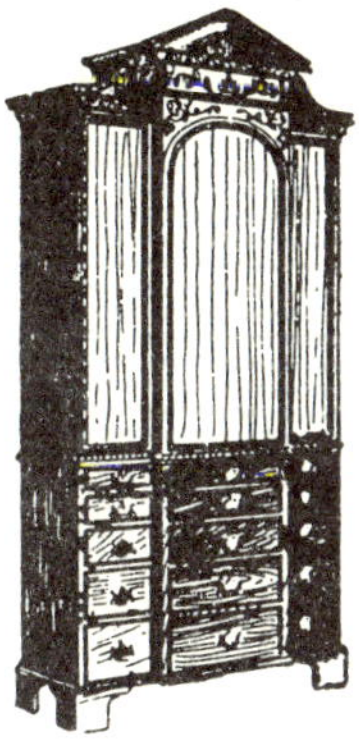

BREAKFRONT CREDENZA. Anrichte mit vorspringendem Mittelteil (> Breakfront).

BREWSTER CHAIR. Ein früher Stuhl aus New England mit gedrechselten Streben und einem glatten Sitz. Meistens mit einer Doppelreihe Streben an der Rückenlehne. Der Brewster Chair gehört in die Gruppe der ländlichen Jacobean Möbel und ähnelt dem > Carver.

BRIDAL CHEST. (> Chests). Eine meist sehr wertvoll geschnitzte Kommode (ca. 17./18. Jh.) für die Brautausstattung.

BRISTOL. (> Porzellan).

BROKEN ARCH. Geschwungener oder elliptischer Bogen an > China Cabinets oder > Bookcases, der an seiner Spitze durch eine dekorative Verzierung unterbrochen ("gebrochen") ist.

Queen Anne Bookcase mit Broken Arch

BROKEN FRONT. (> Breakfront). Der Mittelteil des Möbels springt zwischen beiden Seitenteilen vor.

BROKEN PEDIMENT. (> Swan-Neck-Pediment, > Goose-Neck-Pediment). Giebel eines Möbelstückes im 18. Jh., der an seiner Spitze unterbrochen ist. Der offene Mittelteil ist oft mit einem dekorativen Einsatz versehen.

BRÜNIERUNG. (> Antique Finish). Bräunen von Metall, um es künstlich "alt" zu machen.

BUCHE. (> Beech).

BUCKET ARMCHAIR. Ein Regency-Armstuhl, ähnlich dem Spoon-Back-Chair. Die Rückenlehne ist rund und oft aus Flechtwerk.

BÜCHERSCHRANK. (> Bookcase, > Breakfront Bookcase).

BUFFET. Ein > Sideboard mit und ohne Aufbau, wurde im späten 18. Jh. in England recht beliebt (Designs von SHERATON). Siehe auch >Chiffoniere, > Credenza, > Dresser.

BULL'S EYE MIRROR. (> Mirrors). Ein runder Spiegel mit konvexem oder konkavem Glas in einem verzierten Rahmen.

BULLOCK, George. Ein wichtiger Kunsttischler der Regency-Periode. Um 1813 zog er von Liverpool nach London. Ein Teil seiner Entwürfe erschien in "ACKERMANN'S Repository of Arts". Er war berühmt für seine Einlegearbeiten aus Metall.

BUN FOOT. Möbelfuß in der Form einer abgeflachten Kugel, oft zu finden an Kastenmöbeln im späten 17. Jh., aber auch in der frühen viktorianischen Periode.

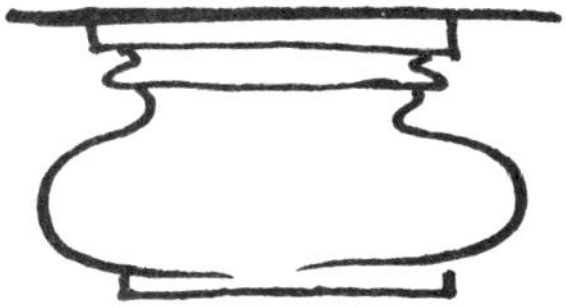

BUREAU. Im Gegensatz zum deutschen Sprachgebrauch bezeichnen die Engländer Schreibkommoden mit abgeschrägter Klappe als Bureau (gesprochen: Büro). Die heruntergeklappte Klappe dient als Schreibunterlage. Für viele

Georgian Bureaux mit Bracket Feet

Georgian Bureau mit Splay Feet

Deutsche ist ein Bureau d a s englische Möbel. Ursprünglich wurde die Stoffdecke Bureau genannt, die auf einen Tisch gelegt wurde, wenn man schreiben wollte. Nach SHERATON's Begriffsbestimmung wurde ein Bureau dann ein "Desk With Drawers". Um das Möbel eleganter und leichter zu machen, hat man oftmals das Unterteil weggelassen. Solches Pult mit Untergestell nennt man > Bureau On Stand. Von den Franzosen lernten die engl. Möbel-Designer eine weitere Variante: das Bureau mit einer rollend versenkbaren Klappe, das > Cylinder Bureau. Es

4 Beispiele für Bureaux on Stand

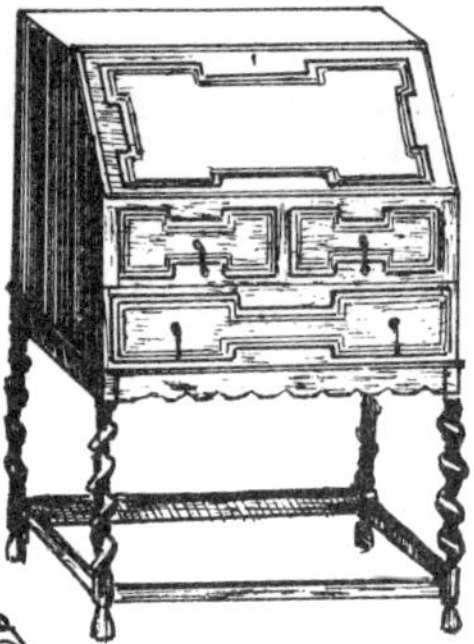

wurde viel in Kontoren verwendet und ist heute in den USA eine beliebte modische Antiquität. Dem Bureau verwandt in Aufbau und Innenausstattung (> Pigeons Holes) ist der > Secretaire.

BUREAU CABINET. (> Bureau Bookcase).

BUREAU BOOKCASE. Schreibmöbel mit einem Aufsatzschrank über dem > Bureau. Sehr verwandt ist das > Secretaire Bookcase, beide zusammen sind die typischen Aufsatzschreibschränke.

Bis etwa 1720 (Queen Ann) hatten die Bureau Bookcases Holzfüllungen im Oberteil, danach oft mit Quecksilber hinterlegte Spiegel. Nach 1750 findet man in zunehmendem Maße Glastüren im Aufsatz.

So selten Stücke des 18. Jh. geworden sind, so häufig findet man dagegen Aufsatzmöbel des 19. Jh. Bureau Bookcases aus den Jahren 1800 bis 1820 haben meist die typischen SHERATON-Glasfenster mit Holzsprossen. Ab 1820 gibt es die ersten rechteckig angeordneten Fenster. Relativ selten sind Möbel mit Holztüren im Oberteil aus dieser Zeit. Aus der frühen viktorianischen Zeit (ca. 1840/60) findet man häufig Schlüsseleinfassungen aus schönem Elfenbein.

Eine große Zäsur bringt das Jahr 1860. Ältere Stücke wurden rein handwerklich gearbeitet, 1860 aber begann die Zeit der industriellen bzw. halbindustriellen Fertigung, deutlich erkennbar an den maschinell gesägten Rückwänden. Die Bureau Bookcases und Secretaire Bookcases wurden jetzt zierlicher, haben meist Cabriole Legs und eine simplere Inneneinrichtung. Außerdem werden die Furniere dünner, und die Türfüllungen weisen andere Muster auf (z.B. gotische und romanische).

Kurz nach der Jahrhundertwende, unter King Edward VII (1901-1910) entsann man sich in England der Entwürfe der genialen Cabinetmaker CHIPPEN DALE, HEPPLEWHITE und SHERATON und fertigte nach deren präzisen Zeichnungen bei bester handwerklicher Arbeit gute Aufsatzmöbel an, die heute beachtliche Preise erzielen und viele Liebhaber finden. So sieht man häufig bei diesen relativ jungen Stücken ein > Swan-Neck-Pediment (Schwanenhals-Giebel), > Bracketfeet und feine Intarsienarbeiten, die typisch für das auslaufende 18. Jh sind. Doch gilt nicht nur das Alter etwas: Gute Edwardian-Stücke werden oft höher gehandelt als Viktorianische.

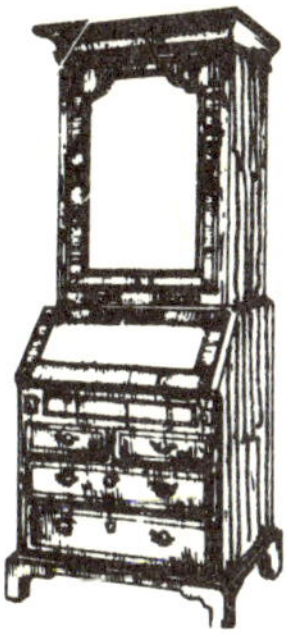

5 Beispiele von Bureau Bookcases des 18. Jh.

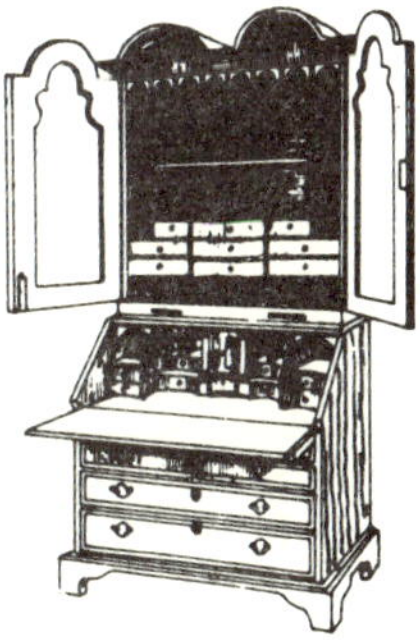

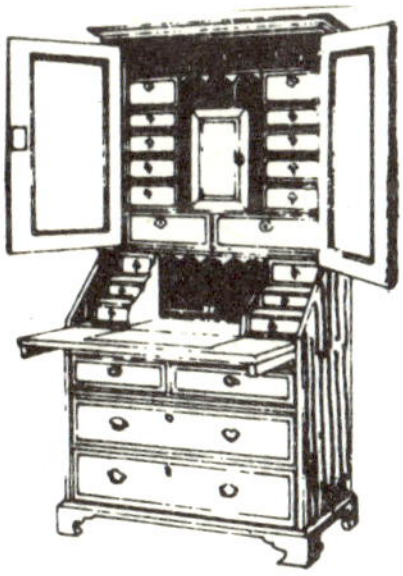

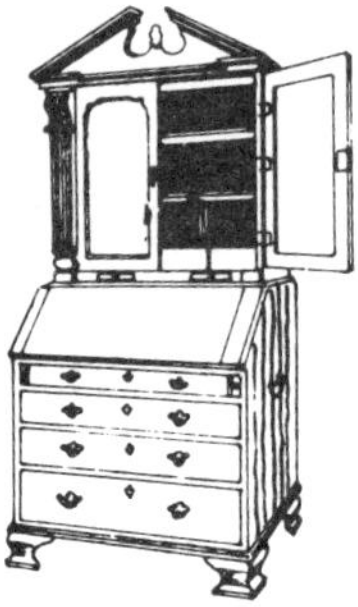

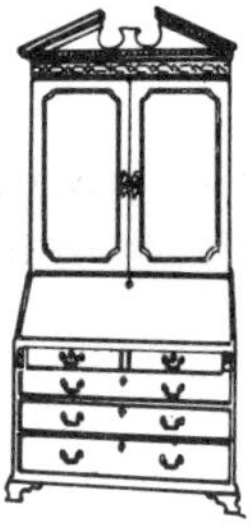
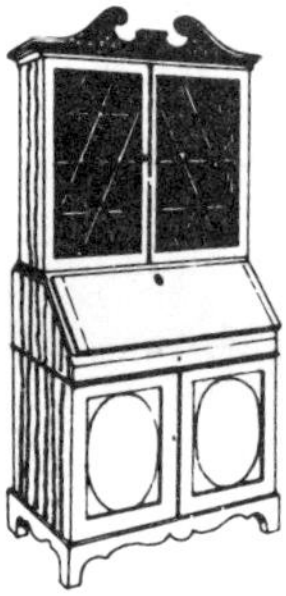
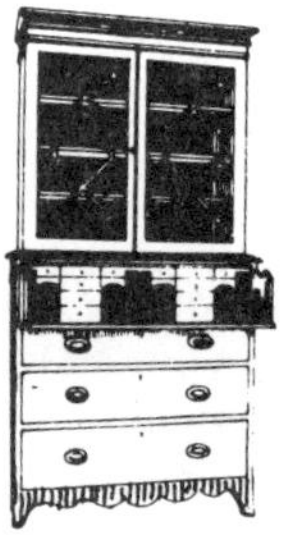

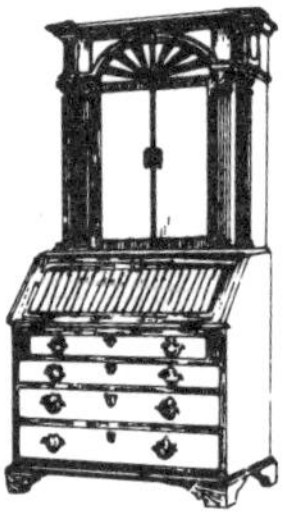
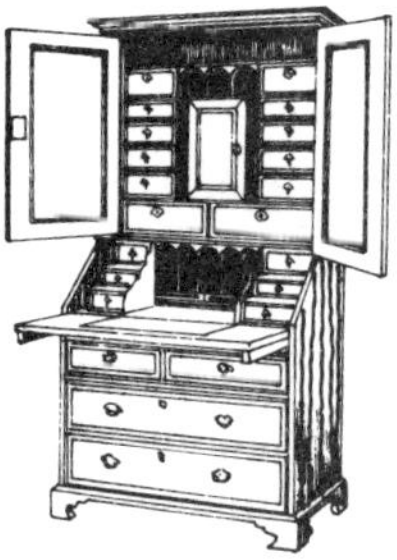

3 Beispiele von Edwardian Bookcases

Nachbau einer Georgian Form mit Bracket Feet

Barley Twist Legs

Cabriole Legs

Einkaufstips:

1. Die Maserung der Seitenpartien des Ober- und Unterteils muß gleich sein, da früher Hölzer des gleichen Balkens für diese Teile verarbeitet wurden.

2. Die Schlüsseleinfassungen im Aufsatz sollten dieselbe Größe haben oder kleiner sein als im Unterteil.

3. Bei älteren Bureau Bookcases und Secretaire Bookcases muß die Schnitzerei im Sims aus dem Holz herausgearbeitet sein und nicht aufgeleimt.

BUREAU PLAT. Flacher Schreibtisch ohne Unterbauten, Schubladen von beiden Seiten unter der Schreibplatte, auf zwei oder vier Beinen.

BURGES, William. (1827-1881). Ein bekannter Architekt und Designer in der viktorianischen Epoche. Er beschäftigte sich besonders mit den Möbeln und der Kunst des Mittelalters und entwarf eine Reihe pseudomittelalterlicher Möbelstücke mit ebensolcher Bemalung, die er auf der Weltausstellung 1862 zeigte.

BURKE, Thomas. (1749-1815). Kupferstecher in London, spezialisiert auf Mythologie in Schabkunst und Portraits in Punktiermanier.

BURNE-JONES, Edward. Maler im 19. Jh., bemalte Truhen und auch Einzeltische aus der Werkstatt > MORRIS.

BUTLER'S TRAY. Tragbares Tablett, das lose auf einem hüfthohen Klappständer ruht. Ein typisch engl. Stück. Es

wurde in der Küche beladen und erleichterte dann dem Butler das Servieren, etwa auf der Terasse, wo es auf dem Ständer abgestellt werden konnte.

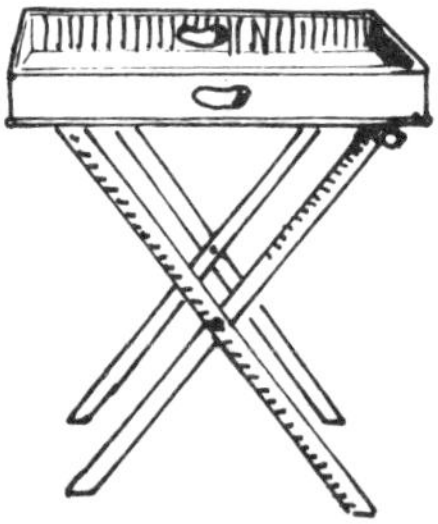

Das Tablett hat entweder eine starre Randbegrenzung oder man kann die senkrechten Randbretter waagerecht abklappen. Hohe Butler's Trays des 18. Jh. sind selten geworden. Heute werden Butler's Trays als Reproduktionen gefertigt, etwa 50 cm hoch und dienen als Couchtische.

BUTTERFLY TABLE. Ein > Drop Leaf Table im William-and-Mary-Stil. Die herausschwingenden Stützteile waren wie Schmetterlingsflügel geformt.

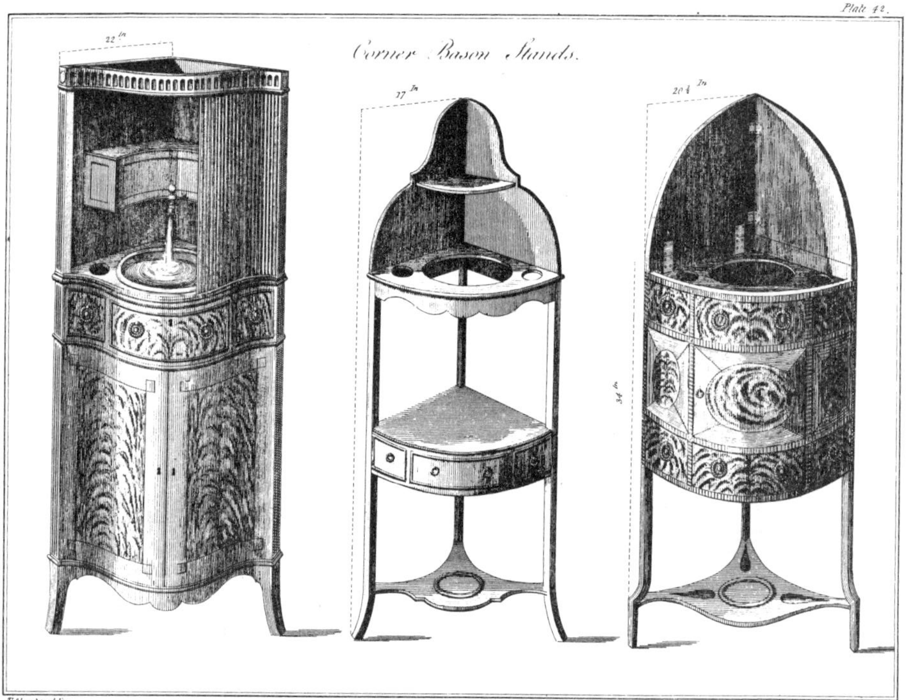

Originalzeichnungen von SHERATON

C

CABINET.(> Cupboard) Möbelstück mit Schubladen oder Regalen, abschließbar mit Türen aus massivem Holz oder Glas (> Display Cabinet, > China Cabinet) oder Drahtgeflecht.

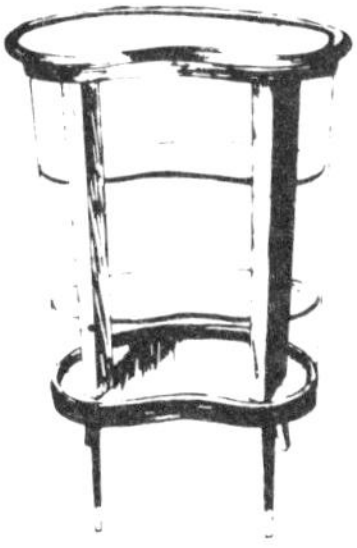

China Cabinet,
Cabinet Vitrine,
Mahagoni, Victorian

Georgian
Cabinet

CABINET MAKER. Engl. Bezeichnung für Tischler, Kunstschreiner, Möbelbauer. Vor dem 18. Jh. lag der Möbelbau meistens in der Hand von einfachen Schreinern, die mit Zargen oder Nägeln Truhen, Tische und Stühle zusammenfügten. Erst das Aufkommen von Furnieren und Intarsien konnte begabte Designer und Künstler interessieren. Im Gegensatz zu den franz. Kunsttischlern bauten die großen engl. Designer ihre Werke nie selbst. > ADAM, > CHIPPENDALE und > SHERATON schrieben Anleitungen für andere Tischler, trugen damit aber

Chippendale-Design

ganz entscheidend zur Entwicklung und Verbreitung der engl. Stilrichtungen bei.

CABINET – VITRINE. (> Display Cabinet, > China Cabinet). Ein Cabinet mit Glastüren, hauptsächlich zum Ausstellen von Porzellan (> China Cabinet). Es kam im späten 17. Jh. und frühen 18. Jh. auf, als Porzellan noch selten, teuer und deshalb wert war, es zu demonstrieren.

CABRIOLE CHAIR. Ein kleiner Sessel mit steifer Rückenlehne, kam aus England im 18. Jh. während CHIPPENDALE's franz. Periode auf. Die Bezeichnung vom anglisierten „Cabriolet" hat nichts mit > Cabriole Legs zu tun.

CABRIOLE LEG. S-förmig geschwungenes Bein an Stühlen und Tischen, seit etwa 1710 im engl. Möbelbau üblich, besonders in der frühen georgianischen Zeit. Das Bein hat animalische Formen und endet meist in einem Huf-, einem Krallen-, einem Ball- und Klauenfuß oder in einer Volute (= schneckenförmige Verzierung). In der frühviktorianischen Periode griff man diese Beinform wieder auf, hier endete der Fuß gewöhnlich in einer Volute. Während der Queen-Anne-Periode war das Beinknie oft mit einer Muschel (Shell) geschmückt. An frühen georgianischen Möbeln waren diese Beine oft mit Löwenmasken, satirischen

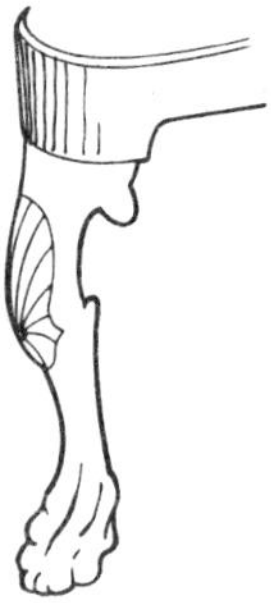

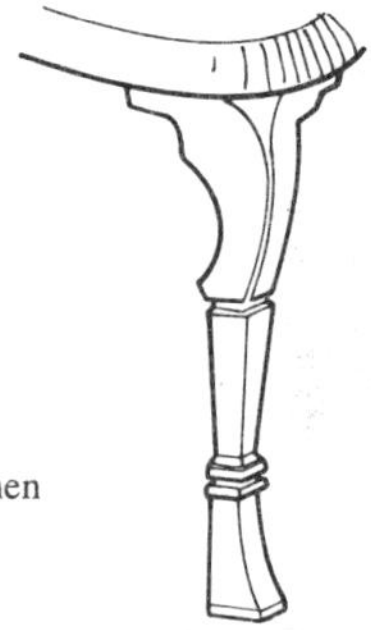

Cabriole Leg Formen

Masken oder Blattornamenten versehen. Das Cabriole Leg erreichte seinen Höhepunkt während der Louis XV.-Zeit und wird als typisches Rokoko-Stück bezeichnet.

Chippendale Chair mit Cabriole Legs

Georgian Highboy

Zwei Balloon Chairs und ein Easy Chair mit Cabriole Legs

CADDY. (> Tea-Caddy)

CAKESTAND. Zusammenfaltbares Gelegenheitstischchen mit 2 oder 3 Böden, ursprünglich gedacht zum Servieren von Cake (Kuchen) und Biscuit (Gebäck).

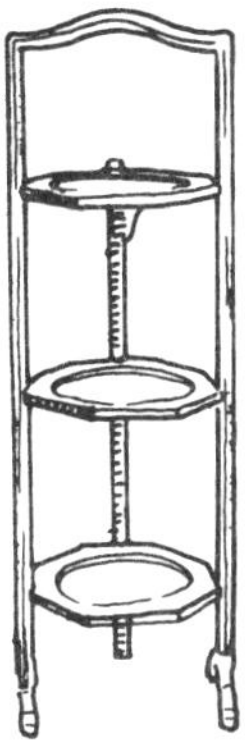

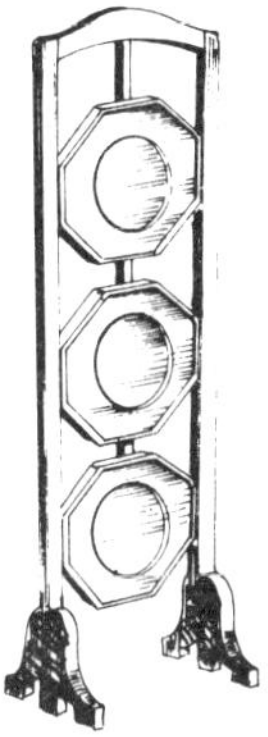

CALAMANDER. Aus Ceylon importiertes Holz, von 1780 bis 1830 oft für dekorative Furnierarbeiten verwendet (braun-schwarze Muster).

CAMELBACK. Eine Stuhllehne mit serpentinförmigem Oberteil.

CAMELBACK SOFA. Gepolsterte Couch um Mitte des 18. Jh. mit serpentinförmiger Kopfleiste nach der Tradition von CHIPPENDALE!

CAMPAIGN CHEST. (> Chest) Ursprünglich eine tragbare Beistellkommode, oft auf Rollen, die von Offizieren benutzt wurde. Die Ecken waren mit Metall verstärkt (> Military Chest). Später wurde daraus ein > Bachelor Chest, lackiert und/oder bemalt, oft ohne Beine, nie auf Rollen.

CAMPELL, Robert. Engl. Polsterer und Kunsttischler, tätig um 1774–94; arbeitete möglicherweise für H. HOLLAND in Carlton House; erhielt Aufträge von Georg, Price of Wales.

CANDLE BOARD. Schmales Brett unterhalb der Schreibfläche eines Schreibtisches. Es läßt sich herausziehen und wieder hineinschieben und dient zum Abstellen von Kerzen. Eine Erfindung des 18. Jh. in England.

CANDLE BOX. Ein zylindrischer oder viereckiger Kasten aus Metall oder Holz, in dem in der Georgian Zeit Kerzen aufbewahrt wurden.

CANDLE BRACKETS. Konsolen am oberen Rand eines Sekretärs, die für Kerzenhalter verwendet wurden. Beliebtes Design von > SHERATON.

CANDLESTAND. Leichter Tisch für Kerzen, Vasen etc. Diese Art Tisch hatte meist einen Tripod-Fuß (Dreifuß). Er wurde in der frühen georgianischen Periode hergestellt und während des 18. Jh. benutzt. Aus dem Tisch entwickelte sich ein Candlestand mit der ausschließlichen Funktion des großen Leuchters, ohne Abstellmöglichkeiten.

Georgian
Candlestand

CANDLESTICK. (> Silver, > Brass, > Pewter) Kerzenhalter,aus Metall, Holz, Porzellan oder Steingut. Meist mit schöner Verzierung oder mit Ornamenten, oft als Paar.

CANE. Rohrgeflecht aus Gräsern, Bambus, Rattan usw. Cane wurde zu Zeiten Louis XIV.–XVI. gern in Frankreich verwendet, im 17. und 18. Jh. aber auch in England. Während der Regency und viktorianischen Periode wurde Cane bei Dining Chairs u. a. verwendet. HEPPLEWHITE und SHERATON entwarfen ebenfalls solche Stühle um ca. 1790. Heute noch gebräuchlich, aber das Flechthandwerk stirbt langsam aus.

Cabriole Leg Chair
mit Rohrgeflecht

CANE-BACK-CHAIR. Beliebter Stuhlrücken des späten 18. Jh. Eine runde geflochtene Scheibe wurde in einem rund-ovalen Rahmen eingesetzt, der ein intarsiertes Holzmittelstück hatte. Das Flechtrohr breitet sich von der Mitte her strahlenförmig aus.

Regency Chair
mit Cane-Back

CANEWARE. (> Stoneware, > Porzellan) Fein strukturiertes braungelbes engl. Steingut, das in den späten siebziger Jahren des 18. Jh. in Staffordshire entwickelt wurde, hergestellt aus Granitstein und Ton aus Cornwall, Verwendung hauptsächlich für Haushaltsgeschirr.

CANING. Technik des Flechtens oder Flechtwerkteile in Möbeln. > Cane.

CANTEEN. Besteckkasten; oft aus Mahagoni und mit silbernen oder Messingbeschlägen, oft in der Form eines kleinen > Wellington Chest mit Schubladen übereinander.

CANTERBURRY. Ursprünglich ein fahrbares Serviertischchen für Bestekke, Platten, Tabletts und Pozellan. Daraus entwickelte > SHERATON einen

3 Beispiele für Georgian
Canterburies

fahrbaren Ständer (angeblich anläßlich eines Auftrags des Erzbischofs von Canterbury) für Zeitschriften, Bücher, Umschläge etc. Canterburies wurden bis etwa 1850 gebaut, aus Mahagoni, Nußbaum oder Palisander, auf Messing- oder Porzellanrollen, meist nur mit einer Schublade (früher oft für lose Notenblätter). Die mittlere Querstrebe ist ausgebuchtet und bildet einen Handgriff. Die schlichten Georgian Canterburies wichen geschnitzten Verzierungen im vorigen Jh. Canterburies standen auch neben dem Klavier und dienten zum Aufbewahren von Notenbüchern.

Regency Canterbury

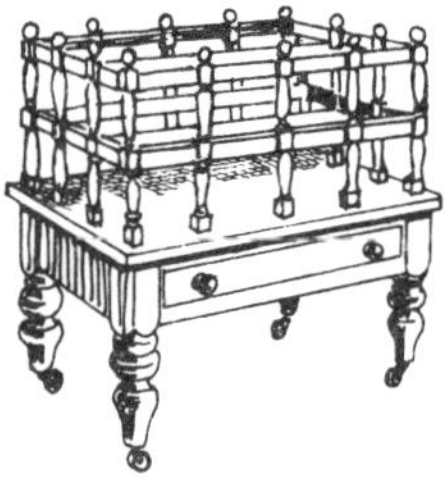

3 Beispiele für Victorian Canterburies

CANVAS (Leinwand). Schweres, steifes Baumwoll- oder Leinenmaterial mit gleichmäßiger Webung. Es kann gebleicht oder ungebleicht sein und wurde und wird meistens als Maloberfläche für Ölgemälde verwendet.

CAPSTAN TABLE. Besondere Variante eines runden Eßtisches, der sich durch zusätzliche Einlegeplatten vergrößern ließ. 1835 ließen sich JOHNSTONE, JUPE & Co., Kunstschreiner, diesen Tisch patentieren.

CAPTAIN'S CHEST. (> Military Chest, > Campaign Chest)

CARCASE. Eine Bezeichnung für den Holzrahmen, aus dem Kommoden oder Sekretäre hergestellt wurden. Die Carcase ist also noch ohne „Innenleben", ohne Schubladen und Türen, ohne Intarsien, Schnitzereien und Finish.

CARD CUT. Gitterwerk-Design im chinesischen Stil. CHIPPENDALE benutzte diese Art Dekoration an einigen seiner Cabinets und Sekretäre.

CARD TABLE. Spieltisch zum Aufklappen. Die Form stammt aus dem 17. Jh. und war besonders beliebt zur Zeit William and Mary und von Queen Anne. Card Tables sind meist rechteckig oder halbrund mit einer klappbaren Tischplatte. Entweder werden die hinteren Beine ausgefahren oder die zusammengeklappte Platte gedreht, so daß die zweite Plattenhälfte eine Auflage findet. Eine Abwandlung ist der

3 Beispiele für
Georgian Card Tables

Georgian Card Table
mit „Concertina Legs"
(hervorziehbar)

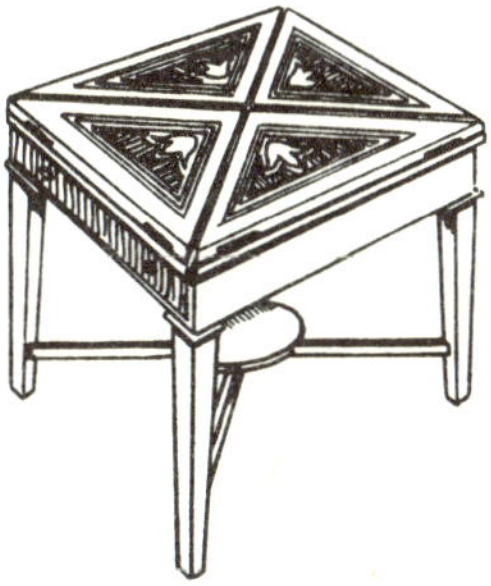

Envelope
Card Table

Regency
Card Table

quadratische >Envelope Card Table, auch Zipfeltisch genannt. Durch eine Drehung der zusammengeklappten Platte um 45 Grad und durch Ausklappen der vier gegenüberliegenden Zipfel entsteht ein doppelt so großer Tisch. Alle Card Tables haben eine Filzeinlage. Frühe Spieltische hatten an den vier Ecken Vertiefungen, in die man Kerzen stellte und oft zusätzliche Mulden („Guinea Holes"), um das Spielgeld aufzubewahren.

Regency Card Tables

Victorian Card Table

2 Beispiele für viktorianische Card and Chess Tables

CARLTON HOUSE TABLE. Von SHERATON entworfener Schreibtisch auf hohen Beinen, mit hochgezogenen Rücken- und Seitenteilen, die mit Ablagefächern, zierlichen Schubladen und Vorrichtungen für Füller und Tintenfässer ausgestattet waren. Meist aus Mahagoni und/oder Satinwood mit schönen Intarsien.

3 Beispiele für Georgian Carlton House Tables

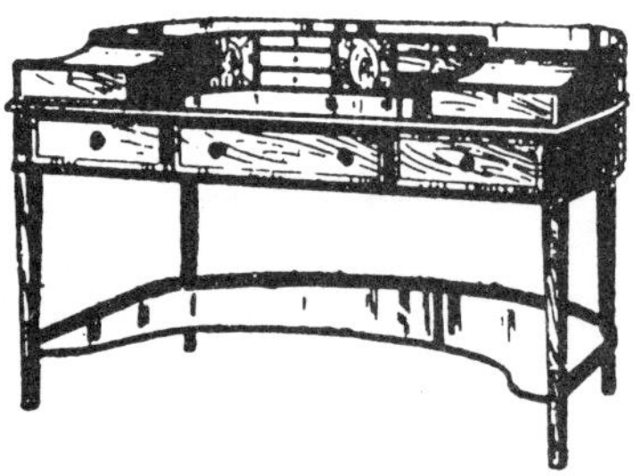

CAROLEAN PERIOD. Periode im engl. Möbel- und Innendesign, nämlich die Zeit von 1660–1688.

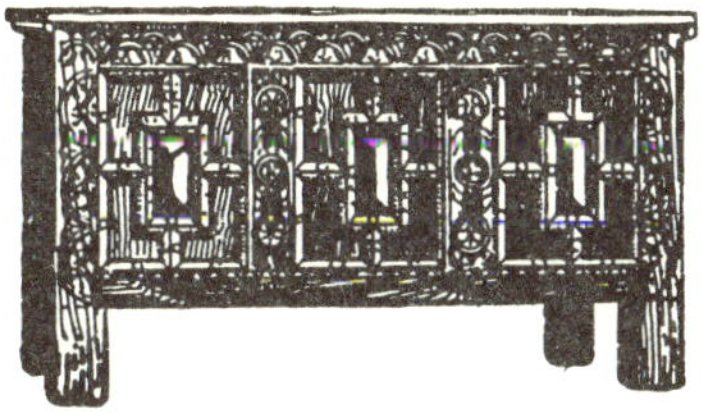

Carolean Chest

CARRIAGE CLOCK. Tragbare (Reise-) Uhr mit Standgehäuse, sehr verwandt mit der > Mantel Clock, die auf dem

Tisch oder dem Kaminsims aufgestellt wurde. Sie tauchten in England nach der Restauration auf und waren meist mit einem Repetiermechanismus ausgerüstet, der durch eine Schnur an der Rückseite der Uhr gelöst wurde. Wenn man an der Kordel zog, schlug die Uhr jeweils die letzte Stunde. Das war besonders bei Nacht von Nutzen, da man wegen der Uhrzeit nicht extra Licht zu machen brauchte.

CARTOUCHE. Begriff der Innenarchitektur, Möbelkunst und Stecherei: Geformtes oder geschnitztes Ornament, z. B. zur Dekoration an den Oberteilen von Betten und anderen großen Kastenmöbeln, oft mit einem Wappen oder einer Inschrift versehen.

CARVER. Armlehnstuhl in einem Satz von mehreren Eßstühlen. Ein gerader, quadratischer Lehnstuhl mit gebogenen Armlehnen. Dieser Sessel war für den Hausherrn bestimmt: „for carving", zum Fleischschneiden und Vorlegen. Vielleicht kommt der Name

Regency Carver

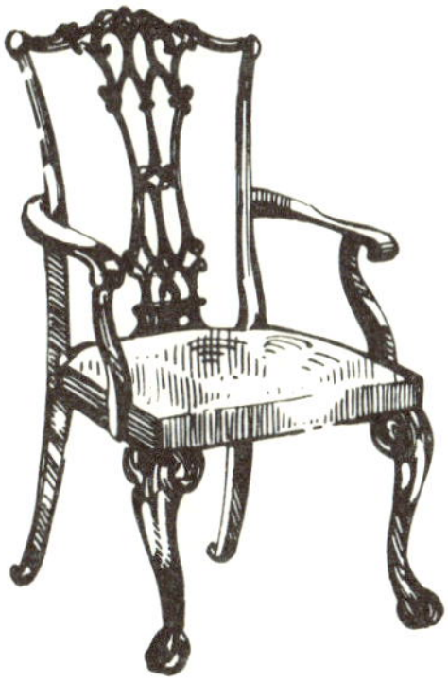

Georgian Carver

auch von dem Design eines Stuhls, den Governor John CARVER of Plymouth in Amerika benutzte. > Banister Back Chair, > Brewster Chair.

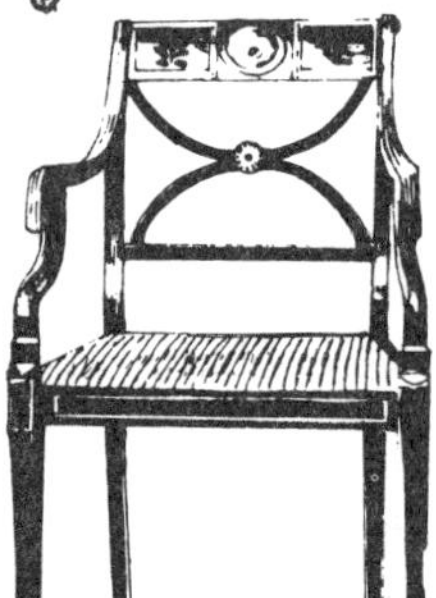

3 Beispiele für schöne Carver

CARVING. Schnitzereien. Alte Schnitzereien sollten tief und nicht ganz regelmäßig sein und sich deutlich von der Grundfläche abheben. Flache Schnitzereien können u. U. ein Anzeichen dafür sein, daß sie später hinzugefügt worden sind, Moderne, maschinell hergestellte Schnitzereien erkennt man an ihrer Ebenmäßigkeit.

CASTER. (Zucker-)Streuer. Ein Salz- oder Pfefferstreuer dagegen heißen einfach „salt“ und „pepper“.

CASTERS / CASTORS. Kleine schwenkbare Räder an den Beinen von Möbeln, um sie beweglich zu machen. Üblich seit dem Ende des 17. Jh.

CAT. Ein Gestell, das in England nach 1750 gebraucht wurde, um vor dem Feuer Teller zu wärmen. Mit drei Füßen und drei Armen, an denen Halterungen für die Teller kunstvoll angebracht sind.

CATKINS. Dekoratives Motiv aus dem 18. Jh. in der Form einer Blumenkette.

Spiegel (18. Jh.) mit Catkins

CAULDRON. Runder Papierkorb aus Messing im 18. Jh.

CEDAR. Weiches, rötliches Holz. Es sieht aus wie Mahagoni minderer Qualität. Ab etwa 1750 wurde es zusammen mit Mahagoni aus Nordamerika und Westindien importiert und zu weniger wichtigen Möbelteilen verarbeitet. Heute stellt man hauptsächlich Zigarrenkisten und Bleistifte daraus her.

CELLARET. Eine Art > Wine Cooler, ein Behälter mit Deckel und Bleieinsatz, als exklusives Möbelstück zur

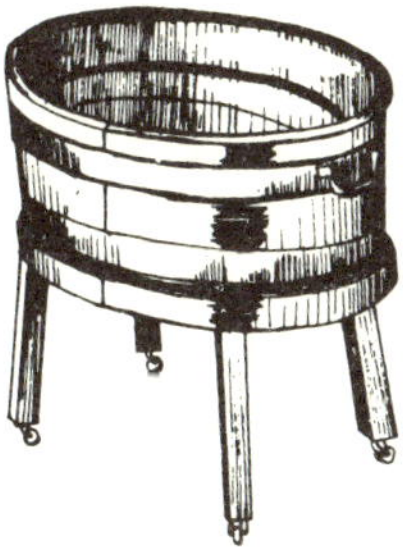

Georgian Cellarets

Aufbewahrung von Getränken. Wurde auch in andere Möbel eingearbeitet, in > Pedestal Desks oder > Cellaret Sideboards.

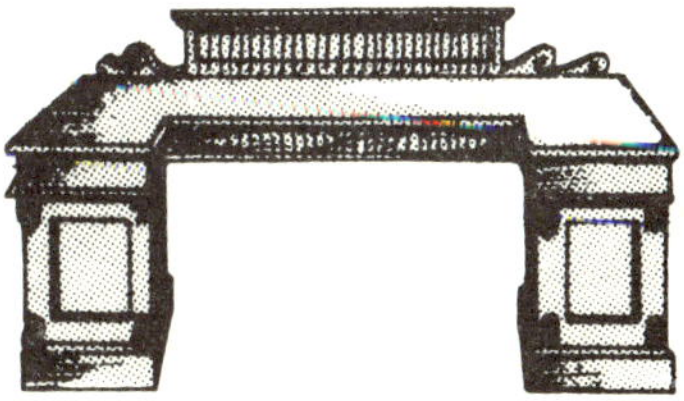

Pedestal Cellaret

CELLARET SIDEBOARD. Ein aus dem 18. Jh. stammendes Sideboard, in das oben eine Vertiefung zum Abstellen von Flaschen und Gläsern (Cellarette) eingelassen ist. Es konnte auch ein Becken zum Gläserwaschen oder eine Besteckschublade eingearbeitet sein.

CENTRE TABLE. Alle runden oder eckigen Tische mit einem Mittelfuß, manchmal starr, manchmal mit hochklappbarer Tischplatte (> Loo Table). Bei Regency Tischen vom Mittelfuß häufig in vier verzierten Füßen auslaufend, die mit Messingkappen bedeckt sind.

2 Beispiele für Victorian Centre Tables

CERAMICS. > China, > Pottery, > Stoneware.

CHAIR. Stuhl; eins der Möbelstücke mit den meisten Variationen. Im 16. und 17. Jh. als rustikaler Eichenstuhl, meist noch ohne Armlehnen, aber sonst schon in vielfältigen Abwandlungen. In der > Queen Anne Periode aus Walnut (Nußbaum), im 18. Jh. meist aus Mahagoni und in den eleganten Designs von > Chippendale, > Hepplewhite und > Sheraton. Als > Dining Chlairs meist in feinerer Verarbeitung und mit Polsterung, als > Country Chair gröber, rustikaler. Der > Carver war dabei der Armlehnsthl des Hausherrn. > Easy Chairs sind Sessel.

Queen Anne-Stühle

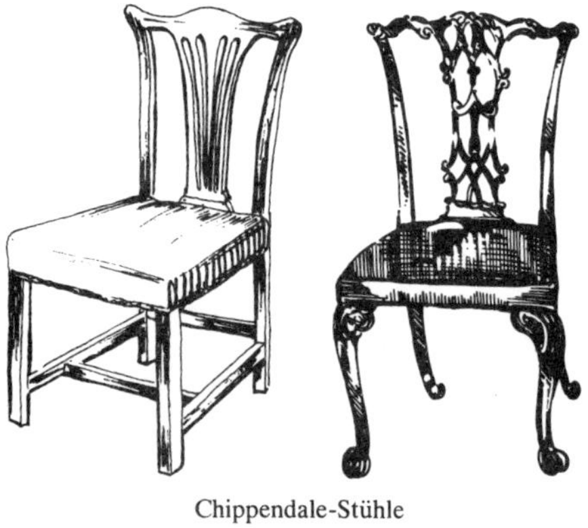

Chippendale-Stühle

Im einzelnen unterscheidet man bei engl. Antiquitäten folgende Chairs:

> ARMCHAIR
> BALLOON CHAIR
> BANISTER-BACK-CHAIR
> BANK OF ENGLAND CHAIR
> BARBER'S CHAIR
> BARREL CHAIR
> BEDROOM CHAIR
> BREWSTER CHAIR
> CABRIOLE CHAIR
> CANE-BACK-CHAIR
> CARVER
> CHILD'S CHAIR
> COCK-FIGHT-CHAIR
> CONVERSATION CHAIR
> CORNER CHAIR
> COURTING CHAIR
> CROMWELLIAN CHAIR
> CURRICULE CHAIR
> DAN-DAY-CHAIR
> DERBYSHIRE CHAIR
> DESK CHAIR
> DINING CHAIR
> DRAUGHT CHAIR
> EASY CHAIR
> FANCY CHAIR
> FARTHINGDALE CHAIR
> FATHER'S CHAIR
> FIDDLEBACK CHAIR
> FOLDING CHAIR
> FRENCH CHAIR
> GAINSBOROUGH CHAIR
> GLASTONBURY CHAIR

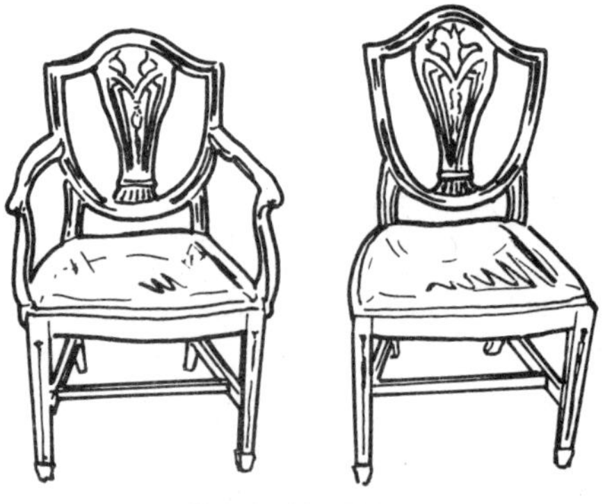

Hepplewhite-Stühle

> GRANDFATHER CHAIR
> HALL CHAIR
> HOGARTH CHAIR
> JUDGE'S CHAIR
> LADDER-BACK-CHAIR
> LADY'S CHAIR
> LANCASHIRE-SPINDLE-BACK-CHAIR
> LIBRARY CHAIR
> LOW-BACK-CHAIR
> LYRE-BACK-CHAIR
> MENDLESHAM CHAIR
> NELSON CHAIR
> NURSING CHAIR
> OXFORD CHAIR
> PANEL-BACK-CHAIR
> PILLOWBACK CHAIR
> PUB CHAIR
> READING CHAIR
> RESTORATION CHAIR
> RIBBON-BACK-CHAIR
> ROCKING CHAIR
> ROUNDABOUT CHAIR
> SEDAN CHAIR
> SIDE CHAIR
> SLIPPER CHAIR
> SMOKER'S CHAIR
> STICK-BACK-CHAIR
> TABLE CHAIR
> TRAFALGAR CHAIR
> TUB CHAIR
> WAINSCOT CHAIR
> WHEELBACK CHAIR
> WICKER CHAIR
> WINDSOR CHAIR
> WING CHAIR
> YORKSHIRE CHAIR

Der Wert eines Stuhles hängt von verschiedenen Faktoren ab: 1. Zustand (gerade wegen des extrem häufigen Gebrauchs und der relativ großen Bruchgefahr wegen der speziellen Konstruktion des Stuhls). 2. Originalität der Form (ein einfacher Country Chair ist billiger als ein > Windsor Chair und dieser billiger als ein feiner Hepplewhite Arm Chair). 3. Holzart, Farbe und Patina. 4. Polster. 5. Beinform (am meisten gesucht: > cabriole legs). 6. Satz von 2, 4, 6, 8 oder mehr Stühlen einer Art (Sets). Die Preise für Satz-Vollständigkeit steigen stark progressiv, je kompletter ein Satz noch ist.

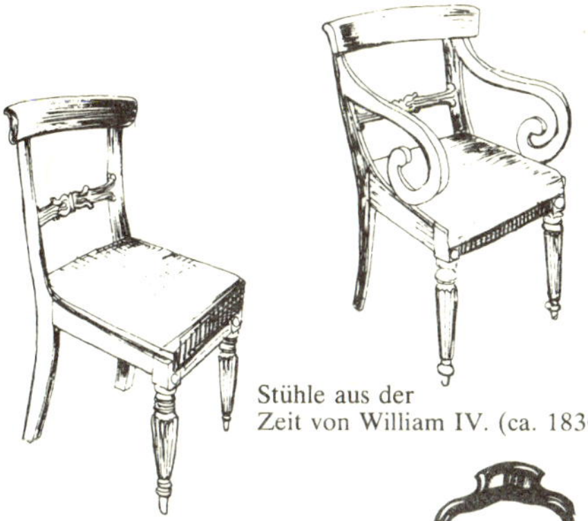

Stühle aus der Zeit von William IV. (ca. 1830)

Victorian Stuhl, Cabriole Legs

CHAIR TABLE. Ein Stuhl, der sich in einen Tisch verwandeln läßt, wenn der schwingbare Rücken in horizontale Position gebracht wird. Hauptsächlich während des 17. Jh. in der Stuart Periode.

CHAISE LONGUE. Franz. Sitzmöbel, von den Engländern statt dem Begriff > Settee gebraucht, wenn hohe Rükkenlehnen fehlten.

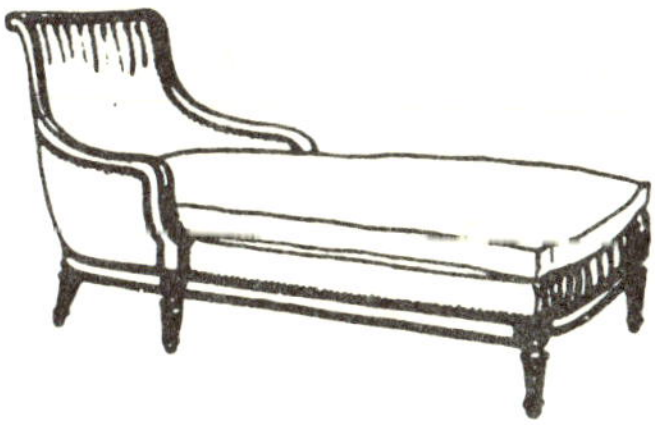

CHAIR BACKS

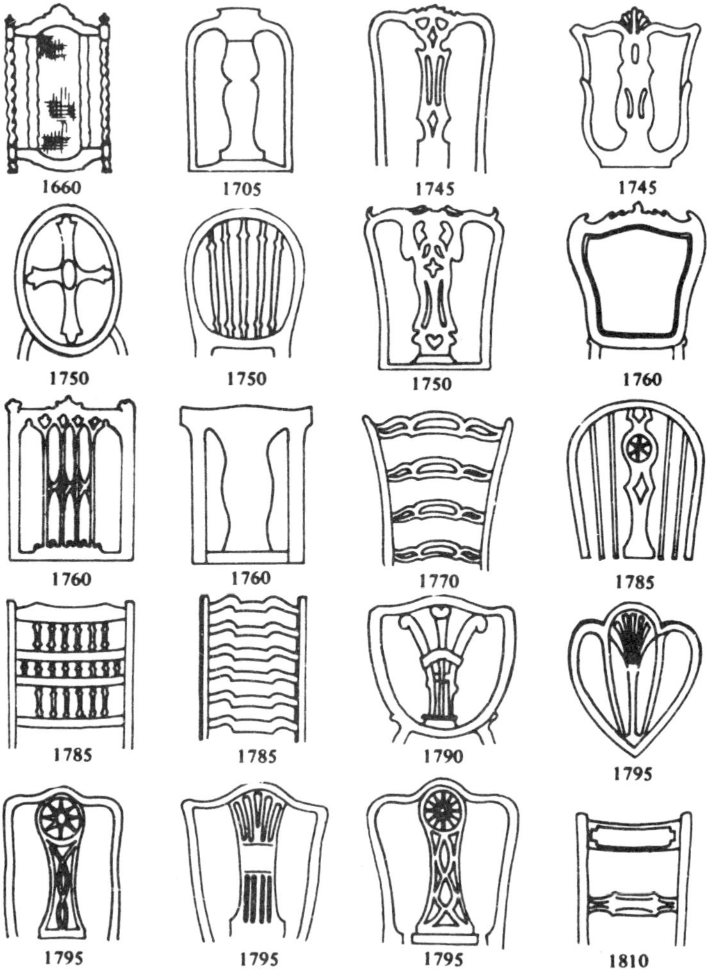

1660 Charles II
1705 Queen Anne
1745 Chippendale
1745 Chippendale
1750 Georgian
1750 Hepplewhite
1750 Chippendale
1760 French Rococo
1760 Gothic
1760 Splat Back
1770 Chippendale Ladder Back
1785 Windsor wheel back
1785 Lancashire Spindle Back
1785 Lancashire Ladder Back
1790 Shield and Feathers
1795 Shield Back
1795 Hepplewhite
1795 Hepplewhite Camel Back
1795 Hepplewhite
1810 Late Georgian Bar Back

(aus THE ANTIQUE DEALERS POCKET BOOK, LYLE PUBLICATIONS 1972)

CHAIR BACKS

1810

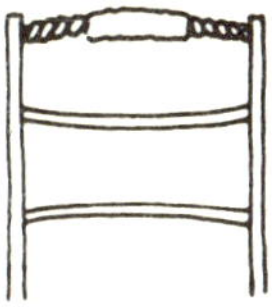
1810

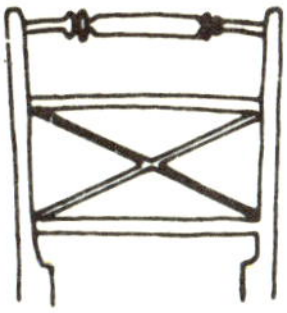
1815

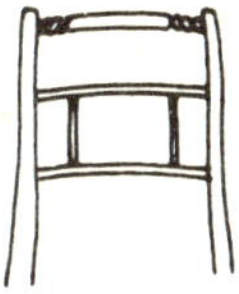
1815

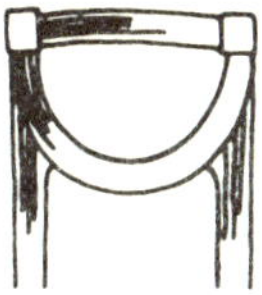
1820

1820

1820

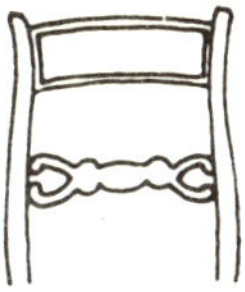
1825

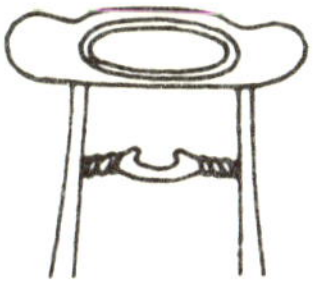
1830

1830

1830

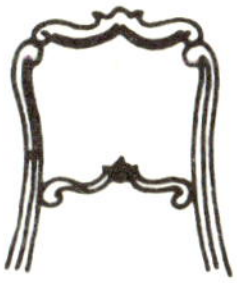
1830

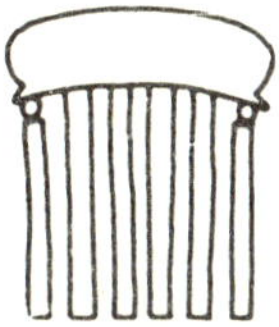
1835

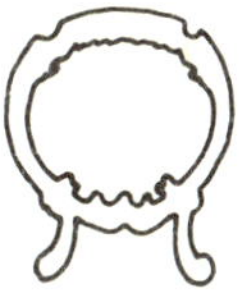
1840

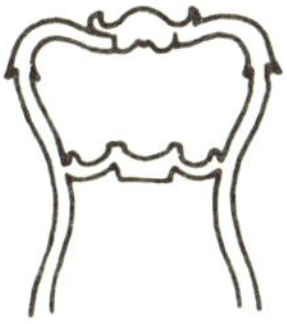
1845

1845

1850

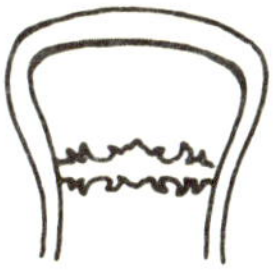
1860

1870

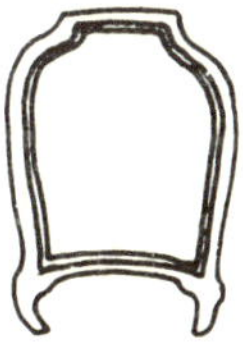
1875

1810 Thomas Hope 'X' Frame
1810 Regency Rope Back
1815 Regency.
1815 Regency Cane Back.
1820 Regency
1820 Empire
1820 Regency Bar Back
1825 Regency Bar Back
1830 Regency Bar Back
1830 Bar Back

1830 William IV Bar Back
1830 William IV
1835 Lath Back
1840 Victorian Balloon Back
1845 Victorian
1845 Victorian Bar Back
1850 Victorian
1860 Victorian
1870 Victorian
1875 Cane Back

(aus THE ANTIQUE DEALERS POCKET BOOK, LYLE PUBLICATIONS 1972)

CHAISE PERFORCÉ. (Nachtstuhl) Der Holzrahmen mit dem im Sitz eingehängten Nachttopf wurde normalerweise von einem Einlegepolster verdeckt.

CHAMBERSTICK. Kerzenhalter mit Unterteller. Oft war am Griff ein loses Hütchen aufgesetzt, mit dem die Kerze gelöscht werden konnte.

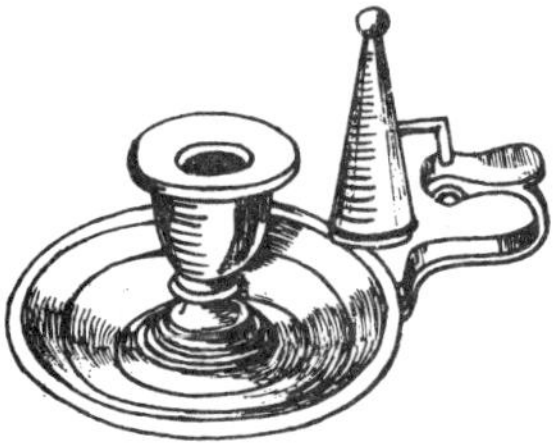

CHAMFER. Abgeschrägte Ecken (Kanten) an Möbeln, z. B. Tischen, Stühlen, Tallboys und Mahagoni-Kommoden.

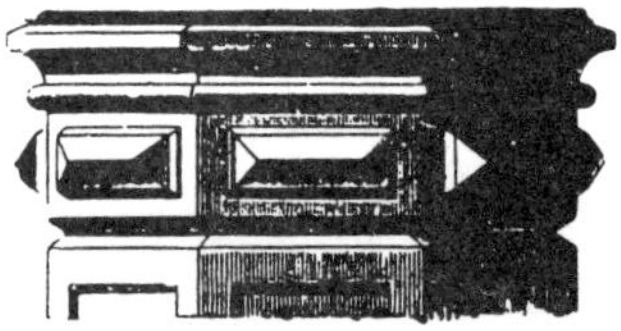

Meist verwendet im CHIPPENDALE-Design. Beine sind manchmal an der Innenkante, manchmal an der Außenkante „chamfered". Im Querschnitt:

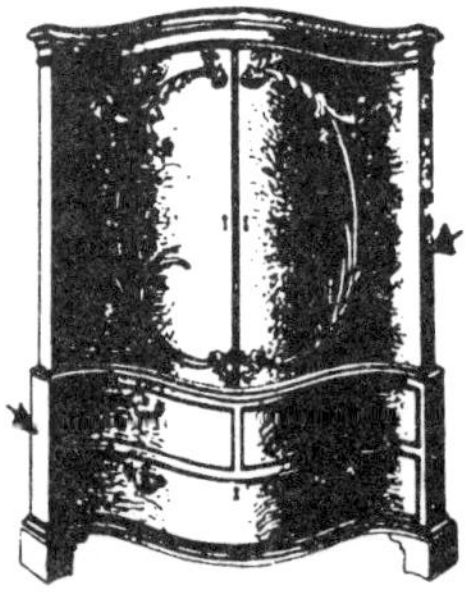

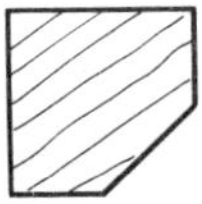

Chamfered
Stuhlbein
(Grundriß)

CHANNON, John. (1711–83) Ein Kunstschreiner, der für die Verwendung vergoldeter Metallbeschläge bekannt war. Bevor er sich 1737 in der St. Martin's Lane in London niederließ, arbeitete er in Exeter. Zwei Bücherschränke aus Mahagoni im Powderham Castle in Devon stammen aus seiner Werkstatt (ca. 1740). Andere Möbelstücke mit Messingeinlagen, darunter ein Schrank im Victoria und Albert Museum, werden diesem Meister zugeschrieben, der möglicherweise mit dem deutschen Kunsthandwerker Abraham ROENTGEN zusammengearbeitet hat. ROENTGEN hat während dieser Zeit in London gearbeitet und wendete ähnliche Techniken an.

CHEEK PIECEs. Die im 18. Jh. entworfenen Seitenteile eines Sessels, die dazu dienten, die im Sessel sitzende Person vor Luftzug zu schützen (Cheek = Wange), > Easy Chair.

CHELSEA. Engl. Manufaktur in West London (1743–1784), wurde 1770 von W. DUESBURY gekauft. Die ersten Jahre der Verschmelzung mit seiner > Derby-Manufaktur nennt man Chelsea-Derby-Periode. Die vier berühmten Derby-Perioden sind: die Triangel-Periode (1745–49), Reliefanker-Periode (1750–53), Roter-Anker-Periode (1753–56) und die Goldanker-Periode (1758–69).

CHEQUER. Schachbrett. Beliebtes Dekorationsmotiv, ab 1600.

CHERRY. Kirsche. Rötliches Holz, teilweise im 17. Jh. für Einlegearbeiten verwendet.

CHESS TABLE. Schachtisch. Die Tischplatte hat ein Schachfeld, das entweder eingelegt oder aufgemalt ist.

Georgian Chess Table

Chess Table als Stretcher

2 Beispiele für Victorian Tripod Tables als Schachtische

CHEST. Ursprünglich eine Truhe, ein Kasten mit beweglichem Deckel. Ab Mitte des 17. Jh. wurden Schubladen eingebaut und der Deckel fest montiert. Ab dann hieß es Chest of Drawers und wurde ein typisches Gebrauchsmöbel. Es diente meist als Wäschekommode und wurde überwiegend aus Mahagoni oder Walnuß gebaut. Die Maße liegen bei etwa 100 × 50 × 100 cm. Von der äußerem Form

Queen Anne-Chest

lassen sich folgende Chests unterscheiden: 1. Das Flat-Front-Chest mit gerader Front, 2. das Bow-Front-Chest mit nach vorn gewölbter Front, 3. das Serpentine-Front-Chest mit S-förmiger Front. Diese drei Formen wiederum können mit verschiedenen Fußformen ausgestattet sein, z. B. mit > Bracket Feet oder > Splay Feet. Während die meisten Bow-Front- und Serpentine-Front-Chests Splay Feet haben sollten, kann die Fußform der Flat-Front-Chests je nach Alter variieren. Es gibt eine Reihe Abwandlungen des „normalen" Chests of Drawers:

> ARMADA CHEST
> ARMING CHEST
> BACHELOR CHEST
> BLANKET CHEST
> BONNET CHEST
> BRIDAL CHEST
> CAMPAIGN CHEST
> CAPTAIN'S CHEST
> CHEST ON CHEST
> CHEST ON STAND
> DOWER CHEST
> HIGHBOY
> LOBBY CHEST
> MARRIAGE CHEST
> MILITARY CHEST
> MULE CHEST
> ROBE CHEST
> RUG CHEST
> SILVER CHEST
> TALLBOY
> TREASURE CHEST
> VESTRY CHEST
> WELLINGTON CHEST
> YOKE-FRONT-CHEST

Das engl. Chest (zu deutsch Kommode) darf man nicht mit den engl. > Commodes verwechseln: Damit bezeichnet man kleine Schränkchen oder Kommoden mit blinden Schubläden, in denen der Nachttopf aufbewahrt wurde.

Chest on Stand (ca. 1700)

Georgian Serpentine Front Chest

Georgian Flat Front Chest

Sea-Chest

Sheraton Chest

Georgian Bow Front Chest

Victorian Flat Front Chest

CHEST ON CHEST. Ein > Chest of Drawers in zwei Teilen übereinander, auch Double Chest genannt. Verwandt

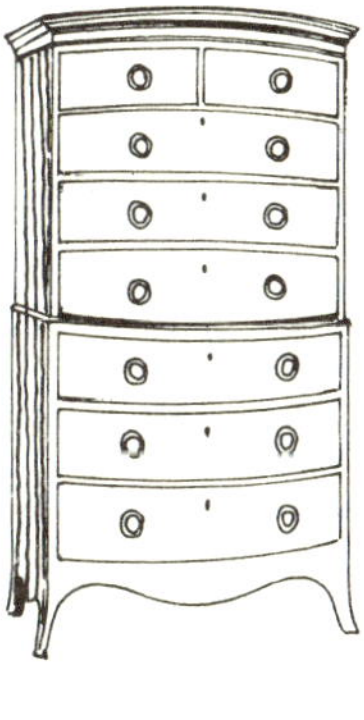

Georgian Bow Front Chest on Chest

mit dem > Tallboy, der die Schubladen nicht bis fast zum Boden hat, sondern auf höheren Beinen steht und im Unterteil meist nur zwei Schubladen hat.

2 Beispiele für Georgian Chest on Chests mit Flat Front

CHEST ON STAND. Eine Kommode auf höheren Beinen (> Chest). Wenn das Untergestell zusätzlich eine oder zwei Schubladen hat, ist es ein Tallboy.

CHESTERFIELD. Schwergepolstertes Ledersofa, bei dem die Rückenlehne durchgehend in gleichhohen Armlehnen ausläuft, geknöpft. Kam schon in der viktorianischen Periode auf, wurde aber erst ab 1920 überall populär.

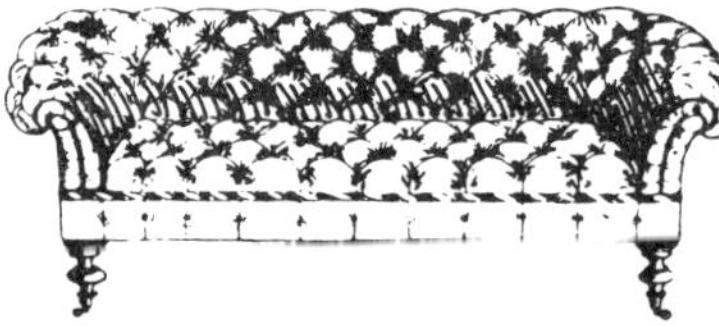

CHESTNUT. Ein der Eiche gleichendes Holz, wird auch an Stelle von Eiche verwendet. Grobe Maserung, deshalb ungeeignet für feine Holzarbeiten. Im späten 18. Jh. wurde Chestnut manchmal verwendet, um > Satinwood zu imitieren. Eine andere Art von Chestnut, das sog. Wormy Chestnut, ist heute beliebt.

CHEVAL MIRROR. Standspiegel, der im Ankleidezimmer des Herrn stand; meist mit schönen Rahmen aus Mahagoni, Walnut oder > Rosewood.

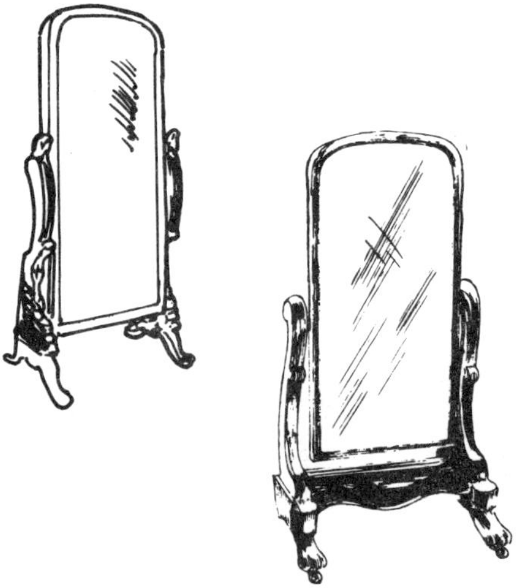

CHIFFONIER. Nach dem franz. „chiffonière", Kredenz, Anrichte, zur Zeit Louis XV. als große Kommode mit 5 Schubladen. Von George SMITH in seinem Handbuch „Household Furniture" als Begriff in England eingeführt,

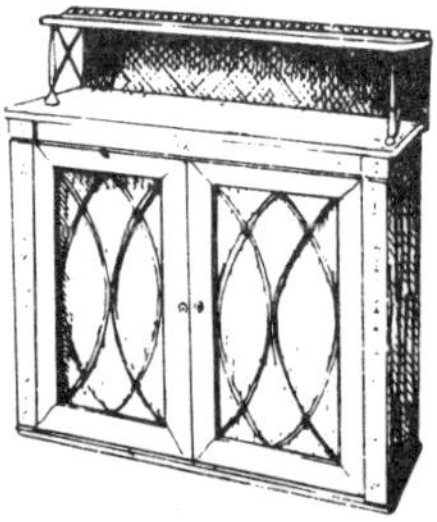

Georgian Chffonier

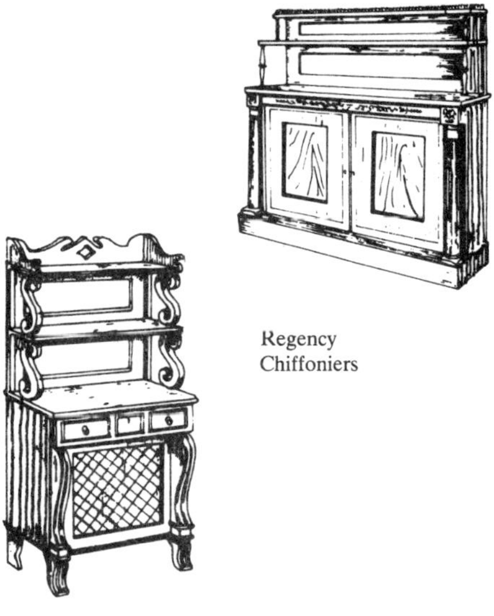

Regency Chiffoniers

und zwar für einen niedrigen Schrank mit offenen Regalen zum Aufstellen von Büchern oder dekorativen Gegenständen. Chiffoniers sollten den Mittelpunkt eines Empfangsraums oder Salons bilden. Im Laufe der viktorianischen Epoche entwickelte sich daraus ein massiver gebautes > Sideboard, meist mit 2 Türen unten und Regalbrettern oben. Der untere schrankartige Teil ist oft mit einer Marmorplatte bedeckt.

2 Regency Chiffoniers

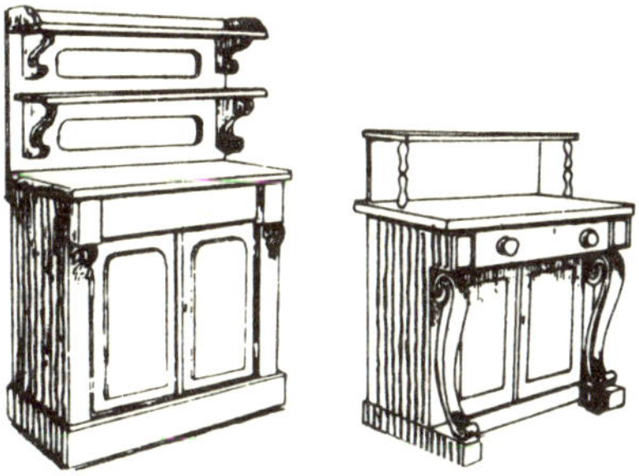

2 Victorian Chiffoniers

CHILD'S CHAIR. Kinderstuhl, in allen Stilepochen entsprechend der Mode in England gebaut, manchmal als sehr niedrige kleine Stühle, manchmal mit hohen Beinen.

Child's Chair im Chippendale-Stil

Child's Chair im Windsor-Stil

CHINA. Porzellan. Geschichte: Im 16./17. Jh. wurde das Porzellan auf dem europ. Kontinent und in England bekannt; durch den immer stärker werdenden Handel mit China, wo es schon seit langem in höchster Perfektion hergestellt wurde. Fürsten und Könige in allen Ländern versuchten, es den Chinesen gleichzumachen. Friedrich BOETTGER war 1709 als erster erfolgreich und gründete 1710 die erste europ. Manufaktur (Meißen). Es folgten Sevres, Limoges, Wien, Nymphenburg, Berlin, Fürstenberg, Höchst usw. Die berühmten engl. Manufakturen sind > Wedgwood, > Worcester, > Derby, > Minton, Spode. Obgleich sie alle Porzellan, vorwiegend > Knochenporzellan, herstellten, wurde und blieb England aber für sein schönes > Steingut berühmt und tonangebend.

Moorcroft Vasen

Herstellung: Porzellan ist – ebenso wie Steingut und Fayence – aus Erde gemachte und gebrannte Keramik. Es entsteht aus Kaolin (feuerbeständiges Zersetzungsprodukt des Feldspats), aus Feldspat (der nur im Feuer schmilzt) und aus Quarz. Die Zusammensetzung („Arkanum") ist strenges Geheimnis jeder Manufaktur. Je mehr Kaolin in der Masse erhalten ist, um so härter wird der Scherben, um so höher müssen aber auch die Temperaturen beim Brennen sein. Das europ. Porzellan ist härter als das chinesische, dafür hat das chinesische eine reichere Farbpalette. Besondere engl. Porzellanarten sind > Bone China, > Biscuit China, > Frittenporzellan, > Fayence, > Stoneware, > Ironstone, > Steingut, > Queen's Ware, > Englisch Traditional Ware, > Parianware.

Bemalung: Schon sehr früh (Mitte des 18. Jh.) erfanden die Engländer das sogenannte Transfer Printing (Umdruckverfahren). Damit war es möglich, Porzellan oder Steingut unter oder über der Glasur mit Mustern zu bedrucken. Hierdurch verschwand die Handbemalung in England leider schon sehr früh, während sie auf dem Kontinent noch bis 1830 ausgeübt wurde.

Stilepochen: Im Laufe der Zeit wandelten sich die Formen und die Bemalung, entsprechend dem Geschmack der Epochen.
BAROCK (1640–1720): Schlichte, einfache Formen, die entweder den Gold- und Silberschmiedearbeiten oder den chinesischen Vorbildern nachempfunden waren, desgleichen auch die Bemalung mit Chinoiserien in Gold und Farben.
ROKOKO (1720–1770): Formen wurden beibehalten, aber die Porzellanmalerei entfaltete sich, erreichte ihre höchste Perfektion und Vielfältigkeit. Europäische Motive lösten die chinesischen ab, Hafenszenen, Landschaften, Schäferszenen, Kriegs- und Jagdbilder, Umrandungen reichhaltig, besonders die asymmetrischen Rocaillen.
LOUIS XVI (1770–1795): Gerade Formen, statt Rocaillen, Blumen- und Blätterkränze als Umrandungen der Malereien. Die Motive des höfischen Lebens werden durch ländliche, deftigere Szenen ersetzt.
KLASSIZISMUS (1770–1800): In Anlehnung an die antike strenge, kühle Formen, Amphoren, Urnen und Ornamente. In der Malerei klassische Szenen des Altertums, Porträt-Silhouetten, Grau-in-Grau-Malerei (Grisaille-), Umrandungen als viereckige Goldrandeinfassung.
EMPIRE (1795–1830): Repräsentationsstil Napoleons. Form und Farbe wurden zurückhaltender.

Einkaufstips für engl. Porzellan:

1. Trägt ein Keramikstück die Bezeichnung „Englisch Bone China", „Bone China" oder „Made in England", ist es mit größter Wahrscheinlichkeit aus dem 20. Jh. 2. Das Wort „England" allein aufgedruckt, läßt einen Zusammenhang mit der Mc Kinley Tariff Art of America von 1891 vermuten, welche auf allen Einfuhren nach Amerika den Namen des Ursprunglandes vorschrieb.
3. Die Wörter „Trade Mark" sind nur auf Stücken zu finden, die nach 1862 entstanden sind, nachdem die Trade-Mark-Act 1862 Gesetz geworden war.
4. Den Zusatz „Limited" oder „& Co." bei einer Manufaktur kann man erst nach 1860 finden, noch gebräuchlicher wurde er nach 1885. 5. Ab Mitte des 19. Jahrhunderts erreichten es einige Manufakturen, das Wort „Royal" vor ihren Namen zu setzen, folglich können solche Stücke nicht älter als 1850 sein.

Biscuit Barrel, Vase und Teapot aus der Wedgwood-Manufaktur

CHINA CABINET. (> Cabinet, > Display Cabinet) Glasschrank zum Zeigen von Porzellan; wurde im späten 17. und frühen 18. Jh. sehr beliebt, als chinesisches Porzellan noch recht selten war.

Zwei Edwardian China Cabinets

CHINA FIGURES. Porzellanfiguren, > Staffordshire Figures.

CHINA TABLE. So bezeichnete CHIPPENDALE kleine Tische, die am Außenrand eine Gallery hatten.

CHINESE CHIPPENDALE. Beliebte Stilrichtung in der Mitte des 18. Jh., in

der asiatische Formen und Motive in der Möbelkunst verwendet wurden. In CHIPPENDALE'S „Director" sind zwar etliche Möbelentwürfe dieser Art enthalten, CHIPPENDALE war jedoch nicht der einzige Vertreter dieser Moderichtung.

CHINESE KEY DESIGN. Fortlaufendes geometrisches Randmuster, das von CHIPPENDALE für seine Gitterarbeiten an Bookcases und Secretaires verwendet wurde.

CHINESE TASTE. Ein um 1760 gern verwendeter Begriff für China-Motive, die durch Chippendales Arbeiten modern und bekannt wurden.

CHINOISERIE. Eine Moderichtung während der georgianischen Zeit. Die Möbel wurden lackiert (rot, schwarz, grün, blau), mit chinesischen Moriven bemalt und anschließend poliert.

CHIPPENDALE. Die Mitte des 18. Jh. wurde oft das „goldene Zeitalter der Kunstschreiner" genannt. Der Mann, der mit Phantasie und einem besonderen Gefühl für Proportionen eng mit dem Early Georgian verbunden war, ist Thomas CHIPPENDALE (1718–79). Mit etwa 27 Jahren kam er nach London. Er eröffnete 1749 in London ein eigenes Unternehmen, ab 1749 in der St. Martin's Lane. 1754 veröffentlichte CHIPPENDALE sein berühmtes Buch „The Gentleman and Cabinet Maker's Director". Dieses Vorlagewerk wurde ein großer Erfolg, denn nach seinen Zeichnungen konnten Schreiner Möbel im Stil des engl. Rokoko herstellen. In seiner Werkstatt ließ er häufig chinesisch und auch gotisch beeinflußte Möbel herstellen. Er baute Schränke mit Pagodendächern, Tische mit chinesisch durchbrochenen Friesen und ähnliches mehr. Den durch Robert ADAM 1760 eingeführten neo-klassizistischen Stil kopierte CHIPPENDALE, und einige der schönsten und sogar typischsten „ADAM-Möbel" entstanden in seiner Werkstatt.
Als CHIPPENDALE 1779 starb, übernahm seinen Platz und Erbe sein ältester Sohn, ein Kunstschreiner, Thomas CHIPPENDALE jun. (1749–1822). Wenn wir heute von antiken CHIPPENDALE-Möbeln sprechen, sind diese nicht in CHIPPENDALES' Werkstatt entstanden, sondern während seiner Zeit oder später in seinem Stil gebaut. Der weniger ver-

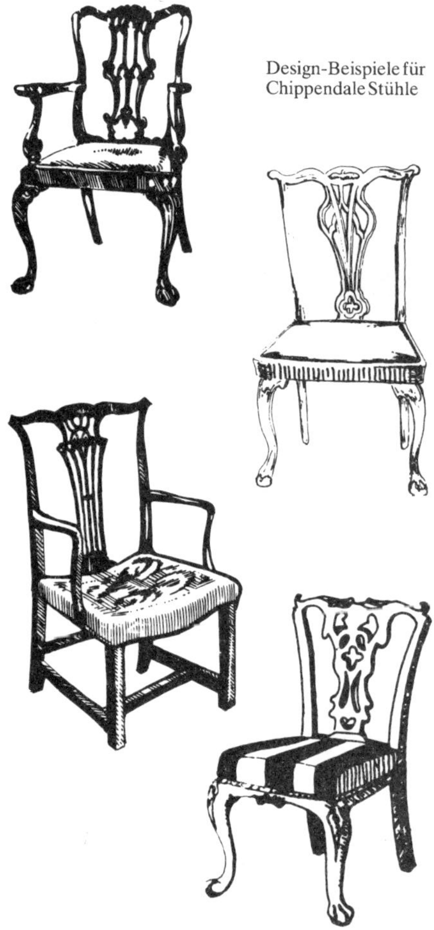

Design-Beispiele für Chippendale Stühle

schnörkelte „Country Chippendale Style", der von kleinen Werkstätten überall auf dem Lande während des Georgian Zeitalters hergestellt wurde, ist bei Sammlern heute allerdings fast beliebter.
Chippendales zarte, elegante Entwürfe haben nichts gemein mit den „dackelbeinigen" Scheußlichkeiten, die unter seinem Namen als Reproduktionen angeboten werden.

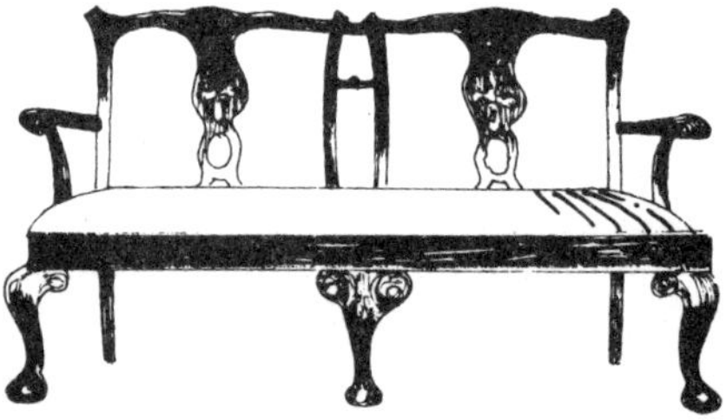

Chippendale Settee

CHRISTENING MUG. Taufkrug aus Silber, beliebt im 19. Jh. (> Silver).

CIRCASSIAN WALNUT. Ein schönes, gedreht-gemasertes braunes Nußbaum-Holz vom Schwarzmeergebiet. Es ist ziemlich teuer und wird für Möbel und Paneele verwendet.

CLARET JUG. Ein Jug ist immer ein etwa 15–40 cm hoher Krug (kleiner Krug = MUG) oder eine Kanne. Ein Claret Jug ist eine (Rot-)Wein-Kanne.

CLAY, Henry. Schöpfer von Papiermaché-Möbeln um ca. 1772 (> Paper maché).

CLOAK TREE. Eine Art Hut- und Kleiderständer, manchmal in zylindrischer Form mit Schiebetür.

CLOCKS. Uhren. Das Wort „Uhr" im Sinne von „Zeitmesser" ist erst im 15. Jh. bekannt; es stammt von dem lateinischen Wort „hora" = Stunde. Im 14. Jh. Erfindung der Sanduhr, – handwerklich hergestellt erst nach 1500. Um

4 Beispiele für Wall Clocks (1780–1850)

1390 mechanische Räderuhr, die dann immer mehr weiterentwickelt wurde. Um 1550 existierten bereits technisch vollendetere Werke. Die technischen Möglichkeiten des 16. Jh., die mit dem Federantrieb begannen, brachten weniger umfangreiche Hausuhren hervor sowie Reiseuhren, Tisch- und auch Taschenuhren. Großuhren entstanden um 1500, die sogenannten Türmeruhren. Ovale tragbare Uhren nicht vor Mitte des 16. Jh. Großuhren mit Pendel sind nicht vor dem Jahre 1660 gebaut worden. Zwischen 1550 und 1650 tragbare Halsuhren. 1632 erstmals Verwendung des Emails in tragbaren Uhren. 1665 erfand Christian HUYGENS die Spiralfeder, ab 1690 allgemein verwendet. 1695 erfand Thomas TOMPION in London den Zylindergang, den GRAHAM 1720 verbesserte. Der Minutenanzeiger kam ab 1680 in Uhren zur Anwendung. Erste Bodenstanduhren mit Pendel in den Niederlanden, aber schon 1660 wurde das Pendel auch in England durch den Uhrmacher FROMANTEEL bekannt.

Zwei Victorian Bracket Clocks

In der späten Stuart- und der frühen georgianischen Periode war England führend auf dem Gebiet der Uhrmacherkunst. England wurde dann bald führend in der Herstellung feiner Bodenstanduhren, die Gangzeiten bis zu vier Wochen aufweisen. Man kann sagen, daß die „English House Clocks" von 1700–1850 unübertroffen sind, einmal durch die Technik der Uhrwerke und Zeitanzeige, zum anderen durch die Stilformen – formschönes Gehäuse des engl. Barock und besonderes Design von SHERATON, CHIPPENDALE oder HEPPLEWHITE. Den Uhren wurden von ihren Besitzern ein hoher Wert beigemessen. Die Uhrgehäuse waren dann auch in vielen Fällen mit kostbaren Marketerien geschmückt. Mahagoni und Nußbaum, im 18. und 19. Jh. auch vielfach Eiche, waren die bevorzugten Hölzer. Im wesentlichen kann man in England vier Gruppen von Uhren unterscheiden:
1. Standuhren (> Grandfather Clocks), 2. Wanduhren für Wohnzimmer, Küchen, Büros (> Wall Clocks), 3. Tisch- oder Konsoluhren (> Mantel Clocks, > Carriage Clocks) und 4. die Taschenuhren (> Pocket Watches).

Bekannte englische Uhrmachermeister:

CLEMENT, William (17. Jh.)
GRAHAM, George (1673–1751)
TOMPION, Thomas (1639–1713)
BARLOW, Eduard (1636–1716)
MUDGE, Thomas = Schüler GRAHAMS (1715–1794)
QUARE, Daniel (London, 1649–1724)
SHEARWOOD (London 18. Jh.).
Außerdem die Familie KNIBB, Edward EAST, Joseph WINDMILLS und John HARRISON.

CLOSE STOOL. Im frühen 18. Jh. Behälter für den Nachttopf bevor das WC erfunden wurde; ein Kasten mit Deckel (SHERATON: „a small commode standing upon legs"), später „pot cupboard" genannt.

CLOSED CUPBOARD. Im Gegensatz zu den sonst mit „cupboard" bezeichneten offenen Regalen für Tassen und Geschirr, gab es auch geschlossene „cupboards", etwa um 1540 (Tudor).

CLUB FOOT. Kissenfuß. Flacher, rundlicher Fuß an Cabriole legs, häufig im frühen 18. Jh.

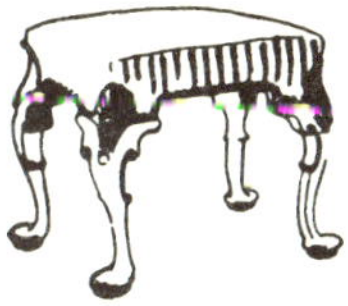

CLUSTERED COLUMN LEG. Eine aus mehreren Säulenteilen zusammengestzte Säule, hauptsächliche Verwendung für Stuhl. Diese Art von Beinen wurde von CHIPPENDALE und William INCE Mitte des 18. Jh. verwendet.

COAL SCUTTLE. Kohleneimer, manchmal aus Messing und mit Verzierungen.

COASTER. Ein kleines Gefährt, auch „beer-wagon" genannt, das vor 1750 auf dem Eßtisch benutzt wurde, um den Gästen Wein, Bier oder Essen

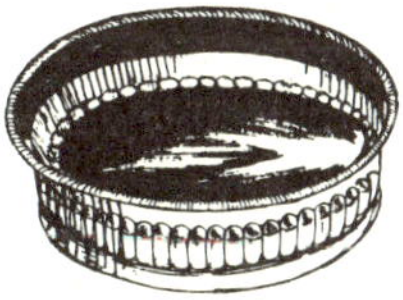

leichter zukommen zu lassen. Aus Mahagoni, Silber oder Papiermaché, meist mit kleinen Rädern, aber auch mit Gleitflächen.
Heute ist ein Coaster auch ein einfacher Flaschenuntersatz.

COBB, John (um 1778). Kunsttischler (ursprünglich Polsterer) in London, der zwischen 1750 und 1765 als Partner von William VILE in der St. Martin's Lane 72 arbeitete. Danach hat er sich wahrscheinlich selbständig gemacht. Sein Name wird vor allem mit den vorzüglichen Marketerienkommoden im franz. Stil in Verbindung gebracht.

COCK-BEADED. Schubladenumrandung, -Einfassung; erhöhte Leiste, die am Rand einer Schublade aufgesetzt ist.

COCK-FIGHT-CHAIR. Ein sattelähnlicher Stuhl mit einem schmalen Brett an der oberen Lehne. Man saß darauf mit dem Gesicht zur Rückenlehne. Später wurde an der Lehne ein Lesepult angebracht und unter dem Sitz eine Schublade für Schreibzeug. So entwickelte sich der Cockfight-Chair zum Library Chair oder Reading Chair.

COFFEE TABLE. Niedriger Tisch, der häufig vor dem Sofa stand. Auf ihm standen Aschenbecher, Magazine und/oder Erfrischungen. Im 18. Jh. wurden ähnliche Tische für die Teestunde entworfen (> Tea Table).

COFFER or COFFRE. Eine Truhe oder ein Kasten, um Wertsachen aufzubewahren. Es diente auch als Sitzeinheit, wenn ein Raum im gotischen Stil eingerichtet war.

Eichen-Coffres, 17. Jh.

COFFIN STOOL. Moderner Ausdruck für die vierbeinigen Eichenhokker mit Stretchern, die im 16 Jh. gebaut wurden (irrtümlicher Begriff).

COIN CABINET. Schränkchen mit flachen Schubladen für Münzsammlungen oder Orden > Collector's Cabinet.

COLLECTOR'S CABINET. (> Cabinet) Sammlerschränkchen für verschiedene Hobbies: Münzen, Schmet-

Regency
Collector's Cabinet

terlinge, Briefmarken usw. Das Cabinet war meist nur 50 cm hoch und wurde auf den Tisch gestellt. Die schmalen Schubladen konnten manchmal zentral durch eine davorstehende Glastür verschlossen werden.

COLUMN. Säule aus Holz oder Messing, zum Aufstellen von Urnen, Blumen, Büsten u. ä.

Marmor-Säule, Victorian

COMB BACK. Ein Windsor-Stuhlrükken, bei dem die Streben nach oben hin breiter auslaufen. Auf diesem

Pub Chair
mit Comb Back

Stuhlrücken war manchmal noch ein kleiner ähnlicher Teil, als Kopfstütze gedacht, befestigt. Comb Back-Lehnen waren im 18. Jh. modern.

Zwei Windsor Chairs
mit Comb Back

COMMERCE TISCH. (> Table, > Card Table) Kartenspieltisch mit ovaler Platte und x-förmigem Gestell, der seinen Namen von einem Kartenspiel namens „Commerce" hat, das in der 2. Hälfte des 18. Jh. sehr beliebt war.

COMMODE. Das frz. Wort für Kommode, > Chest. Im Englischen ist das Wort aber im Laufe des 19. Jh. abgewandelt für einen 30–40 cm hohen Holzbehälter zum Aufbewahren des Nachtgeschirrs. Heute gern umgebaut

Georgian Commodes

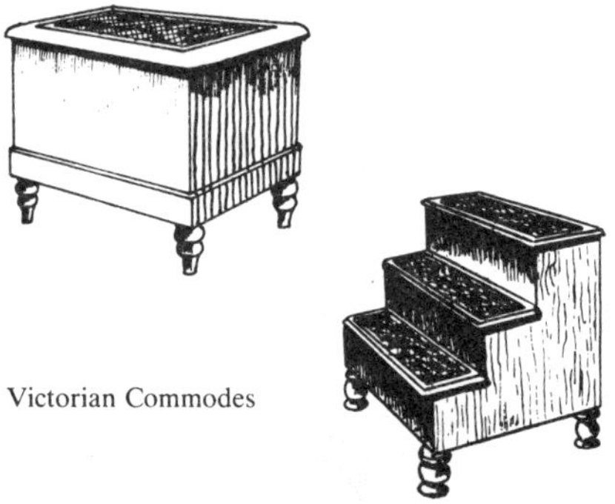

Victorian Commodes

(> converted) zu einem kleinen Tritt, (> libary step), auf dessen Oberseite meist eine neue Lederplatte eingelassen ist.

COMMONWEALTH STYLE. Puritaner-Stil, schlichter engl. Möbelstil zur Zeit der Herrschaft von Oliver CROMWELL (1649–1660).

COMPASS SEAT. Gepolsterter Stuhlsitz mit nach oben gewölbter Mitte, vor allem bei Stühlen der Queen Anne Zeit, auch „pincushion seat" genannt (Nadelkissensitz).

CONCERTINA ACTION TABLE. Ausziehbarer Spieltisch der Georgian Period (> Card Tables). Später wurde der Begriff auch für Eßtische verwendet, die ausziehbar sind.

Georgian Spieltisch, Ball and Claw Füße

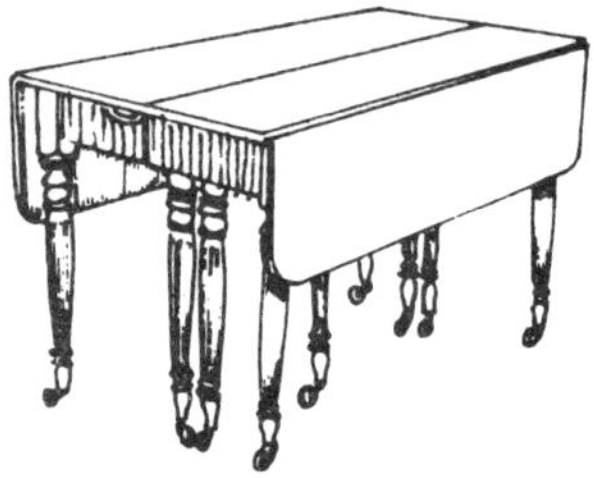

Victorian Concertina Action Table

CONDIMENTS (> Silver).

CONSOLE LIGHTS. Wandleuchter, im Stil eng verwandt mit Spiegeln. Bis zum Beginn des 18. Jh. wurden sie meist aus Messing oder Silber, dann auch aus Holz angefertigt. Manche waren mit einem kleinen Spiegel kombiniert, der das Kerzenlicht wirkungsvoll reflektierte. Diese mit dem franz. Wort „Girandole" bezeichnete Form war vor allem Mitte des 18. Jh. sehr beliebt. Die schönsten Entwürfe für geschnitzte Wandleuchter stammen von Thomas Johnson.

CONSOLE MIRROR. Ein Spiegel, der über einer Konsole oder über einem > Console Table hängt.

Console

Console

CONSOLE SERVANTE. Ein Serviertisch auf Rollen mit einer Marmorplatte, in England nach franz. Einfluß zuerst von SHERATON entworfen.

CONSOLE TABLE. Wandtisch, einzeln oder als Paar, mit drei oder vier Beinen. Console Tables können halbrund oder rechteckig sein, lose stehen oder an der Wand verschraubt werden. Besonders gefragt und teuer: zwei gleiche Console Tables. Die meisten dieser Tische haben keine Schubladen, dafür aber feine Intarsien. Oft auch mit einem s-förmig zusammenlaufenden

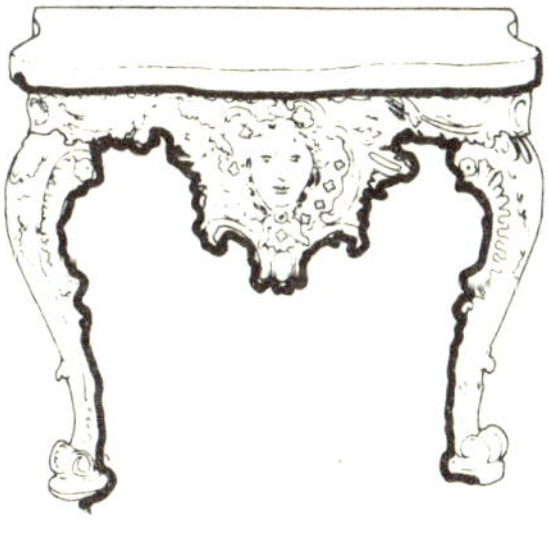

Unterteil (im 18. Jh. in England und Frankreich), siehe zweite Abb.

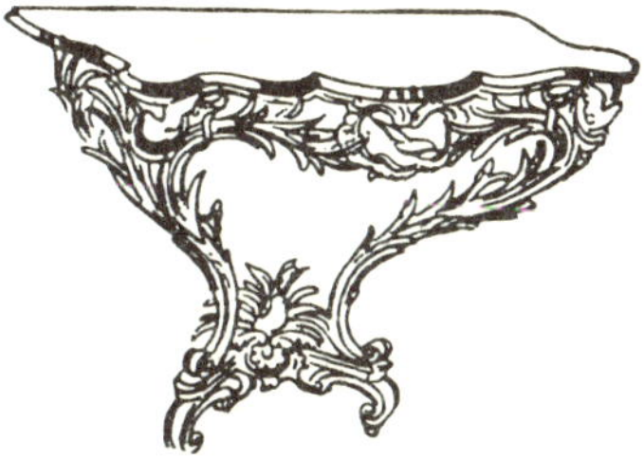

CONVERSATION CHAIR. Leichter Lehnstuhl (Tudorzeit, ca. 1540), der hochgestellten Persönlichkeiten bei Audienzen vorbehalten war. Die Bezeichnung Conversation Chair wurde jedoch für eine ganze Reihe von Stühlen angewendet, z. B. auch für den > Cockfight-Chair. Im Laufe der Zeit ist daraus ein bequemer Polstersessel mit mittelhohem Sitz geworden.

CONVERSATION SETTEE. Sofa mit gegenüberliegenden Sitzplätzen.

CONVERTED. Bezeichnung für umgebaute Möbel: Aus einem Schrank (> Wardrobe) wurde oder wird z. B. ein > Bookcase konstruiert. Im Gegensatz zu > Reproductions wird bei Converted Antiques altes Holz verwendet. Der seriöse Antiquitätenhändler rümpft über solche Stücke die Nase, vergißt dabei aber gern, daß es nur wenige antike Möbel außerhalb von Museen gibt, bei denen nicht ein Brett ergänzt oder größere Partien erneuert wurden.

COOKE. William Bernard und George (1817–1831), waren Zeichner und Kupferstecher in London, spezialisiert auf Schiffsdarstellungen 1828–1832.

COPELAND, W. Übernahm 1833 mit seinem Partner T. GARRET die Manufaktur von J. > SPODE.

COPPER. Kupfer. Engl. Antiquitäten aus Kupfer werden recht selten auf dem Kontinent angeboten, seltener als alte Stücke aus Messing (> Brass).

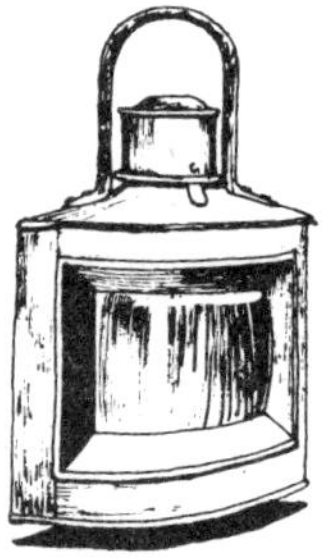

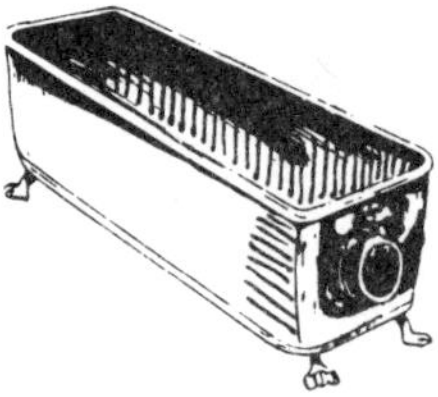

CORBEL. Ein anderer (Architekten-) Ausdruck für > Bracket oder > Console.

CORNER CABINET. Eckschrank mit verglaster Tür oder massiver Holztür, ursprünglich in England als Hängeschränke für Glas- und Porzellan-

Georgian Hanging Corner Cabinets, links mit Swan Neck Pediment, rechts mit glazed doors

sammlungen oder Tafelsilber. Sie bekamen oft nachträglich einen Unterschrank im gleichen Stil („marriage"). Corner Cabinets gibt es aus Eiche oder Mahagoni. Sie waren meist sehr voluminös mit 1 m Schenkelabmessung und mehr. Begehrt sind heute schmale, niedrige Eckschränke, die meist durch Verkürzung der Stücke des 19. oder 18. Jh. entstanden sind.

Corner Cabinets on Stand

2 Georgian Corner Cabinets, rechts mit Bow Front

2 Edwardian Corner Cabinets, Nachbau von Georgian Design

CORNER CHAIR. Eckstuhl (>Chairs).

Georgian Corner Chair

Edwardian Corner Chair

CORNER WASHSTAND. Eck-Waschtischchen auf Beinen (> Washstand).

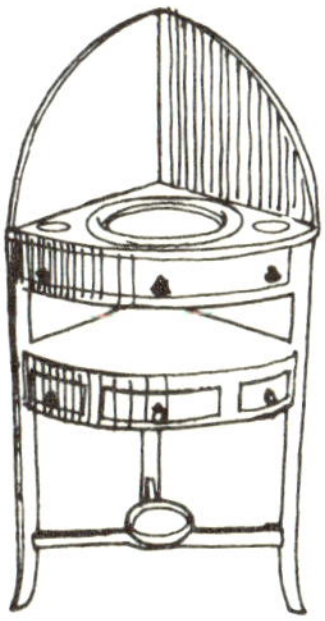

COROMANDEL. Ebenholzähnliche Palisanderart mit starker, gelb-dunkelbrauner streifiger Zeichnung, sehr hartes Holz, das hauptsächlich für Einlege- und Furnierarbeiten verwendet wurde. Andere Bezeichnung: „calamander".

COUNTRY-MADE. Ländlich rustikales Möbel, bis 1720 etwa aus Eiche, danach auch aus Fichte oder Fruitwood (Apfel, Birne etc.), oft mit strohgeflochtenem Sitz.

COURT CUPBOARD. Eins der ersten > Cupboards in Amerika, eine Art Buffet im Jacobean Stil mit dem oberen Teil geschlossen, dem unteren offen. Wenn unten auch geschlossen ist, entweder mit Türen oder Schubladen, nannte man das in Amerika Press Cupboard. Meist aus Eiche gebaut, schon ab 1670.

COURTING CHAIR. Gepolsterte > Settee mit zwei Sitzen und 6 Füßen. „Doppelstuhl" der Queen Anne Periode, Vorläufer des > „Love Seat".

Georgian

Edwardian

COURTING MIRROR. Kleiner Spiegel umrahmt mit Schnitzereien und einem Aufsatz, in dem oft ein Wappen, Zeichen oder Bild eingearbeitet war. Ein traditionelles Geschenk zur Brautzeit.

CRACE, J. G. & Sons. Bedeutende Kunstschreiner der viktorianischen Zeit. Von 1847–1851 stellten sie Möbel nach den Entwürfen von A. W. N. PUGIN im gotischen Stil her. Sie lieferten Möbel für das engl. Parlament.

CRADLE. Wiege, in England eine seltene Antiquität, meist als ländliche Stücke noch im Handel zu haben. Die ältesten erhaltenen Exemplare stammen in der Mehrzahl aus dem 17. Jh. Das Kopfende ist an den Seiten geschlossen und sozusagen „überdacht", um das Kind vor Zugluft zu schützen. Die Wiegen stehen auf Kufen; die Eckpfosten sind hochgezogen, vermutlich, damit man das Kind leichter hin und her schaukeln konnte. Dieser Wiegentyp wurde noch bis weit ins 18. Jh. hinein hergestellt. Es gibt Skizzen von Thomas SHERATON, George SMITH und J. C. LOUDON, doch nur wenige Stücke sind erhalten geblieben. Diese lassen nicht nur die solide Bauweise der älteren Stücke vermissen, sondern sind auch unpraktisch.

Stuart

Georgian

Georgian

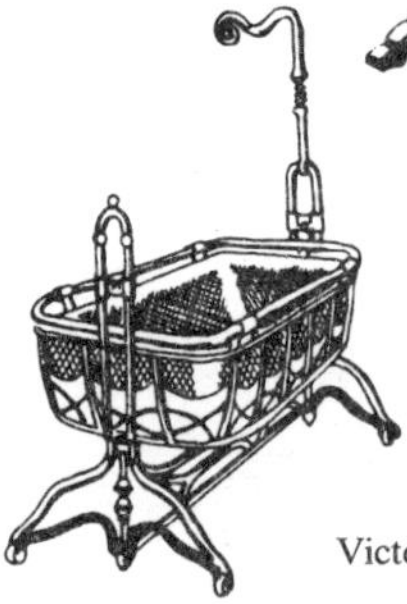

Victorian

CRAQUELURE. Netz feiner Kratzer auf der Oberfläche von alten Gemälden und Porzellan.

CREAMWARE. > Queensware.

CREDENCE, CREDENZA. > Anrichte. Für diesen franz./ital. Ausdruck gibt es keinen speziellen engl. Begriff: Vom Typ her kommt eine > Chiffonière oder ein > Sideboard der Crédence am nächsten. Entwickelt hat sich diese Art Anrichte aus einem Kirchenutensil und wurde dann ein Gebrauchsmöbel in der elisabethanischen Epoche. Es bestand aus zwei bis drei offenen Regalen, in denen kostbare Teller und Becher abgestellt wurden. Oft hatten Credenzas eine in den Fries eingelassene Schublade, manchmal war im Oberteil ein geschlossenes Schränkchen. Die heute noch erhaltenen Stücke stammen aus dem späten 16. und frühen 17 Jh. Sie sind reich mit Schnitzereien verziert.

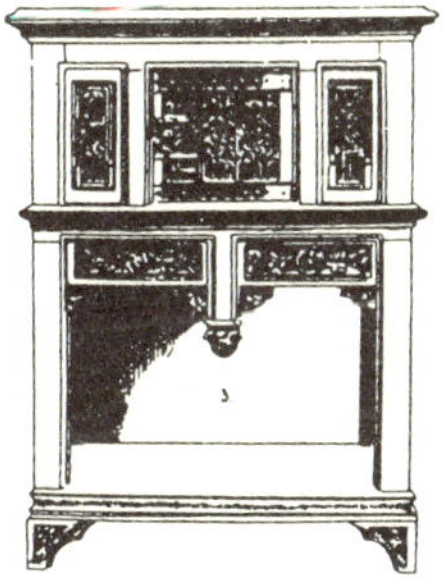

17. Jh.

18. Jh.

19. Jh.

CREDENCE TABLE. Eine Art Seitentisch (> Console Table), der an der Wand stand und als Anrichte benutzt wurde.

CRESCENT STRETCHER. Gebogene Strebe (> Stretcher) zwischen Stuhlbeinen; seit dem 18. Jh., häufig am amerikanischen Windsor Chair.

CRESTING. Geformter Aufsatz auf Stühlen, Spiegeln, Schränken usw., oft als Schnitzerei, oft durchbrochen.

CRICKET TABLE. Ein kleiner, dreibeiniger, vieleckiger oder runder Tisch der Jacobean Periode, mit hohen Streben zwischen den Tischbeinen.

CROFT. Ein kleiner Aktenschrank des späten 18. Jh., nach seinem Erfinder benannt. Kleine Schubladen, kleine

Schreibplatte; stand meist in der Hausbibliothek und konnte leicht hin- und herbewegt werden.

CROMWELLIAN. Bezeichnung für engl. Möbel aus der Zeit des Commonwealth oder des Interregnums (1649–60); kein Fachausdruck, sondern Umgangs-Englisch.

CROMWELLIAN CHAIR. Ein Stuhl der Commonwealth Periode (1649–1660). Einfaches Design, keine Polsterung. Die Sitzfläche war mit Leder bespannt.

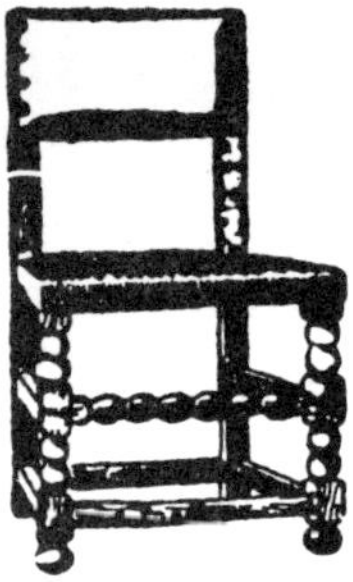

CROSS BANDING. Schmale Streifen von Einlegearbeit. Holzfurnier als Rahmen- oder Grenz-Design an Türen, Tischplatten, Kommoden.

CROSS STRETCHER. Gekreuzte Streben, die Stuhl- bzw. Tischbeine verbinden.

CRUET. Fläschchen für Essig oder Öl. Ein Cruet ist heute auch der Ausdruck für das Set, das Gestell, in dem Essig, Öl und/oder andere Essencen auf dem Eßtisch stehen.

Egg Cruet

C-SCROLL. c-förmige Abrundung an Tisch- oder Stuhlbeinen, hauptsächlich im Barock, Rokoko und zur Zeit von Queen Anne und CHIPPENDALE.

CUPBOARD. Oberbegriff für alle schrankähnlichen Kastenmöbel, immer mit Regalen, mit und ohne Türen. Im 16. und 17. Jh. auch „Presses" genannt, woraus das beliebte viktorianische Möbel >Linen Press entstand.

CUPID'S BOW. Mit diesem Ausdruck wurde die oberste Querleiste am Rükken von Chippendale-Stühlen bezeichnet, die wie ein Bogen (des Amor) in der Mitte eingebuchtet ist und an den Enden nach oben schwingt.

CURIO TABLE. Edwardianischer kleiner Tisch auf > Cabriole Legs mit Ablageplatte und eingeglaster Oberfläche.

CURLY. Die Feinmaserung einiger Hölzer (Ahorn, Nußbaum, Birke) zeigt manchmal feder- oder lockenförmige Markierungen, die den Preis mancher Stücke für Liebhaber erhöhen. Nicht zu verwechseln mit anderen Markierungen wie > Bird's Eye oder > Blister.

CURRICULE CHAIR. SHERATON-Stuhl, spätes 18. und frühes 19. Jh., mit einem halbkreisförmigen Rücken und Säbelbeinen.

CUTLERY BOX. Besteckkasten aus dem Georgianischen Zeitalter, häufig im Edwardian als >Knife Box nachgebaut.

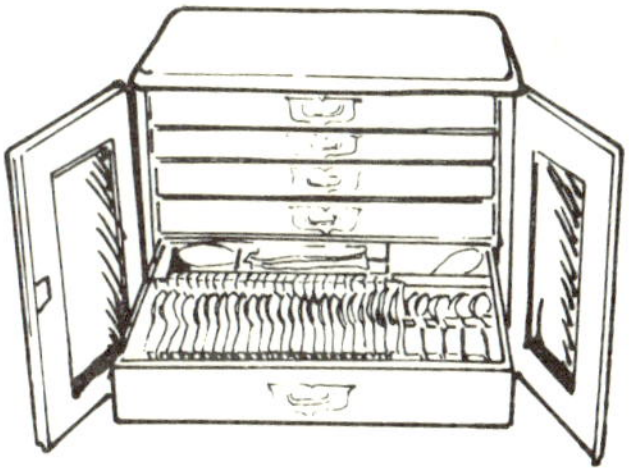

CYLINDER BUREAU. > Bureau mit Cylinder Top, im 19. und frühen 20. Jh.

Victorian Zylinder-Bureau

sehr beliebt in den USA. Entweder auf hohen Beinen oder als > Pedestal Desk mit Unterschränken.

Georgian Cylinder
Bureau Bookcase

Zwei Regency
Cylinder Bureaux

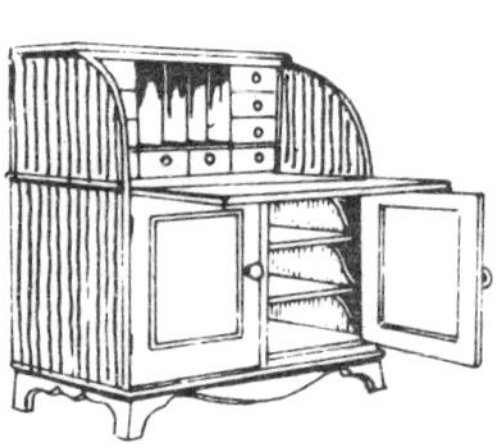

Victorian
Cylinder Bureau

CYLINDER TOP. Rollklappen an einem >Bureau oder > Desk.

Victorian Pedestal Desk
mit Cylinder Top

CYPRESS. Zypresse. Rötliches, hartes Holz, sehr beliebt zur Herstellung von > Chests und anderen Aufbewahrungsmöbeln, weil es gegen Holzwürmer recht widerstandsfähig ist.

D

Verschiedene Beispiele von Davenports:

DAN-DAY-CHAIR. Eine Art Windsorstuhl, der im frühen 19. Jh. in Suffolk hergestellt wurde. Er wurde nach seinem Hersteller benannt.

DAVENPORT. Ein kleines > Kneehole Desk des frühen 19. Jh. Die schräge Schreibfläche läßt sich als Klappe nach oben öffnen. Die Schubladen werden seitlich herausgezogen. Dieses Möbel wurde nach Kapitän Davenport benannt.

Der Antiquitätenhandel in einigen Gegenden Englands bezeichnet den Davenport auch als DAVENTRY. Angeblich soll ein Kunde der Firma > GILLOW mit dem Namen DAVENTRY solche Möbel entworfen haben.

DAVENPORT-SOFA. Ein schweres, 8-beiniges Sofa mit gepolsterten Rücken- und Armlehnen. Es wurde nach seinem Hersteller, einem Kapitän Davenport aus Boston, benannt.

DAY-BED. Ein schmales Ruhebett, das der Länge nach an der Wand steht. Es wurde im 17. Jh. als Sitzmöbel entworfen und oft mit Rohrgeflecht bezogen. Vorläufer des Regency Sofas. Beliebt in der Zeit von Queen Elizabeth I. bis Queen Anne.

DEAL. (Fichte) Man arbeitete daraus das > Carcase von furnierten Möbeln, auch Rückwände und Schubladen. Heute stellt man aus Deal auch abgebeizte Country-Möbel her.

DECANTER. Behälter aus Glas, Kristallglas oder Metall, in dem Wein oder andere Flüssigkeiten aufbewahrt und serviert werden. Das Wort kommt aus dem franz. „von einem Gefäß ins andere gießen", décanter, > Glas.

DEEP BUTTON UPHOLSTERING. Polstermethode, die bei Chesterfield Sofas und großen Sesseln angewandt wird. Das rautenförmig gefältete Polsterleder wird mit Knöpfen nach unten gezogen > Chesterfield.

D-END-TABLE. Ein aus zwei D-förmigen Halbtischen bestehender Eßtisch

Georgian D-End-Table

mit beliebig vielen rechteckigen Einlegeteilen. Die meist 4-beinigen halbrunden Teile können zu einem kleinen runden Tisch zuammengeschoben werden. Je mehr Gäste bewirtet werden, desto größer kann der Tisch durch Einlegen der Verlängerungsbretter oder durch Zwischenschieben der Zwischenteile mit Beinen werden. Die Einzelteile werden mit Klammern (> Table Forks) zusammengehalten. D-End-Tables sind rar und deshalb nicht billig.

DERBY/DERBYSHIRE. 1756 gegründete engl. Porzellanmanufaktur, die bis heute produziert. Sie wurde von W. DUESBURY, einem Emaillemaler, zusammen mit André PLANCHÉ und dem Bankkaufmann John HEATH gegründet. Zunächst trugen die Stücke noch keine Marken. Lediglich durch 3–4 Spuren, die von den Bodenstützen herrühren, waren sie gekennzeichnet. 1770 kaufte DUESBURY die Manufaktur Chelsea, 1776 BOW. König George III. gestattete ihm, eine Krone in der Fa-

Candlestick aus Derby (Victorian)

brikmarke zu führen. DUESBURY starb 1786, sein Sohn 1796, 1809–47 war Robert BLOOR Besitzer der Manufaktur. Dann übernahm sie eine Gesellschaft, die sich ab 1935 Royal Crown Derby Porc. Co. Ltd. Derby nannte.

DERBYSHIRE CHAIR. Ein ländlicher Stuhl im Jacobean Stil. Die oberen Endungen der Rückenlehne sind nach innen gebogen, der Rücken selbst oft bogenförmig.

DESIGNER. Entwerfer. Berühmte engl. Möbeldesigner des 18. und 19. Jahrhunderts:

1686 – 1748	W. KENT
1718 – 1779	T. CHIPPENDALE
1728 – 1792	R. ADAM
gest. 1786	G. HEPPLEWHITE
1751 – 1806	T. SHERATON
1769 – 1831	T. HOPE

Hepplewhite-Stühle

Chippendale-Stühle

Man kann den einzelnen engl. Stilepochen zuordnen:

Englischer Barock	Daniel Marot Jean Pelletier Gerreit Jensen
Palladianischer Stil	William Kent T. Chippendale
Neo-Klassik	Thomas Johnson John Linnell John Mayhew & William Ince Robert Adam G. Hepplewhite Thomas Shearer
»Greek Revival« »Architecture of the Picturesque«	Thomas Sheraton Thomas Hope George Smith
»Italianate« »Gothic Revival«	A. W. N. Pugin William Burges William Morris L. W. Godwin

DESK. Auf zeitgenössischen Dokumenten werden Stehpulte und Notenständer als Desk bezeichnet; sie sind meist in der Höhe verstellbar und ha-

ben oft Kerzenhalter an den Pultseiten. Erst im 19. Jh. wurde mit Desk die Oberfläche von Schreibtischen genannt: > Pedestal Desk, > Bureau Plat, > Kneehole Desk, > Secretary, > Cylinder Top Dek.

Georgian Kneehole Desk

Victorian Cylinder Top Desk

DESK BOX. Eine rechteckige > Box mit einem schrägen Deckel, in der im 16. – 18. Jh. Schreibutensilien und Bücher aufbewahrt wurden; Konstruktion sehr ähnlich der > Bible Box.

DESK CHAIR. Schreibtischstuhl. Fast immer muß(te) zu einem Schreibtisch der passende Stuhl separat gefunden werden, heute oft als > Carver.

Regency Desk Chairs

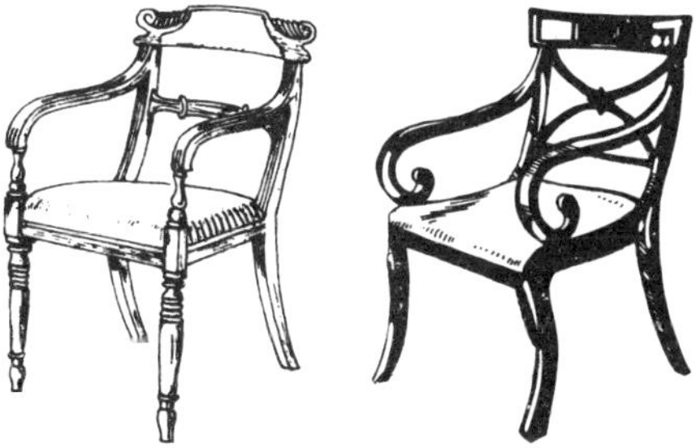

DINING CHAIRS. Eßstühle. Der Begriff wurde vorwiegend für komplette Sets von 4, 6, 8 oder mehr Stühlen angewandt. Einzeln auftauchende Dining Chairs sind immer wieder der Rest von auseinandergerissenen Sets,

Georgian Dining Chairs

und ein Set von vier Stühlen kann z. B. der Rest eines Sets von zwölf sein. Dining Chairs, die heute noch gern gekauft werden (weil noch erhalten und erhältlich), sind aus der Georgian Period (> SHERATON, > HEPPLEWHITE, > CHIPPENDALE) oder viktorianisch, z. B. > Balloon Chairs oder > T-Black-Chairs.

Regency Chair

Victorian Chair mit Cabriole Legs

BACKS for PARLOUR CHAIRS

Pl 28

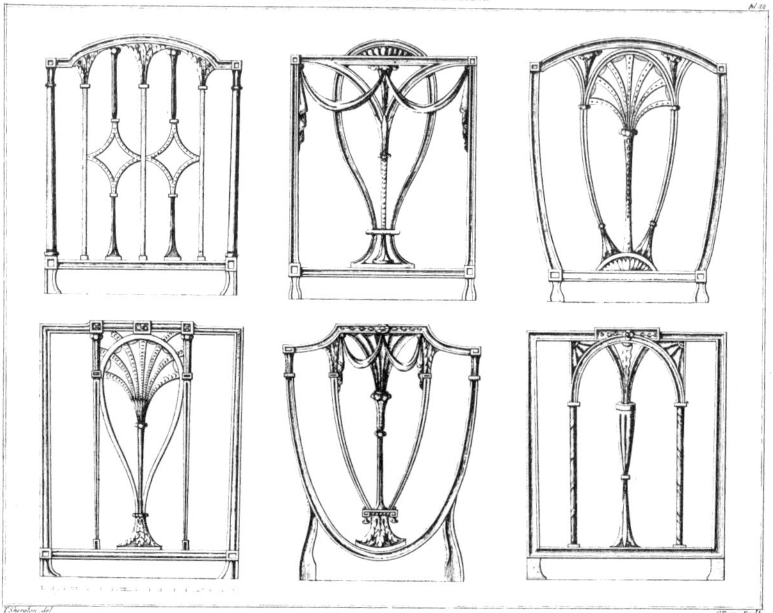

T Sheraton del.

Publishd by T Sheraton, Oct. 27. 1793.

G Terry Sculp.

BACKS FOR PAINTED CHAIRS

pl 25

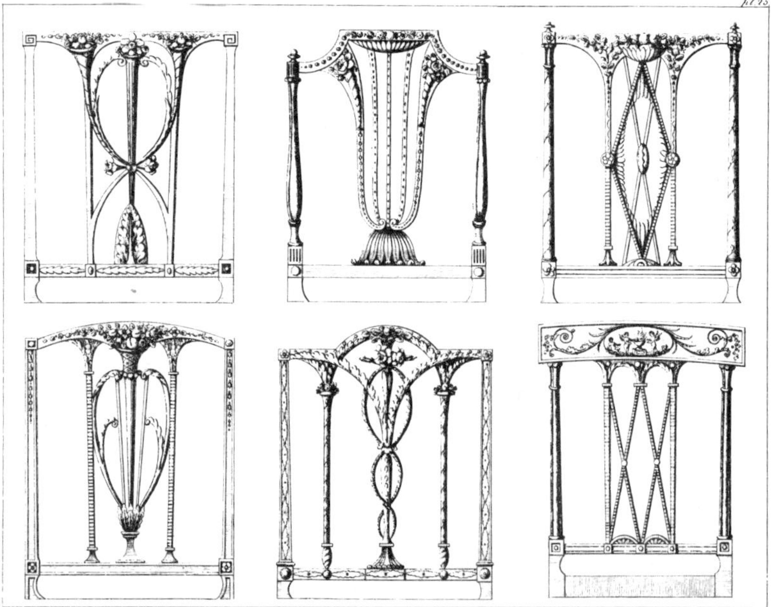

T Sheraton del.

Publishd by T Sheraton, Sep. 1. 1793.

G Terry Sc.

Originalzeichnungen von SHERATON

Originalzeichnungen von SHERATON

DINING TABLE. Eßtisch. Wie auf der ganzen Welt auch in England eine der ältesten Möbelformen. Zuerst als eichener rustikaler Tisch, als > Refectory Table des 16. und 17. Jh., ab der Mitte des 17. Jh. in vielfältigen Formen, beginnend mit dem > Gateleg Table. Im 18. Jh. ersetzte Mahagoni und Nußbaum allmählich die Eiche, > Cabriole Legs kamen auf und die typischen Georgian Formen: der > D-End-Tables, Centre Tables, > Two Pillar- und > Three Pillar Tables. Auch > Pembroke und > Wake Table sind als Eßtische verwendbar.

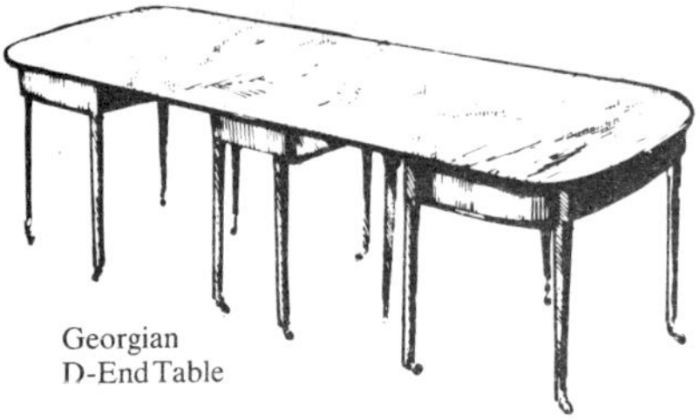

Georgian
D-End Table

Regency
Center Table

Victorian
Center Table

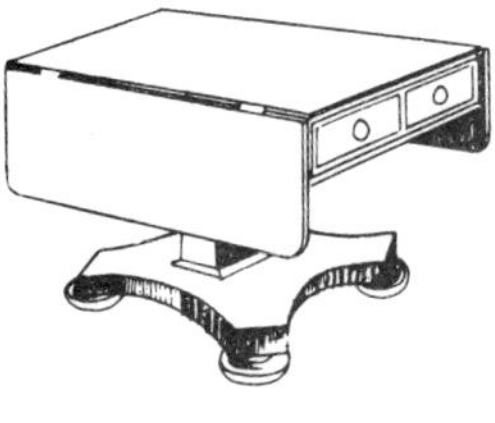

Drop Leaf
Table

DISK TURNING. Flache gedrehte Ringe zur Verzierung an Möbelbeinen.

Disk-Foot

DISPLAY CABINET. > Cabinets. Kabinettschränkchen zur Aufbewahrung von Kostbarkeiten. Ursprünglich sehr klein, so daß man es auf andere Möbel stellte, oft mit Geheimfächern. Ab

dem frühen 18. Jh. mit Glastüren als Vitrinen, in erster Linie damals für ostasiatisches Porzellan. Zur Georgianischen Zeit mit gesprengtem Giebelaufsatz (oft mit > Swan Neck Pediment), und die Gitterstäbe zwischen den einzelnen Scheiben mit gotisierter Spitzbogenform. Vielfach schöne Einlegearbeiten und auch bemalt. Im > Edwardian gern nachgebaut, so daß die heute käuflichen Display Cabinets meist Edwardian sind.

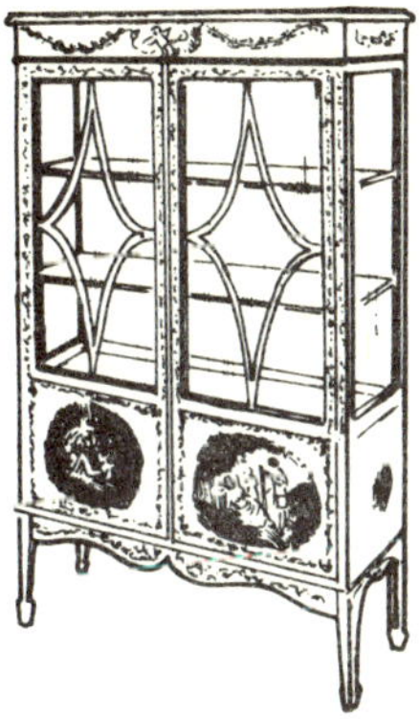

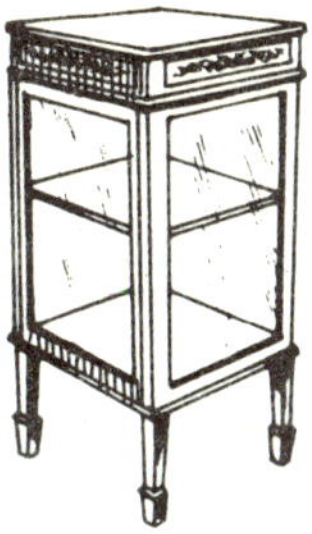

DISPLAY CASES. Ausstellungskästen, die an der Wand hängen.

DIVORCE. Zwei zusammenhängende Stücke, die auch getrennt verkauft werden (Gegenteil von > Marriage). So kann zum Beispiel aus einem > Bureau Bookcase ein > Bureau (also ohne Aufsatz) und ein niedriges > Bookcase werden.

DOCUMENT DRAWER. Eine kleine, niedrige Schublade in einem > Desk, > Secretair, oder > Bureau, in der wichtige Schriftstücke aufbewahrt wurden.

DOLE-, LIVERY-CUPBOARD. Vorrats- oder Speicherschrank aus Eiche, mit durchbrochenen Türen, damit Luft leicht hineinkam. Im 17 Jh. wurden sie zum Aufbewahren von Lebensmitteln gedacht.

DOLLS. Antike Puppen, heute beliebte und teure Sammlerobjekte.

DOLPHIN. Delphin. Beliebtes Ornament an reich verzierten Möbeln, Kerzenhaltern, Lampen etc. des 18. Jh., oft zu Fantasielebewesen abgewandelt.

DOUGH BIN. Eine kleine Truhe. > Trunk.

DOULTON POTTERY. Londoner Steingut-Manufaktur von 1818 bis heute. Gegründet 1818 in Vauxhall, später nach Lambeth verlegt. Zunächst nur Steingut für die Industrie, später Hausgeräte wie Wärmflaschen, Krüge u. a. Marke: Doulton Lambell.

DOWEL. Kopfloser Stift („Dübel"). Ein DOWEL kann praktisch aus vielerlei Materialien sein; dieser alte engl. Ausdruck ist aber im Möbelbau immer für Holzstifte.

DOWER CHEST. Flache und längliche, sehr niedrige Truhe oder Kommode auf vier kurzen Beinen. > Chests, > Trunks.

DRAGON'S HEAD. Der Drachen ist ein orientalisches Motiv und ist oft an reich geschnitzten orientalischen Möbeln zu finden. Es ist auch das Symbol von Wales und erscheint in Motiven an Turdor und Jacobean Möbeln.

DRAUGHT CHAIR. Gepolsterter Ohrensessel, dessen „Ohren" oder „Backen" vor dem Luftzug (draught) schützten.

DRAUGHTSMAN'S TABLE. Aufklappbarer Zeichentisch, bei dem die Platte in verschiedene Richtungen und Positionen verstellbar ist. > Architect's Table.

DRAW RUNNER. Stütze für die Schreibklappe an > Bureaux, herauszuziehen, wenn das Bureau aufgeklappt wird.

DRAWER. Schublade. Fast alle Schubladenböden und Seitenteile wurden früher aus Eiche hergestellt (wegen der Temperaturunempfindlichkeit). Bei Schubladen des 18. Jh. bis 1770 ist die Maserung des Bodens vertikal, danach horizontal: Schubladenleisten sollten möglichst abgeschliffen sein.

DRAW TABLE, DRAW LEAF TABLE. Ein meist quadratischer Tisch mit Ausziehplatte. Die zwei Endplatten liegen unter der Mittelplatte. Wenn diese beiden Endplatten ausgezogen werden, fällt die Mittelplatte in die sich ergebende Öffnung und die zwei Endplatten bilden zusammen mit einer Mittelplatte eine flache Oberfläche. Ein Vorgänger des > Telescopic Table und ähnlich einem > Refectory Table.

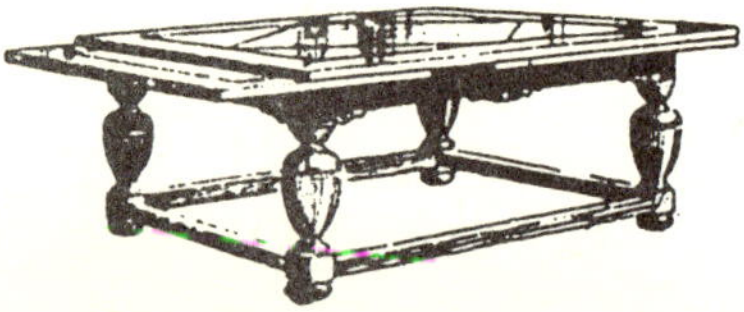

Oak Draw Leaf Table (17. Jh.)

DRAWING TABLE. Ein Arbeitstisch des späten 18. Jh., für Künstler und Designer entworfen. Die Oberfläche (Platte) ist in der Höhe verstellbar, so daß der Zeichner daran sitzen oder stehen kann. Zwei zusätzlich angebrachte Seitenklappen sind zum Abstellen von Zeichenmaterial und Lampen.

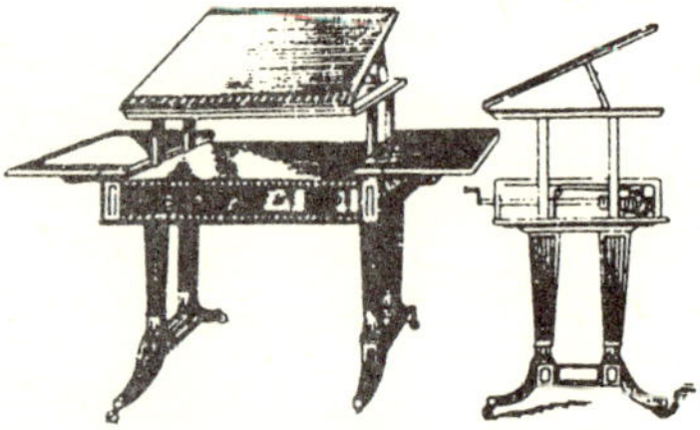

Drawing Table (Original-Werkstattzeichnung, 18. Jh.)

DRESSER. Anrichten aus Eiche, mit einem Regalaufbau zum Aufstellen schöner Teller, rustikaler Charakter. Dresser wurden meist im 17. und 18. Jh. gebaut und sind meist in ländlicher Umgebung zu finden. Die Unterteile haben Türen und/oder Schubladen, die Aufsätze bestehen aus offenen Tellerboards. Alte Dresser stehen auf gedrehten Beinen, untereinander mit Querstreben verbunden. Der sog. Lancashire-Dresser hat ein kompaktes und mit Türen verschlossenes Unterteil;

Oak Dresser (17. Jh.)

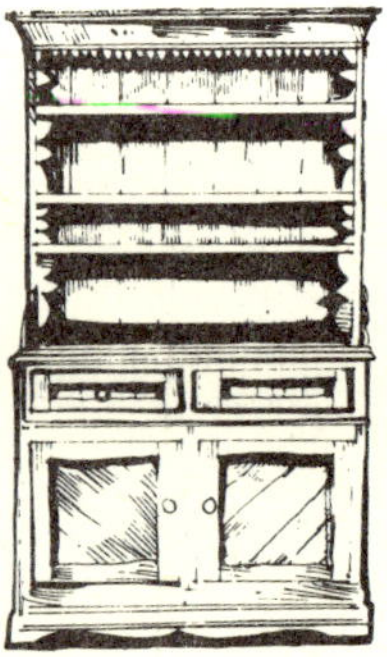

3 Beispiele für Lancashire Dressers

3 Beispiele für Welsh Dressers

der häufigere Welsh-Dresser ist unten offener. Gute Stücke, die 150 Jahre alt sind, haben eine fast schwarze Holztönung und grobe Schnitzereien (sehr selten und teuer). Kleinere Dresser werden noch teurer gehandelt. Kurz nach der Jahrhundertwende 1900 hat man in England diese Art Möbel sehr geschickt und gut nachgebaut, fast immer mit Eichenholz. Diese Stücke, die in ihren Maßen unseren heutigen Wohnungen entsprechen, sind handwerklich sehr solide und gefällig, dabei außerordentlich preiswert.

3 Beispiele für Dresser des 18. Jh., die in Fichte und Eiche fürs 19. Jh. nachgebaut wurden

DRESSING MIRROR. Ankleidespiegel > Mirrors. Entweder ein schmaler, stehender, beweglicher Spiegel oder ein Standspiegel (manchmal mit Schubladen), den man auf einen Tisch, eine niedrige Kommode oder ein Cabinet stellte. Wird auch „toilet Mirror" genannt.

DRESSING TABLE. Toiletten-, Frisier- oder Schminktischchen. Ursprünglich sehr einfach, mit einer oder drei Schubladen unter der Platte. Im frühen 18. Jh. entwickelte sich daraus ein Damenmöbel, das einem > Kneehole Desk glich. Die Tischplatte, an deren Unterseite ein Spiegel eingelassen war, ließ sich hochklappen, darunter waren kleine Fächer für Toilettengegenstände.

Georgian

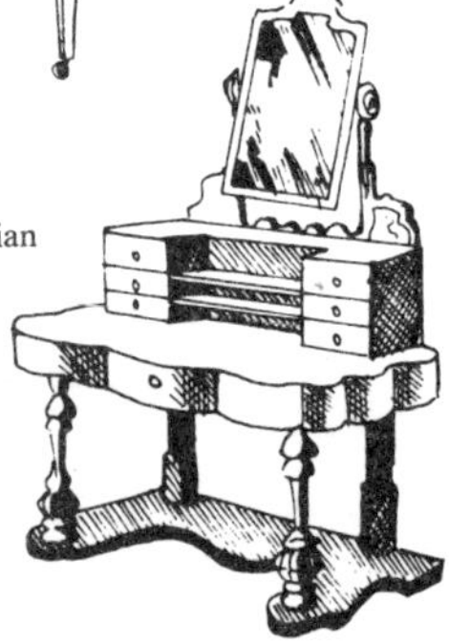

Victorian

Georgian

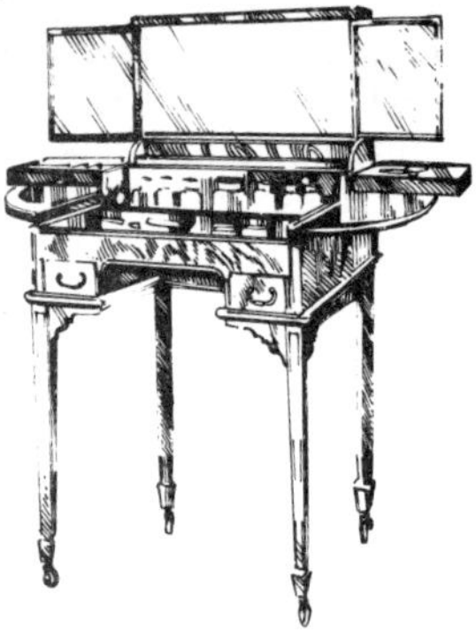

Regency

Edwardian

DROP HANDLE. Ein tropfenähnliches Stück Metall, das als Schubladengriff diente.

Drop-Handle

DROP-IN-SEAT. Loses Sitzkissen zum Einlegen in einen Stuhl.

DROP LEAF TABLE. Tisch mit herunterhängenden Klappen an den Breitseiten, die durch das Herausziehen von diagonal gegenüberliegenden Beinen waagrecht gehalten werden können. Drop Leaf Tables kommen recht häufig vor, sind meist aus massivem Holz und etwas rustikal (> Flap Table, > Wakes Table).

7 Beispiele für Georgian Drop Leaf Tables

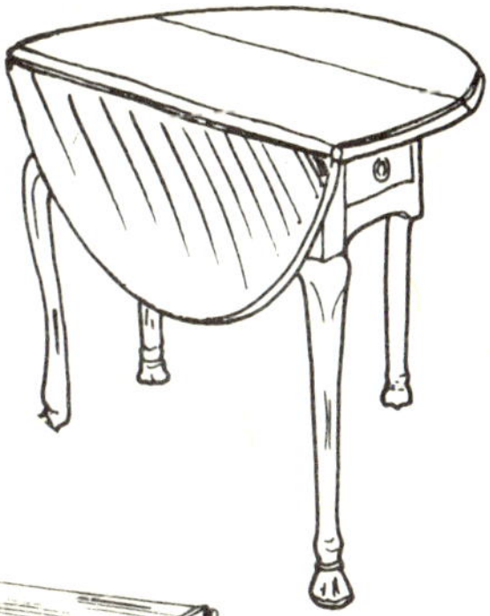

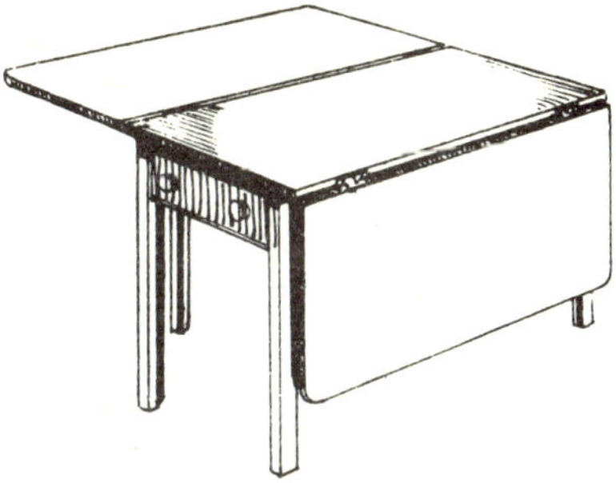

DROP LID. Eine Klappe an Scharnieren, die eine Öffnung verdecken sollte, z. B. das Schreibfach eines > Secretary.

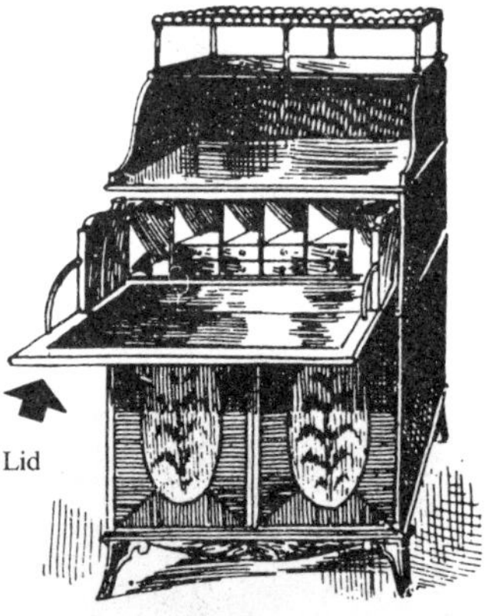

Drop Lid

DRUM TABLE. Runder Tisch mit Schubladen (dadurch Trommelform) und oft einer drehbaren Tischplatte mit eingelassener Lederplatte. Drum Tables standen normalerweise in Bibliotheken, weshalb sie auch > „Library Tables" genannt wurden.

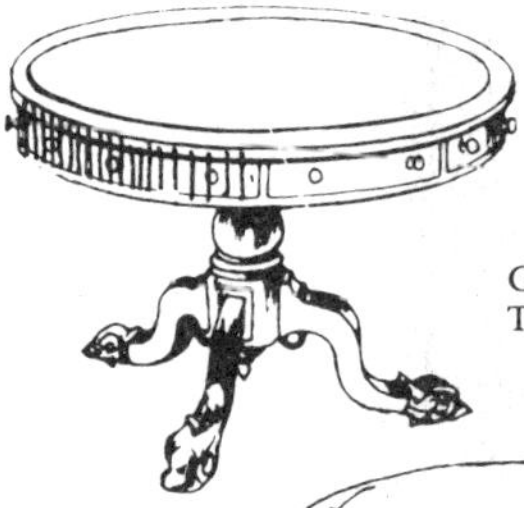

Georgian Trommeltisch

Regency Trommeltisch

DUCHESSE. Ein HEPPLEWHITE-Begriff (1788) für ein sofaähnliches Sitzmöbel: Zwei > Bergères mit einem > Stool in der Mitte".

DUESBURY, William. Emaillemaler, Gründer der Manufaktur Derby 1756. DUESBURY war für das engl. Porzellan das, was WEGWOOD für das engl. Steingut war.

DUMB WAITER. „Stummer Diener". Ein zwei- bis dreistöckiges Dreifußtischchen des 18. Jh. mit nach oben kleiner werdenden Tischplatten. Dieses Möbelstück fand großen Anklang:

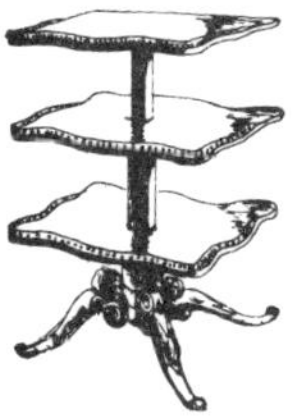

4 Beispiele für Georgian Dumb Waiter

Dump Waiter mit >Gallery

Die Gäste konnten sich selbst bedienen, und die Unterhaltung wurde nicht durch die Anwesenheit von Dienern unterbrochen. SHERATON entwarf viele Dumb Waiters mit Schubladen, Regalen etc. In der viktorianischen Zeit war der Dumb Waiter eine Art Lift, um das Essen von der Kellerküche in das Speisezimmer zu befördern.

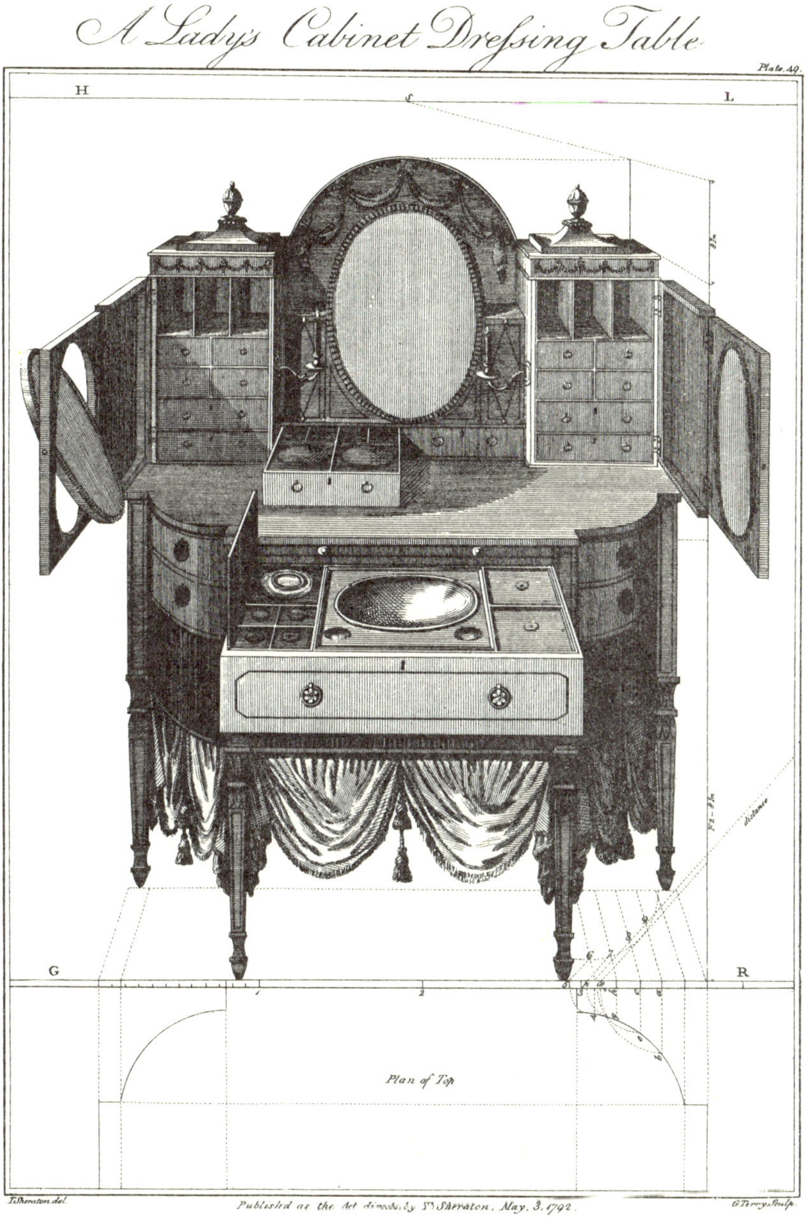

Original-Zeichnung von SHERATON

E

EAGLE TABLE. Ein Wandtisch, dessen Platte von einem Adler mit ausgebreiteten Flügeln getragen wird (> Console Table, > Side Table). Adler und Adlerköpfe wurden gern im > Age of Mahogany als dekoratives Element verwendet.

Georgian Eagle Table
(Console Table)

EASEL TABLE. Pultähnliches Tischchen mit schräg zu stellender Tischplatte auf > Pad Feet (18. Jh.).

EAST, Edward. Uhrmachermeister in der späten Stuart- und der frühen georgianischen Periode.

EASY CHAIR. (> Chairs) Engl. Bezeichnung für einen geräumigen, be-

Georgian
Form

Regency

Victorian Easy Chair, gepolstert

quemen, gepolsterten Sessel, unabhängig von Zeit und Stil.

EBONIZED WOOD. Holz, das schwarz gefärbt oder lackiert wurde, um Ebenholz vorzutäuschen.

EBONY. Ebenholz, ein sehr teures, tropisches, hartes Holz von schwarzer Farbe mit sehr feiner Maserung. Im Möbelbau wurde es haupsächlich zum Schnitzen oder für Einlegearbeiten benutzt. In Frankreich war es während der Zeit von Louis XIV., während des Empire und im 19. Jh. beliebt. Echtes Ebenholz wird in Nordindien und im Himalaya gefunden.

EDWARDIAN. Aus den schweren, pompösen viktorianischen Möbeln entwickelte sich in England um die Jahrhundertwende ein Stil mit eleganteren, zierlicheren Möbeln: das Edwardian (1901–1910). Vorbild waren Georgian- und Regency-Stile, und die Entwürfe der großen engl. Designer wurden zur Zeit Edwards VII. fleißig kopiert. Typisch für Edwardian sind Bandintarsien an Stuhl- und Tischbeinen, auf den Schreibklappen von Bureaux, Sekretären und Kommoden sowie Einlegearbeiten mit dem > Shell Inlay als Hauptmotiv.

Corner Chair, ca. 1910

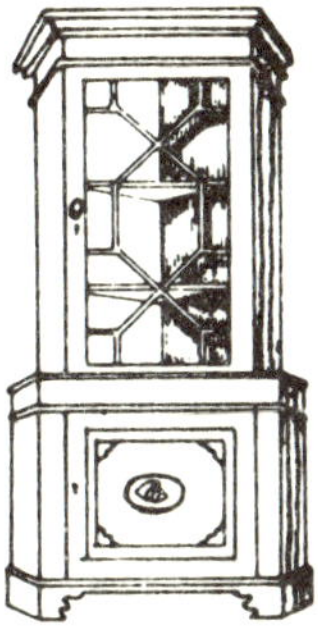

Edwardian Corner Cabinet (Georgian Form) mit Shell Inlay

EIBE. > Yew

EICHE. > Oak

EIGHT-LEGGED-TABLE. Eine Art > Gateleg-Table des 18. Jh., meistens aus Mahagoni.

Eichen-Gateleg-Table mit 8 Beinen

EINLEGEARBEITEN. > Inlay

ELFENBEIN. > Ivory

ELIZABETHAN PERIOD. Umfaßt die Regierungszeiten Eduard VI. (1547–1553) und Elizabeth I.

(1558–1603). Löste den Tudorstil ab, brachte aber Möbel hervor, die noch sehr plump und massiv waren, mit Motiven der Renaissance und der Gotik.

ELM. Ulme oder (Begriff des Möbelbaues) Rüster, bräunliches, hartes Holz mit starker, unregelmäßiger, dunkler Zeichnung. In England wurde es für ländliche Möbel verwendet, z. B. für die Sitzfläche von Windsorstühlen.

EMPIRE. Napoleonische Stilperiode der Repräsentation (1795–1830): Schmale, gerade, kühle Formen, römisch-antike und ägyptische Ornamente auf Möbeln und Textilien: Hermen, Greife, Löwenbeine, Sphinxen, Helme und Waffentrophäen. Hauptvertreter dieses Stils in England waren Thomas HOPE und Thomas SHERATON.

ENAMEL. Emaille. Auch im England des 18. Jh. begann man mit Emaillierung. So werden als Antiquitäten z. B. gesammelt: Schnupftabaksdosen (snuff boxes), Vasen, Bonbonièren, Parfumfläschchen (scent bottles), Medaillons (portrait plaques), Seifenschalen usw.

END TABLE. Ein kleiner Beistelltisch, der in wechselndem Stil, aber für

End Table mit Abstell-Gallerie

End Table mit 3fachem Barley-Twist Beingestell

Tilt Top Table mit Einlegearbeit

Tripod Table, Teetischchen, Gallerie an der Tischplatte

Tripod Table (Georgian)

Nähtischchen

die gleichen Funktionen vom 17. bis zum 20. Jh. gebaut wurde: zum Abstellen einer Lampe, eines Aschenbechers usw. >Tripod Table.

ENDIVE MARQUETRY. Bezeichnung für Marketerie mit Motiven verschlungener Arabesken. Auch Seaweed Marquetry genannt.

ENGLISH PILOT. Sammlung von Seekarten, Hafenplänen und Küstenansichten, herausgegeben von John SELLER ab 1671, von John THORNTEN & Richard MOUNT ab 1698, von William MOUNT & Thomas PAGE ab etwa 1725–1768, dann bis 1803 von MOUNT & DAVIDSON.

ENGLISH ROCOCO. Die Zeit von > CHIPPENDALE (1720–1770), in der das Rocaille-Motiv gern verwendet wurde.

ENGLISH TRADITIONAL WARE. Chinesisches Übergangsporzellan, das zwischen der Ming- und der Ching-Zeit von 1619–1683 in China entstand. Es ist unter diesem Namen in England sehr gesucht.

ENGRAVING. Umfassende engl. Bezeichnung für die Vervielfältigung von Drucken. Das Design wird in hartes Material (Kupfer, Stahl, Holz) geschnitten. Durch Ätzung entstehen Vertiefungen oder durch Herausschneiden der benachbarten Teile der Zeichnung hat man ein erhabenes Design. Davon entstehen dann Drucke: je nach Material und besonderer Technik, z. B. Holzschnitt (Woodcut), Linolschnitte (Linocut), Radierungen (> Etching), Aquatint.

ENVELOPE TABLE. > Card Table. Ein quadratischer Kartentisch, bei dem die Oberfläche wie ein Briefumschlag nach allen vier Seiten aufklappbar ist und so die Spielfläche doppelt so groß ist wie vorher.

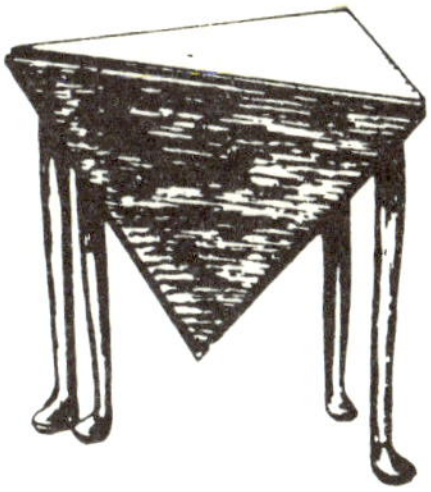

ESCHE. > Ash.

ESCUTCHEON. Begriff aus der Heraldik. Beim Möbelbau ein dekoratives Schild oder Wappen, oft geschnitzt, oft als Mittelteil in Schrankaufsätzen. Ebenso als Begriff verwendet für das schildähnliche Metallteil, das ein Schlüsselloch umfaßt.

ESSTISCH. > Dining Tables.

ESCRITOIRE. Franz. Ausdruck für einen Schreibschrank (> Secretary) mit herunterklappbarer Frontklappe, der sich auch im Englischen eingebürgert hat.

ETAGÈRE. Franz. Ausdruck, gern von Engländern für > Whatnots verwendet (19. Jh.).

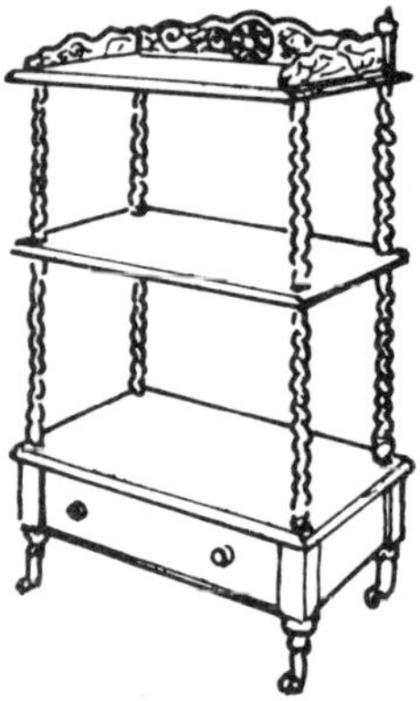

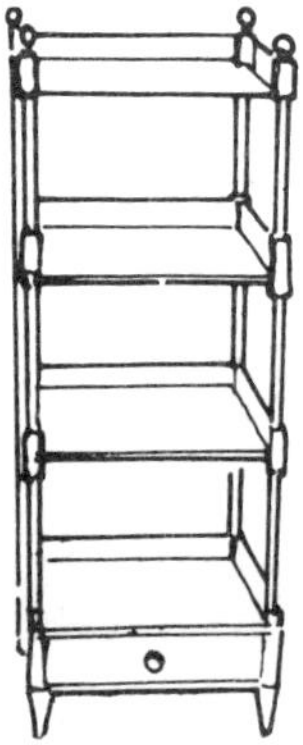

ETCHING. Radierung, Ätzung. Auf eine Kupferplatte wird eine besondere Ätzflüssigkeit aufgetragen, dann wird mit einer Radiernadel auf der Oberfläche gezeichnet. Rembrandt war ein berühmter „etcher". England und Holland brachten insbesondere berühmte Kartographen hervor.

ETRURIA. Staffordshire Manufaktur seit 1768; die bedeutendste der von > J. WEDGEWOOD gegründeten Manufakturen.

EWER. Wasch- oder Wasserkanne.

Ein Paar elegante
Ewer, Late Victorian

EXTENSION TABLE. Ein Tisch mit einer Tischplatte, die sich in der Mitte teilt und beidseitig nach außen ausziehbar ist. Zusätzliche Platten können dann in der Mitte eingefügt werden. Vergleichbar mit dem > Telescopic Table.

F

FADED. Ausgeblichen. Wenn die Original-Politur eines Möbels noch gut erhalten, jedoch ausgeblichen ist (z. B. bei Mahagoni), dann spricht man von „faded".

FADEN, William. Stecher und Verleger von Land- und Seekarten, London ab 1778.

FAKES. Kopien, Fälschungen. Die ständig steigende Nachfrage nach alten Möbeln führt leider dazu, daß nicht nur echte Antiquitäten zum Verkauf auf den Markt kommen. Man teilt gefälschte oder veränderte Möbel in vier Gruppen auf:

1. Echte alte Möbel werden mit zusätzlichen Accessoires ausgestattet, damit sie „wertvoller" und/oder älter erscheinen.

2. Echte alte Möbel werden umgebaut, aus einem wuchtigen Kleiderschrank wird z. B. ein Bücherschrank gefertigt, da er gefragter ist.

3. Aus zwei echten Möbeln wird ein Möbelstück gefertigt, das dann wesentlich wertvoller ist als die beiden Einzelteile, z. B. ein Schreibtisch und ein Aufsatz ergeben ein > Bureau Bookcase. Eine Abwandlung davon ist das Kombinieren von zwei heilen Teilen aus zwei beschädigten Stücken, also z. B. Oberteil von einem Bureau Bookcase mit Unterteil eines anderen (> Marriage).

4. Möbelstücke werden verkleinert, weil sie in ihrer ursprünglichen Form für heutige Wohnungen zu wuchtig sind.
Es wird immer schwierig sein, eine gute Kopie zu erkennen, besonders wenn die Kopie inzwischen selbst zur Antiquität geworden ist. So wurden z. B. nach 1860 mit Vorliebe Möbel des 18. Jh. nachgebaut (> Edwardian). Manche Firmen machten den „Nachbau" kenntlich, aber sie waren in der Minderzahl.

FAKES ERKENNEN. Um ein antikes Möbelstück auf seine Originalität zu prüfen, sollte man es unter folgenden Gesichtspunkten mit kritischen Augen betrachten:

1. Abnutzungserscheinungen: Es leuchtet ein, daß alte und oft benutzte Möbel gewisse Beschädigungen aufweisen, z.B. Kratzer, Absplitterungen etc. Zu empfehlen ist auf jeden Fall eher der Kauf eines leicht abgenutzten, als der Kauf eines restaurierten Möbelstückes, das vielleicht künstlich antiquisiert wurde.

2. Patina: Ein Möbelstück, das über Jahre hinweg poliert wurde, erhält mit der Zeit einen mattschimmernden dunklen und unnachahmlichen Glanz, und das Holz ist an den Stellen, die

ständig dem Licht ausgesetzt waren, ausgeblichen, > faded.

3. Beschläge (> Handles): An vielen viktorianischen Möbeln wurden die Holzknöpfe gegen Beschläge eingetauscht, um ihnen ein „georgianisches Aussehen“ zu geben. An der Innenseite der Schubladen ist dies Manipulation jedoch an den abgesägten Holzknöpfen zu erkennen. Neueres Messing behält im übrigen im Gegensatz zu alten Handles seine gelbliche Farbe.

4. Furniere: Heute werden sehr dünne, maschinell geschälte Furniere verwendet, früher wurden sie mit der Säge geschnitten und waren mindestens 3 mm stark.

5. Rückwand: Beim Kauf eines antiken Möbelstückes ist ratsam, sich die Rückwand, die Unterseite oder das Innere anzusehen, ist Sperrholz zu sehen, ist Vorsicht angebracht. Nägel und Schrauben waren meist geschmiedet und oft ohne Köpfe. Sie hinterlassen Rostspuren, wenn sie lange im Holz stecken.

6. Schnitzereien: Sind bei antiken Stücken tief und unregelmäßig und heben sich deutlich von der Grundfläche ab. Maschinell hergestellte Schnitzereien erkennt man an ihrer Ebenmäßigkeit.

FALL FRONT. Herunter„fallende“ Klappe, die z. B. einen Schreibtisch (Fall Front Desk) verkleinert, wenn er nicht benützt wird.

FAN. Fächer. Auch in England ein beliebtes Sammlerhobby, ab der Mitte des 16. Jh.

FANCY CHAIR. Von SHERATON entworfener schmaler, eleganter Stuhl, an die Wand zu stellen, sehr beliebt im 18 Jh.

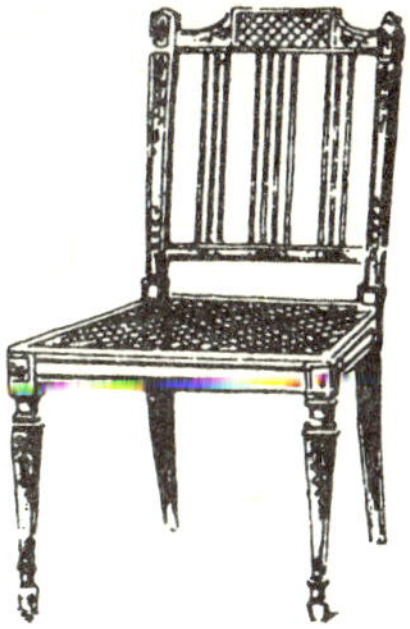

FAN DESIGN. Halbkreisförmiges, fächerartiges Ornament an Möbeln im späten 18. Jh. in England und Amerika.

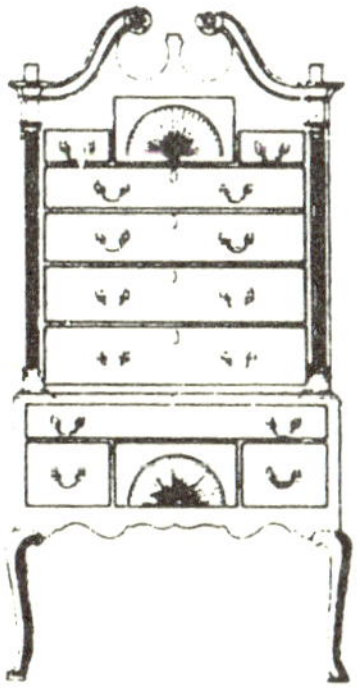

FARTHINGDALE CHAIR. Früheste Form des gepolsterten und mit Stoff bezogenen Stuhls Anfang des 17. Jh., bezogen mit wollenem Teppichstoff, den türkischen Teppichen abgeschaut (Turkey Work). Polsterung erstmalig mit Wolle oder Tierhaar fest gefüllt. Ohne Lehnen, damit die voluminösen Elisabethianischen Röcke (farthingdales) herabhängen konnten.

FATHER'S CHAIR. Ein > Easy Chair, gepolsterter Armlehnstuhl.

FAYENCE. Eine Art Tonware mit porösem Scherben. Nach dem ersten Brand hat Fayence eine gelbliche bis rote Farbe (Steingut ist schon nach dem ersten Brand weiß), wird dann mit einer deckenden weißen oder auch farbigen Zinnglasur überzogen und zum zweitenmal gebrannt. Danach Dekorieren mit Muffelfarben (Emaille) und bei niedrigen Temperaturen dritter Brand. Durch eine derart aufwendige Technik war die Fayence wertvoller und in England wie auf dem Kontinent sehr geschätzt. Im Gewicht ist Fayence schwerer als Steingut.

FEATHER BANDING. Bandintarsie in der gleichen Form wie > Herring Bone.

FENDER. Kamingitter, meist aus Messing und oft verziert (> Fretwork). Zur kompletten Kaminausrüstung gehörte der Fender (ca. 1 m bis 2 m lang und zwischen 15 und 20 cm hoch), hinter dem auf zwei > Fire Dogs die > Fire Implements lagen. Davor kann noch ein Schirm gestellt werden (> Fire Screen, > Fire Guard).

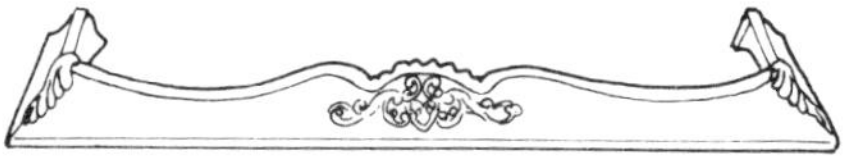

Fichte. > Pine.

FIDDLEBACK CHAIR. Amerikanischer Kolonialstuhl im Queen-Anne-Stil. Die Mittelstrebe des Stuhlrückens ist wie ein Geigenkasten (fiddle) geformt. Einen ähnlichen Stuhl findet man während der Louis XV.-Zeit.

Fiddleback Chair

FINISH. Letzte Behandlung der Oberfläche eines Möbels, z.B. durch Politur.

FIR. Kiefer. Im engl. Möbelbau nur während des 18. Jh. für geschnitzte und/oder vergoldete Fische verwendet.

FIRE DOGS. Ein Paar Stützen aus Eisen oder Messing, auf die vor dem Kamin das 3- oder mehrteilige Kaminbesteck (> Fire Implements) gelegt wurde. Kam in feinerem Design und oft mit > Ormolu auch zur Zeit von Louis XV und XVI in Frankreich vor.

FIRE GUARD. Ofengitter, Funkenschutz. Ein Messingrahmen hielt ein Drahtgeflecht, das die vor dem Kamin liegenden Teppiche oder den Holzfußboden vor Funken schützen sollte. Nicht zu verwechseln mit dem > Fire Screen, der die Personen vor dem Kamin eher vor zu starker Wärmeausstrahlung schützen sollte.

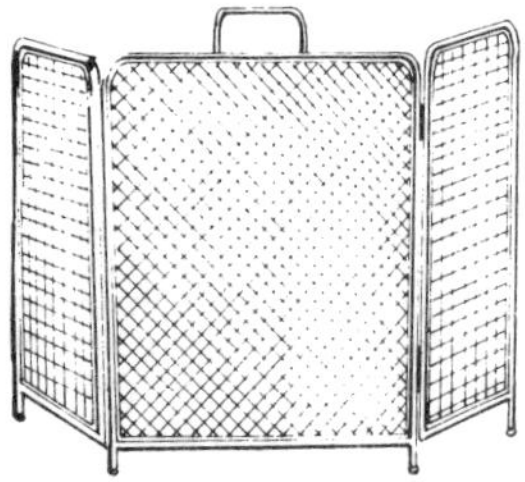

FIRE IMPLEMENTS. Kaminbesteck. In aller Regel ein Set aus 3 Messingwerkzeugen: Schaufel, Stocherstab und Kohlenzange.

FIRE SCREEN. Ein Ofenschirm, Wärme- und Funkenschutz am offenen Kaminfeuer, meist reich verziert, aus Messing, Eisen oder Holz, oft mit Tapisserie (teppichartige Kreuzstichstikkerei) bespannt. Ständer als Dreifuß. Im Gegensatz dazu gab es Screens als Paravents, zusammenlegbare Stellwände, die vor Zugluft schützen sollten. Sie waren mit sehr kostbaren Materialien bespannt: Brokat, Stickereien, Seide, Leder, oftmals auch lakkiert oder aus Rohrgeflecht.

FLAGON. Bauchige Weinflasche. Ein Flagon ist aber auch ein Krug, meist aus Zinn (> Pewter).

FLAME CARVING. Schnitz-Design, das in einer längeren Reihe Flammen hinter- und übereinander zeigt, an > Tallboys, > Secretaries, > Grandfather Clocks.

FLAP TABLE. Ein Tisch aus dem frühen 17. Jh., dessen Mittelteil starr ist und dessen Seitenteile wegklappbar sind. Die Beine der Seitenteile werden beim Hochklappen unter dem festen Mittelteil herausgezogen und stützen die Flaps (> Gateleg Table, > Eight-legged Table).

FLARE. Ausdruck für die Form eines Stuhlsitzes, der nach außen und nach vorne breiter wird.

Stuhl mit Flare-Form

FLATBACK-FIGURES. > Stafford shire Figuren.

FLIGHT, Thomas. Engl. Porzellanhersteller, der die Berühmtheit der > Worcester-Mannfaktur mit beeinflußte.

FLINTGLASS. > Glass.

FLOWER STAND. > Jardinière.

FLUTED LEG. Tisch- oder Stuhlbein mit konkaven oder konvexen, vertikal verlaufenden Rillen.

Library Table mit FlutedLegs

FLUTING. Ornamentale Verzierungen, Abwandlung der klassischen Säulenform, in Möbeln, Einlegearbeiten,

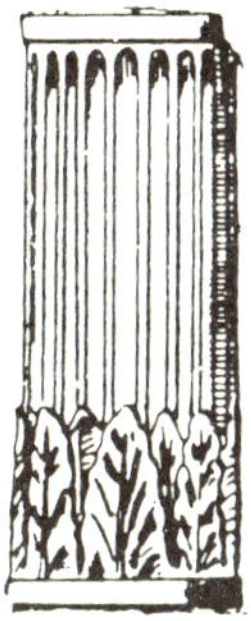

Malereien, Schnitzereien; am Rande von Tischen, am Oberteil von Bookcases usw.

FOLDING CHAIR. Klappstuhl. Die „Falttechnik“ kam von den Ägyptern und den Römern und fand Mitte des 18. Jh. auch in England großen Anklang. HEPPLEWHITE und SHERATON entwarfen viele Folding Furniture und Stücke, die sich zu einer anderen Funktion wandeln ließen (> Commodes, > Library Steps, > Folding Tables).

FOLDING TABLE. Klapptisch der frühen engl. Renaissance, meist in Eiche. Er hat oft zwölf bis zwanzig Beine

Oak Folding Table, 17. Jh.

und konnte bis auf ein Drittel seiner ursprünglichen Größe verkleinert werden. Sein Nachfolger ist der > Gateleg Table.

FOOT. Fuß. Ende eines Tisch- oder Stuhlbeins, unter Schränken etc., in den verschiedensten Formen, z. B. > Bun, > Claw-and-Ball, > Hoof, > Spade.

FOOTRAIL. Tiefangesetzte Stützstrebe zwischen zwei Stuhl- oder Tischbeinen.

Footrail

FOSTER, Birket. (1825–1899) Maler und Graphiker in London, ab 1846 Zeichner für Buchillustrationen.

FOUR-POSTER. Ausdruck für eine alte engl. Bettstatt mit 4 Pfosten.

FEET*)

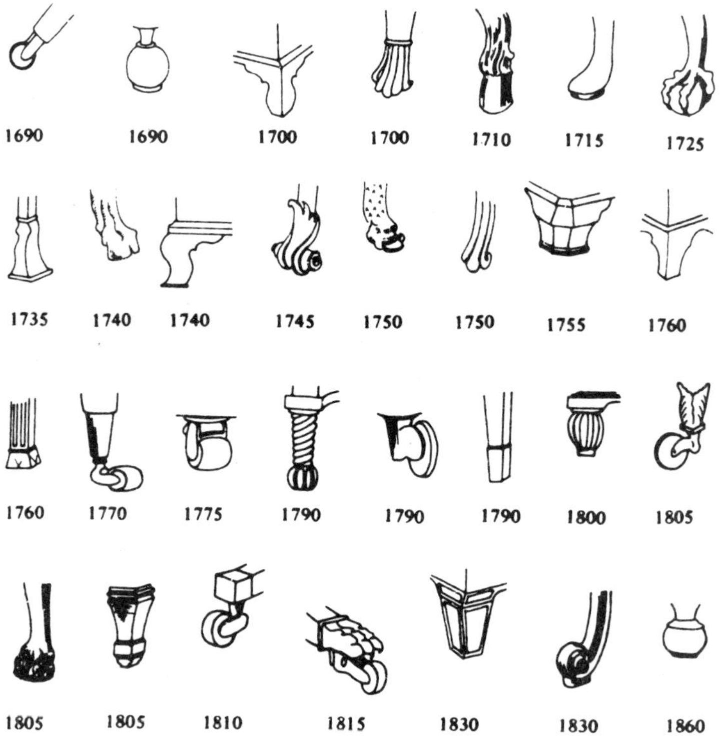

1690 Wooden Wheel
1690 Ball.
1700 Bracket
1700 Spanish
1710 Hoof
1715 Pad
1725 Ball and Claw
1735 Cabriole Leg Foot
1740 Stylised Hoof
1740 Ogee
1745 French Knurl
1750 Dolphin
1750 English Knurl
1755 Elaborate Bracket
1760 Splay
1760 Gutta Foot
1770 Tapered Socket
1775 Peg and Plate
1790 Spiral Twist
1790 Wheel Castor
1790 Spade
1800 Fluted Ball
1805 Decorative Socket
1805 Paw
1805 Regency
1810 Horizontal Socket
1815 Lions Paw
1830 Regency
1830 Victorian Scroll
1860 Victorian Bun

*) aus THE ANTIQUE DEALERS POCKET BOOK, LYLE PUBLICATIONS 1972

FRAME. Der Holzrahmen eines Möbelstückes vor der Aufpolsterung. Bei Kommoden oder Bookcases spricht man auch von > Carcase.

FRENCH CHAIR. Allgemeine Bezeichnung für gepolsterte Stühle bzw. Sessel um die Mitte des 18. Jh., ohne Rücksicht auf die Stilart. Häufigster Vertreter ist der Rokoko-Sessel, ähnlich der > Bergère.

FRENCH POLISH. Ein glänzendes > Finish auf der Holzoberfläche, erreicht durch verschiedene Lagen von Schellack und verschiedene Politurvorgänge.

FRETWORK. Holzgitterarbeit, die gewöhnlich in komplizierten, sich wiederholenden geometrischen Mustern angefertigt ist, meist zur Unterbrechung der Glastüren von > Bookcases, > Bureau Bookcases.

FRET GALLERY. Geschnitztes Holzgeländer auf der Platte eines Tischchens.

FRIEZE. Fries. In der Architektur ein Schmuckband oder ein streifenartiges Feld zum Abschluß, zur Gliederung oder als Verzierung einer Fläche, oft unterhalb eines Gesimses. Solchen Schmuckfries findet man auch im Möbelbau, häufig mit geschnitzten oder gemalten Ornamenten oder Marketerien dekoriert.

FRIEZE DRAWER. Oberste Schublade einer Kommode, die die gesamte Breite einnimmt. Sie wird gewöhnlich von zwei Säulen gestützt. Design des Biedermeier und des Empire.

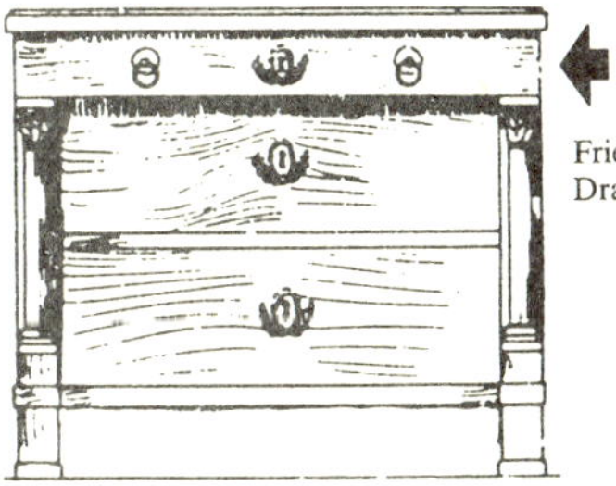

FRITTEN-PORZELLAN. In Sèvres entwickeltes Porzellan, das eigentlich gar kein keramisches Erzeugnis ist, sondern eher der Zusammensetzung des Glases entspricht. Es enthält nämlich kein Kaolin, wird aber durch den Zusatz von Kreide opak (undurchsichtig) und weiß und sieht deshalb aus wie Porzellan. Der Scherben ist sehr weich und empfindlich, da kein Kaolin enthalten ist. Die zartesten Farben erhalten durch niedrige Garbrand-Temperaturen einmalige Leuchtkraft. Fritten-Porzellan wurde auch in England meist nur für Luxusgeschirr höfischer Kreise verwandt. Äußerlich ähnelt es dem englischen > Bone-China.

FRUITWOOD. Generelle Bezeichnung für alle Obsthölzer wie Apfel, Birne und Kirsche. Fruitwood war im 18. Jh. sehr beliebt. Es wurden hauptsächlich ländliche Möbel daraus gefertigt: Tische, Stühle, Kommoden.

FURNIER. Dünnes Schälholz zur Verfeinerung von Möbeloberflächen, > Veneer. Alte Furniere wurden meist gesägt und sind mindestens 2–3 mm dick. Die modernen dünnen Schälfurniere gab's früher nicht. Neue Furniere sind nur 0,3–0,5 mm stark. Allerdings: Durch mehrmaliges Abziehen kann auch ein altes Furnier dünn geworden sein.
Wenn mehrere Furniere übereinandergeleimt wurden, deutet das auf eine neuere Herstellung.
Bei Aufsatzmöbeln (Bureau Bookcases) muß die Stärke des Furniers und die Maserung bei beiden Möbelhälften gleich sein, oben und unten. Besonders wichtig bei Corner Cabinets mit Aufsatz, da fast alle Cabinets zusammengestellt wurden.
Bei furnierten Möbeln ist auch zu beachten, auf welches Holz furniert wurde. Ein minderer Kern (z.B. weiches Holz wie Fichte) kommt noch nach vielen Jahren nicht zur Ruhe. Bei Temperaturänderungen (Sie haben aus einem kühlen Lager gekauft und stellen das Stück zu Hause in die Nähe eines Heizkörpers) reißen Furnire leicht. Ist aber der Korpus aus Mahagoni, Eiche oder einem anderen Hartholz, kann das kaum passieren.

G

GAINSBOROUGH, Thomas. (1727–1788) Londoner Landschafts- und Portraitmaler in Aquatinta und Schabkunst.

GAINSBOROUGH CHAIR. Gepolsterter Stuhl mit gepolsterten Armlehnen, kam zur Zeit HEPPLEWHITES auf.

GALLERY. Ein dekoratives Metallgitter, hauptsächlich aus Messing, das als Abgrenzung oder Umrandung auf den Oberflächen von Möbeln montiert wurde, z.B. auf > Tripod Tables, > Davenports, > Sideboards).

Victorian Stretcher Table mit Gallery

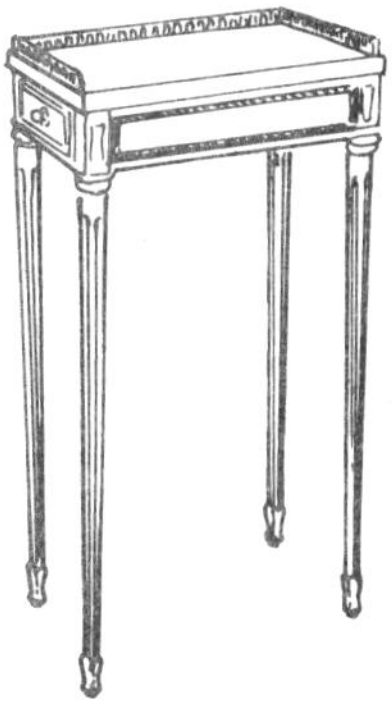

Eleganter Side Table (Regency)

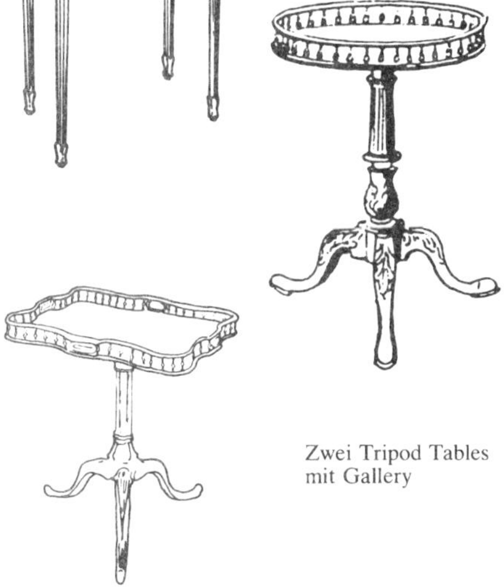

Zwei Tripod Tables mit Gallery

GAMES BOX. Kasten oder Kästchen aus den verschiedensten Holzarten, in dem Spiele aufbewahrt wurden. Auf dem Deckel oder innen in den aufge-

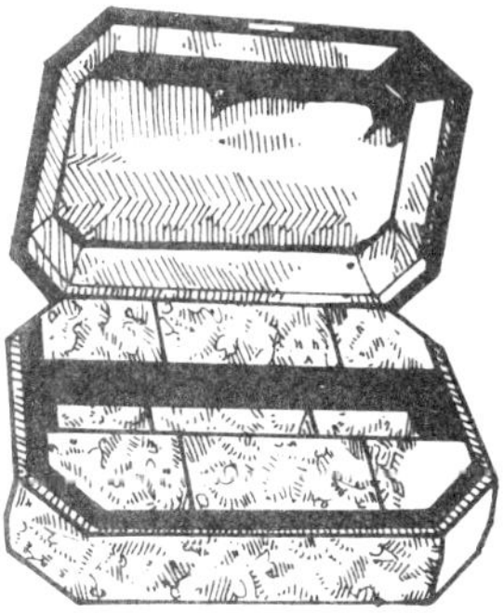

klappten Deckeln findet man oft ein intarsiertes Schach- oder Back-Gammon-Spielbrett.

GAMES TABLE. Spieltisch für Schach, Kartenspiele usw., auch > Card Table oder, nach dem Namen des Spiels, z.B. Bridge Table genannt.

GARBRAND. > Porzellan-Herstellung

GATELEG TABLE. Sechs- oder achtbeinige Klapptische aus Eiche, mit ovalen oder halbkreisrunden Enden. Das feste Mittelteil hält zwei herunterklappbare Seitenteile (> Drop Leaf Table), die in aufgeklapptem Zustand auf herausschwenkbaren Beinkonstruktionen ruhen. Diese Schwenkbeine, im unteren Drittel durch Streben

verbunden, erinnern an ein GATE (= Tor, Pforte). Gateleg Tables aus dem 17. und 18. Jh. sind recht teuer, die meisten der erhältlichen Tische sind aber 1870–1920 gebaut worden.

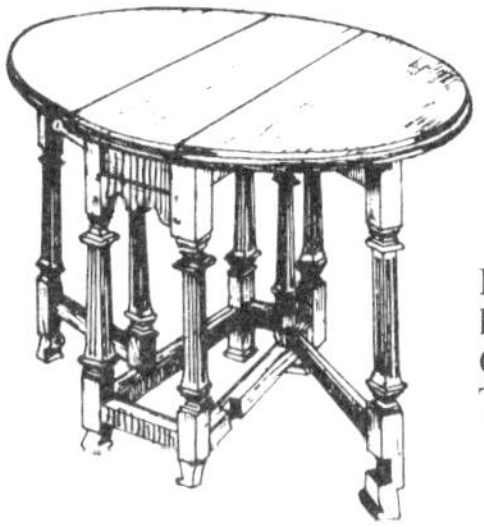

Eight-legged Gateleg-Table

GEORGIAN PERIOD. Georgianische Stilepoche (1714–1820). Das 18. Jh. war die Blütezeit des engl. Möbelbaues. Die Möbel hatten ausgewogene Proportionen und waren sehr gut verarbeitet. > Mahagoni, ein Holz mit besonders schöner Struktur, wurde aus Kuba und Honduras eingeführt. Es wurde nach der Verarbeitung in einem satten rötlichen Ton gebeizt, der in dieser Zeit sehr beliebt war.

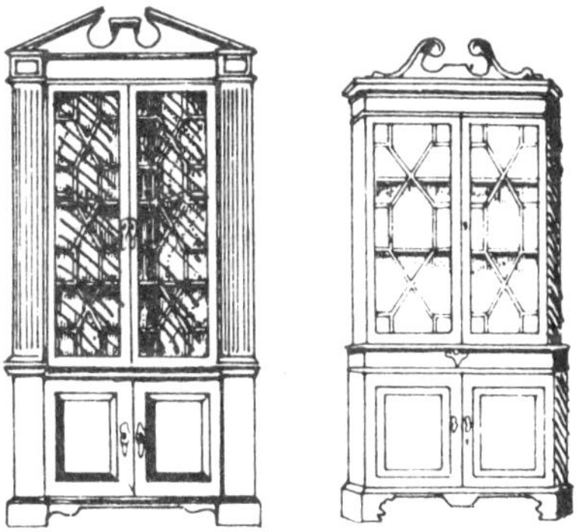

Zwei Georgian Eckschränke (Corner Cabinets) aus Mahagoni, Broken Arch- und Swan-Neck-Aufsatz

Die Situation in England war denkbar günstig: Im ganzen Lande lebten reiche Familien, England profitierte von überseeischen Besitzungen und viele Briten brachten Anregungen von Frankreich und Italien mit. Neue Möbelformen wurden entworfen: aufklappbare Kartentische (> Envelope Tables), Dreifußtische (> Tripod Tables), große verwandelbare Klapptische mit besonderen Füßen (> Claw- and Ball-feet, > Pad Feet), gepolsterte Bänke, große Aufsatzmöbel (> Bureau Book-casc, > Tall Boy), neuartige Kommoden (> z.B. Bachelor Chest) und Schreibmöbel (> z.B. Kneehole Desk).

Card Table (Late Georgian)

Tea Table (George III)

Die Möbel waren von klassischer Schlichtheit. Meistens war der einzige Schmuck die Muschel am oberen Ende des geschweiften Fußes oder er endete in einem besoneren Fuß; lieber ließ man jedoch die schöne Maserung des

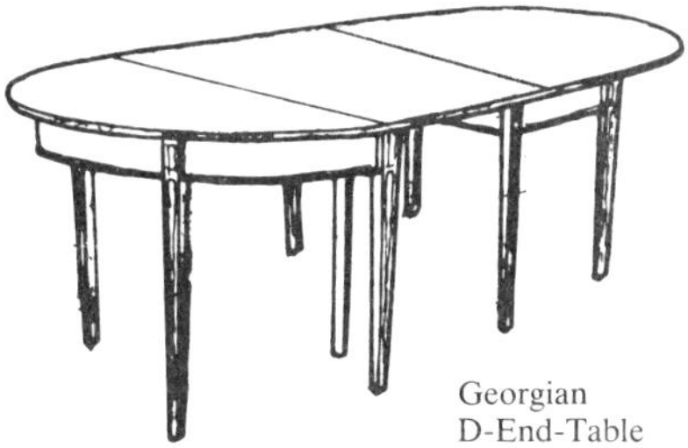

Georgian D-End-Table

Nußholzes, massiv oder furniert, zur Geltung kommen. Man lackierte Möbel farbig und kopierte entsprechend der > Chinoiserie-Mode die > Coromandel-Technik, indem man lackierte Möbelstücke mit chin. Motiven bemalte und anschließend polierte.
Man unterscheidet EARLY GEORGIAN 1714–1727 (Regierungszeit George I.), MID GEORGIAN 1727–1760 (Regierungszeit George II.) und LATE GEORGIAN 1760–1811 (Regierungszeit George III.). Die bedeutendsten Designer der GEORGIAN PERIOD waren > CHIPPENDALE, > ADAM, > HEPPLEWHITE und > SHERATON.

Chippendale-Stuhl (Ball-and-Claw-Feet)

Chippendale-Stuhl (Ende 18. Jh.) mit Scroll-Arms

CHIPPENDALE, von den Einflüssen Frankreichs inspiriert, entwarf während des MID GEORGIAN eine Art engl. Rokoko. Er vertrat aber auch gotischen und chinesischen Stil, die nach 1750 modern waren. 1754 kam sein berühmtes Buch „The Gentleman and

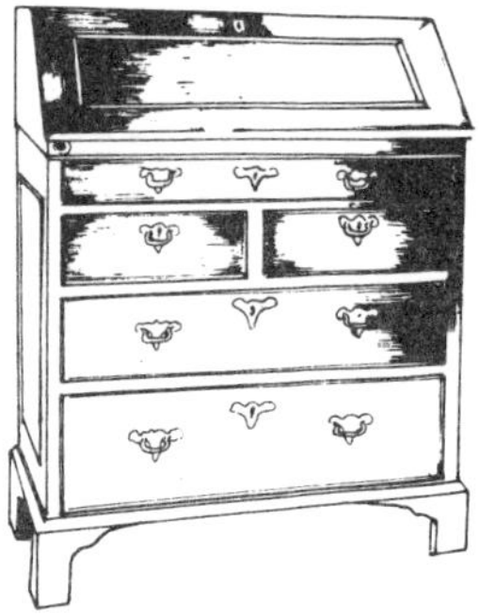
Georgian Bureau

Cabinetmaker's Director" auf dem Markt, wodurch die Zahl seiner Anhänger noch bedeutend stieg. Seine Entwürfe waren zart und elegant und wurden oft kopiert. Das hielt CHIPPENDALE jedoch nicht davon ab, den von ADAM 1760 eingeführten neoklassizistischen Stil zu kopieren. Einige der schönsten und sogar typischsten „ADAM-Möbel" entstanden in CHIPPENDALE's Werkstatt.
Robert ADAM war eigentlich Architekt. Er entwarf im LATE GEORGIAN (1760–1811) Häuser und Möbel in sehr aufwendigem Stil. Seine Eigenart war es, beim Entwurf eines Hauses gleich die komplette Innenausstattung mit zu entwerfen, vom Möbel über den Teppich bis zur Tapete. Typisches Merkmal der ADAM-Möbel sind die

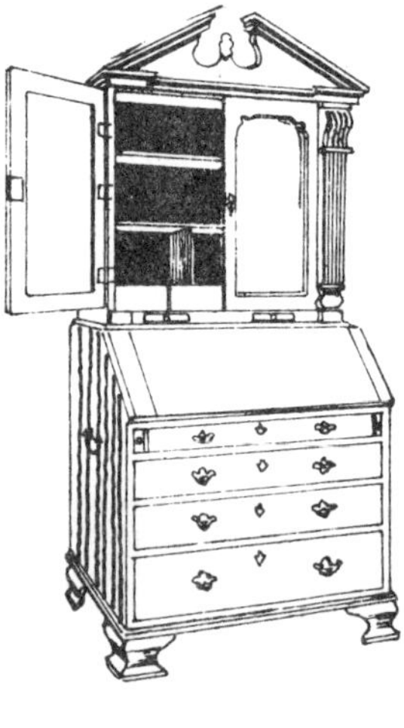
Mahagoni-Bookcase-(ca. 1770) mit Broken Arch

klassischen, manchmal aufgemalten Motive wie Sphinx, griechische Allegorien und Vasen. Das Oval erscheint als Stuhllehne, Glas- und Spiegeleinfassung, Intarsie usw. Die von ihm entworfenen Möbel waren bevorzugt aus hellem Satinholz (> Satinwood). Der Verdienst, Möbel für den Hausgebrauch zu machen, gebührt Georg HEPPLEWHITE. 1788 veröffentlichte er sein Buch „Cabinet-maker and

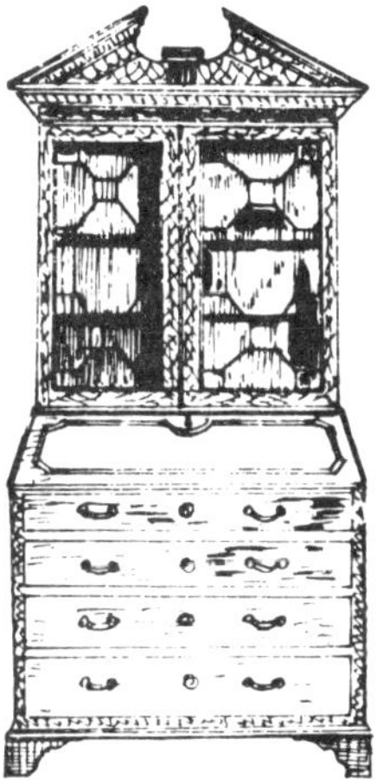

Georgian Bureau Bookcase aus Mahagoni

Upholsterer's Guide". Was in diesem Buch als HEPPLEWHITE-Stil veröffentlicht ist, ist in Wahrheit vereinfachter ADAM-Stil: alle vorher beschriebenen Merkmale des klassischen Möbels gelten auch für die Möbel, die aus HEPPLEWHITE's Werkstatt kamen oder nach den Zeichnungen seines Buches hergestellt wurden.

Offenes Bookcase, ca. 1780

In der Zeit von 1790–1810 gewann der Möbelzeichner SHERATON an Bedeutung. Seine Möbel sind gegenüber denen von HEPPLEWHITE weit phantasievoller und vielfältiger. Nach seinem Tod 1791 veröffentlichten Buch „The Cabinetmaker and Upholsterer's Drawing Book" wurden viele Möbel gebaut. Sein Design hielt sich noch während der > Regency Periode bis 1830.

GESCHWUNGENE BEINE. > cabriole legs.

GESIMS. Sims, Kranzgesims. Ein waagrechtes, einfaches oder profiliertes, hervorspringendes Bauelement, das bei Kastenmöbeln oder Baldachinen den Abschluß bildet.

GESSO. (Ital.) Gipsharzgemisch für Reliefdekorationen auf gefaßten oder vergoldeten Möbeln, verwendet im frühen 18. Jh., wieder in Mode in der > ADAM-Periode.

GILDING. Die Kunst der dekorativen Vergoldung von Möbelteilen, Accessoires, Beschlägen Leuchtern usw. (Ormolu). Das zu behandelnde Stück

Gilded Mirror, ca. 1800

wurde mit einer quecksilberhaltigen Emulsion bestrichen, darauf Blattgold gelegt und dann das Quecksilber über Feuer verdampft. Das Gold schmiegte sich dabei ans Metall. Wegen der Giftigkeit der Quecksilberdämpfe wurde Gilding auch in England hochbezahlt. Eine andere, ungefährliche Art der Vergoldung ist das Auflegen feinster Goldplättchen auf eine vorher mit Leim behandelten Holzoberfläche. Durch Pressen und nachträgliches Polieren wird der gleiche Effekt erzeugt.

GILLOW & CO. Engl. Möbelhersteller in der ersten Hälfte des 18. Jh., Stammsitz in Lancaster (ehemals wichtiger Holzimporthafen). Die Gebrüder GILLOW bezeichneten als erste Schreiner ihre Erzeugnisse konsequent mit ihrem Namen (nach 1820 die Regel). Viele ihrer Erzeugnisse wurden nach den Westindischen Inseln und Amerika exportiert.

GIRANDOLE. Ein mit einem Spiegel kombinierter Wandleuchter, sehr beliebt in der Mitte des 18. Jh. Das Kerzenlicht wurde durch den Spiegel wirkungsvoll reflektiert. Wie auch die Spiegelrahmen wurden die Wandleuchter von qualifizierten Schnitzern

Girandole (ca. 1820)

gefertigt, z.B. von Thomas JOHNSON, die oft den Formenreichtum des Rokoko verarbeiteten. Die Kerzenleuchter waren manchmal asymetrisch angeordnet, immer jedoch paarweise. Als Bekrönung war der Adler ein beliebtes Motiv, besonders in Amerika. In der Mitte des 19. Jh. nannte man so auch einen Kerzenhalter aus Böhmischen Glas.

GIRLANDE. Gehänge aus Früchten, Blumen, Blättern oder anderen natürlichen Formen. Als geschnitzter Dekor vor allem an Tischen des frühen 18. Jh. In der ADAM-Periode wurden Girlanden meist gemalt oder aus Marketerien gestaltet.

GLAS. > glass

GLASKRANKHEIT. Ein falsches- Mischungsverhältnis zwischen Kieselsäure und Alkalien, führt zu einem nicht ansteckenden chemischen Prozess. Das befallene Glas zeigt feine Haarrisse und eine Trübung, die sich allmählich verstärkt. Temperaturschwankungen fördern den Zerfall.

GLASS. Glas

1. Geschichte: Zur Zeit des römischen Weltreiches gab es auch in Gallien und am Rhein schon die ersten Glashütten. Dann findet man aber erst wieder im 13. Jh. Gründungen von Glashütten, die aufgrund von Anregungen von heimkehrenden Kreuzrittern und mit Hilfe alter klösterlicher Schriften ein grobes, grünliches Waldglas herstellten. Etwa gleichzeitig begann Venedigs Glaskunst zu blühen und erreichte ihren Höhepunkt in der ersten Hälfte des 16. Jh. Das feine italienische Sodaglas war dem Pottascheglas des Nor-

dens überlegen. Aber man eiferte dem Vorbild Venedigs nach, und die berühmtesten anderen Zentren der Glaskunst wurden Böhmen, Schlesien, Brandenburg u.a. Das in Böhmen entwickelte Kreidekristallglas machte viele Schliffarten erst möglich. In England entwickelte im Jahre 1673 G. RAVENSCROFT durch Beimengung von gebranntem Feuerstein das sogenannte „flintglass", aus dem 1776 durch Hinzufügen von Bleioxyd das erste Bleikristallglas. Es schimmert etwas dunkler als das Kreidekristallglas, zeichnet sich aber durch seine hohe Lichtbrechungsfähigkeit aus. Die Formen waren dem Material entsprechend kräftig, dicker Fuß (meist Balusterform), schmaleres, geradwandiges Oberteil, bemalt oder auch durch eingestochene Luftblasen verziert. Gußglas (für Fenstergläser o.ä.) wurde in England aber erst Ende des 18. Jh. hergestellt. Nach CHIPPENDALE, HAIG und ADAM bezogen das Glas für ihre Möbelstücke aus Frankreich. Ab Mitte des 18. Jh. gehörte auch England zu den großen, berühmten Herstellern geschliffenen Glases. Der Sieg der Maschine im 19. Jh. und die damit beginnende Massenproduktion beendete das künstlerische Glashandwerk. Ein kurzes Aufblühen erlebte auch die Glaskunst noch einmal durch Künstler wie GALLÉ (Frankreich), TIFFANY (Amerika) und andere Künstler, die in der 2. Hälfte des 19. Jh. nochmal der alten Zeit entsprechend in Handarbeit Glas produzierten und dekorierten.

2. Herstellung: Glas ist eine Masse aus Sand und Soda, die unter Einwirkung von Feuer entsteht, und zwar durch einen Schmelzprozeß und rasche Abkühlung.
Genaue Zusammensetzung: Sand (Quarzsand) und Glasscherben = 65–70%. Soda oder Pottasche (Schmelzmittel) = 10–20%. Kreide (Kalk) oder Bleioxyd (zum Bleichen) = 10–20%. Sodaglas ist klar und fein, Pottascheglas ist derb und grünlich. Das Glas wird in zwei Stufen geschmolzen, bei der sogenannten Rauhschmelze (1400–1600 Grad) setzen sich oben Bläschen und unten der Schmutz ab, der nach dem Erkalten abgeschlagen wird; bei der sogenannten Feinschmelze (900–1200 Grad) wird das Glas geformt. In erhitztem Zustand ist Glas formbar, was auch wiederholt werden kann. Es kann geblasen und gestreckt (Hohlglas) oder gegossen, gewalzt oder gepreßt (Gußglas) werden.

3. Bearbeitung: Zur Dekoration des Glases gibt es verschiedene Möglichkeiten. Die gebräuchlichsten Arten sind Schnitt und Schliff. Beim Schnitt unterscheidet man Hoch- und Tiefschnitt. Beide werden mit feinen Schleifrädchen aus Kupfer gearbeitet, die auf eine rotierende Achse gesteckt und mit feinem Schmirgel in Öl benetzt werden. Der Schliff ist dem Schnitt im Prinzip ähnlich, jedoch benutzt man kräftigeres Werkzeug. Man unterscheidet Flächenschliff, zu dem u.a. der Facettenschliff gehört. Hohl- und Kugelschliff, Walzen-, Keil- und Ornamentenschliff, Brillant- und Stein- oder Steindelschliff. Seltener sind die Bearbeitungsformen Riß, Ätzen und Gravuren, bei denen mit Nadeln Ornamente in die Glasoberfläche geritzt werden. Am Schluß der Bearbeitung werden die Stücke poliert. Zu allen Zeiten wurden aber auch Stücke nur einfach bemalt. Eine engl. Art der Dekorierung waren eingestochene Luftblasen, oder zu Spiralen langgezogene und gewundene Luftblasen, die oft auch mit weißen und farbigen Emaillebändern kombiniert wurden. Berühmt wurden die Engländer aber erst durch den Schliff ihres Bleikristalls, der ab Mitte des 18. Jh. zur

höchsten Perfektion entwickelt wurde. Vom Quer- über den Längsschliff, zum Brillant-, Stein- oder Steindelschliff beherrschten sie die Technik und beeinflußten dadurch neben Böhmen und Venedig entscheidend das übrige Europa.

4. Glas-Pflege: Unbemalte Stücke kurz in ein Bad aus 5%iger Salpetersäure eintauchen und dann die Oberfläche mit reinem Metrakrylot überziehen; die Oberfläche wird dadurch fester. Kostbare Gläser müssen immer vor Temperaturwechsel geschützt werden. Besonders Feuchtigkeit und starke Sonne schaden ihnen.

GLASTONBURY CHAIR. Faltsessel aus Eiche mit massiver, manchmal mit Schnitzwerk verzierter Rückenlehne; die Armlehnen laufen diagonal von den oberen Ecken der Rückenlehne zu den vorderen Ecken der Sitzfläche. Vielleicht nach der Abtei Glastonbury benannt.

GLOBE STAND. Weltkugelhalter, ein beliebtes Accessoire des 18. Jh., meist als geschnitzter > Tripod, der die rotierende Weltkugel hielt.

GOBLET. Ein kleiner Silberkelch.

GOLDVERZIERUNG. > Gesso.

GOLDREGENHOLZ. Kam zwischen 1700 und 1730 in Mode, wurde quer zur Maserung geschnitten, um die dekorative Zeichnung dieses Holzes zu vervielfachen.

GOOSENECK. Ein zweifach gebogener Ziergiebel an Möbeln des 18. Jh. Er ist auch als > Broken Arch oder > Swan Neck Pediment bekannt.

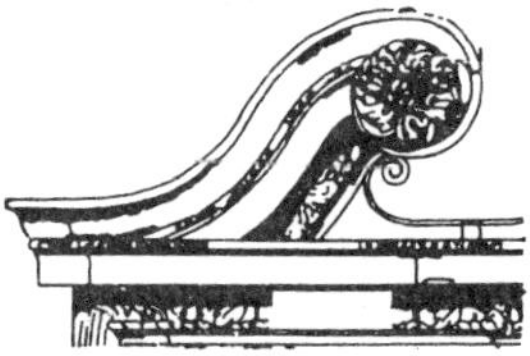

GOULD, John. Zeichner und Lithograph in London, spezialisiert auf Vogeldarstellungen, 1832–1875.

GOUTILLOCHE. Eine klassische, architektonische Borde, zusammengesetzt aus einer Reihe fortlaufender Rosen, umgeben von einem gewundenen Band. Diese Borde wurde als geschnitzte Dekoration an Möbeln verwendet.

GRAHAM, George. Uhrmachermeister während der späten Stuart- und der frühen georgianischen Periode.

GRAINED FURNITURE. Billige dunle Möbel des späten 19. Jh., die bemalt und künstlich gemasert wurden, um Eiche zu imitieren.

GRAINING. Eine gemalte Imitation der Holzmaserung. Oft wird die Maserung eines teuren oder seltenen Holzes auf ein weniger teures oder einfacheres Holz aufgemalt.

GRANDFATHER CHAIR. Ein großer wuchtiger, gepolsterter Ohrensessel des 17. Jh. Er war in der Queen Anne Period besonders beliebt (> Wing Chair).

GRANDFATHER CLOCKS. Long-Case Clocks, große Standuhren zwischen 1,90 und 2,50 m hoch. Vor 1740 hat man Grandfather Clocks auch aus Walnut hergestellt. Die Uhren, die von

Beispiele Georgian Grandfather Clocks

Londoner, aber auch von hervorragenden provinziellen Uhrmachern hergestellt wurden, waren bis 1740 gewöhnlich mit Nußbaum, später dann mit Mahagoni furniert. Mahagoni-Clocks haben oft Intarsien, sind wuchtiger und im Zifferblatt breiter als Eichen-Clocks. Auch lackierte Gehäuse waren bis 1760 sehr beliebt. Auf dem Lande war Eiche das meist verwendete Material für Uhrengehäuse, doch selbst so bedeutende Hersteller, wie Thomas TOMPION verwendete gelegentlich dieses Holz.

Kriterien, die – außer der Schönheit des Holzes – etwas über den Preis einer Grandfather Clock aussagen, sind das Zifferblatt und das Uhrwerk. Man unterscheidet die Zifferblätter nach ihrer Form und nach dem Material. Messingzifferblätter sind meist quadratisch und, bedingt durch ihre seltenere Herstellung, teuer. Die bemalten Emailleziffernblätter schließen häufig nach oben halbrund ab. In dieser Rundung ist ein Mondphasen- oder Kalenderwerk eingebaut.
Die meisten Uhrmacher haben ihre Uhren signiert, wodurch eine Bestimmung des Alters sehr leicht ist.
Bei der Laufdauer der Grandfather Clock gibt es eine grobe Unterscheidung: Der geläufigste Uhrentyp lief acht Tage lang ohne Aufziehen und schlug jede Stunde. Im oberen Teil des Zifferblattes ist ein unabhängiger Sekundenzeiger zu sehen; in dem kleinen, quadratischen Feld in der unteren Hälfte wird der Wochentag angezeigt. Die 8-Tage-Werke weisen im Zifferblatt zwei Vierkante auf, und das Aufziehen geschieht durch einen Schlüssel. Eine weniger kostspielige Ausführung, die vor allem von ländlichen Uhrmachern bevorzugt wurde, lief nur dreißig Stunden; sie mußte jeden Tag aufgezogen werden. Solche Uhren wurden nicht durch einen Schlüssel aufgezogen, sondern dadurch, daß man die Kette, an der das Gewicht hing, nach oben zog. Das Gewicht hielt Uhr- und Schlagwerk in Betrieb.

Einkaufstips: 1. Beim Kauf einer Grandfather Clock sollte man darauf achten, daß die Uhr auch in Ordnung gebracht worden ist. Denn obwohl die Uhrwerke technisch nicht sehr kompliziert sind, finden sich kaum Uhrmacher, die Zeit, Lust und Geduld haben, eine solche Uhr zu reparieren, zumal alle fehlenden oder verschlissenen Teile handwerklich hergestellt werden müssen.

2. Die empfehlenswerte Standuhr sollte aus der Zeit nach 1760 stammen:

Danach war das Herstellungsverfahren von Uhrwerken schon sehr vereinfacht und vereinheitlicht, so daß die Werke technisch nicht sehr kompliziert sind.

3. In dem Buch „Watchmakers & Clockmakers of the World" von G. H. BAILLIE findet man Angaben und Daten von 36.000 Uhrmachern.

GRANDMOTHER CLOCK. Ausdruck des 20. Jh. für eine kleinere Standuhr, in der Höhe etwa 2/3 der > Grandfather Clock.

GRAPHIK. Es gibt vier verschiedene Druckverfahren, um eine Graphik herzustellen:

1. Hochdruck (Holzschnitt, Holzstich, Linolstich, Montagedruck). Der Druck erfolgt über die eingefärbten Stellen der Druckform auf den Bildträger. Die zu druckenden Teile werden aus dem Druckträger herausgearbeitet.

2. Tiefdruck (Kupferstich, Schabkunst, Radierung, Ätzung, Kalte Nadel, Crayon-Manier, Vernis mou, Aquatinta, Prägedruck). Beim Tiefdruck werden Linien oder Flächen in eine Metallplatte hineinvertieft. Die Farbe sitzt dann nur in den vertieften Partien und kann unter starkem Druck der Presse auf das Papier abgegeben werden.

3. Flachdruck (Lithographie). Im Flachdruck liegen druckende und nichtdruckende Teile in einer Ebene. Das Verfahren beruht dann darauf, daß Fett und Wasser einander abstoßen.

4. Durchdruck (Siebdruck). Ein festes Gewebe aus Seide, Perlon, Nylon, Glasbatist oder feinem Kupferdraht wird als Sieb auf einen Holzrahmen gespannt und auf das zu druckende Papier gesetzt.

GRIFFIN. Fabeltier der Klassik. Kopf und Schwingen des Adlers kombiniert mit Körper, Beinen und Schwanz des Löwen. Als Dekoration, oft geschnitzt, wurde es gern von > ADAM und bei > Regency-Stücken verwendet.

H

HAIG, Thomas, Engl. Cabinetmaker des späten 18. Jh., Zeitgenosse CHIPPENDALES, mit dem er auch zusammenarbeitete.

HALL CHAIR. Stuhl der Tudorzeit, stand in der Wohnhalle des Hauses, war oft für den Hausherrn reserviert. Sehr dekorativer Rücken, z.B. mit Schnitzereien oder eingelegten Kacheln.

HALL TABLE. Länglicher Tisch, der als Garderobenablage verwendet wurde.

HALLETT, William. 1701–81. Bekannter engl. Möbelschreiner, ab 1753 in der St. Martin's Lane in London. Er stellte Möbel für verschiedene Adlige her, kam dadurch zu Wohlstand, so daß er sich 1745 vom Herzog von Chandos den Landsitz Canons in Whitchurch in Middlesex kaufen konnte.

HALLMARK. Offizieller Stempel, der über die Qualität von Metallarbeiten Auskunft gibt, > Silver.

HANCOCK, Robert. 1730–1817. Erfinder des Umdruckverfahrens für die Porzellan- und Steingutdekoration, arbeitete bei der > Worcester-Manufaktur, wo er zeitweise Anteilseigner war.

SILVER HALLMARKS LONDON

Year	Letter	Year	Letter	Year	Letter	Year	Letter
1558	a	1578	A	1598	A	1618	a
1559	b	1579	B	1599	B	1619	b
1560	c c	1580	C	1600	C	1620	c
1561	d	1581	D	1601	D	1621	d
1562	e	1582	E	1602	E	1622	e
1563	f	1583	F	1603	F	1623	f
1564	g	1584	G	1604	G	1624	g
1565	h	1585	H	1605	H	1625	h
1566	i	1586	I	1606	I	1626	i
1567	k k	1587	K	1607	K	1627	k
1568	l	1588	L	1608	L	1628	l
1569	m	1589	M	1609	M	1629	m
1570	n	1590	N	1610	N	1630	n
1571	o	1591	O	1611	O	1631	o
1572	p	1592	P	1612	P	1632	p
1573	q	1593	Q	1613	Q	1633	q
1574	r	1594	R	1614	R	1634	r
1575	s s	1595	S	1615	S	1635	s
1576	t	1596	T	1616	T	1636	t
1577	v	1597	V	1617	V	1637	v

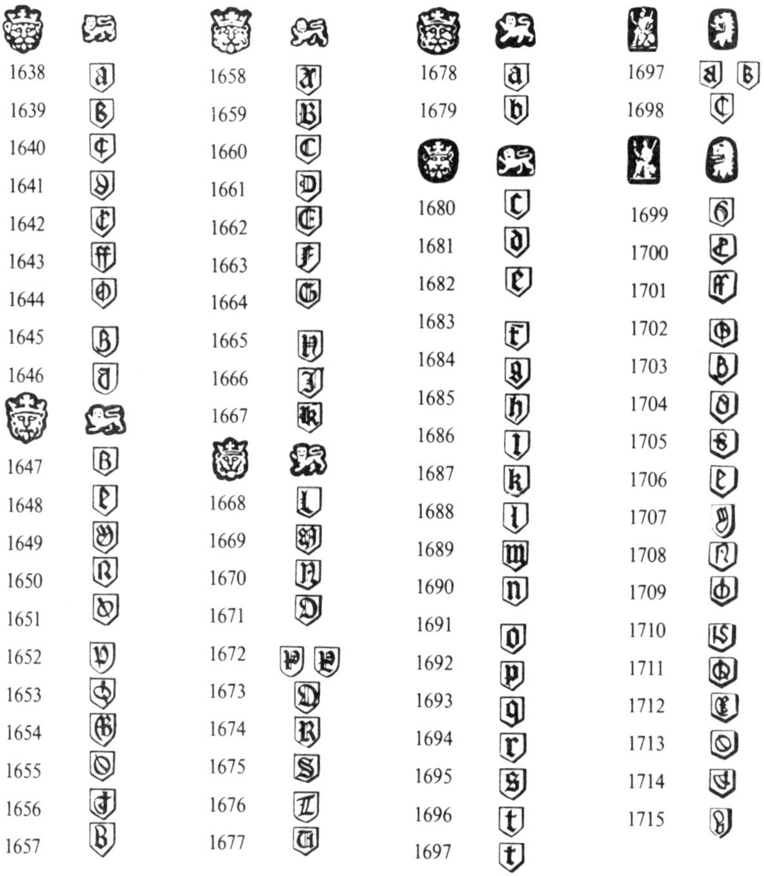
1638
1639
1640
1641
1642
1643
1644
1645
1646
1647
1648
1649
1650
1651
1652
1653
1654
1655
1656
1657
1658
1659
1660
1661
1662
1663
1664
1665
1666
1667
1668
1669
1670
1671
1672
1673
1674
1675
1676
1677
1678
1679
1680
1681
1682
1683
1684
1685
1686
1687
1688
1689
1690
1691
1692
1693
1694
1695
1696
1697
1697
1698
1699
1700
1701
1702
1703
1704
1705
1706
1707
1708
1709
1710
1711
1712
1713
1714
1715

SILVER HALLMARKS LONDON

Year	Letter	Year	Letter	Year	Letter	Year	Letter
1716	A	1736	a	1756	A	1776	a
1717	B	1737	b	1757	B	1777	b
1718	C	1738	c	1758	C	1778	c
1719	D	1739	d	1759	D	1779	d
1720	E	1740	e	1760	E	1780	e
1721	F	1741	f	1761	F	1781	f
1722	G	1742	g	1762	G	1782	g
1723	H	1743	h	1763	H	1783	h
1724	I	1744	i	1764	I	1784	i
1725	K	1745	k	1765	K	1785	k
1726	L	1746	l	1766	L	1786	l
1727	M	1747	m	1767	M	1787	m
1728	N	1748	n	1768	N	1788	n
1729	O	1749	o	1769	O	1789	o
1730	P	1750	p	1770	P	1790	p
1731	Q	1751	q	1771	Q	1791	q
1732	R	1752	r	1772	R	1792	r
1733	S	1753	s	1773	S	1793	s
1734	T	1754	t	1774	T	1794	t
1735	V	1755	u	1775	U	1795	u

1796	A
1797	B
1798	C
1799	D
1800	E
1801	F
1802	G
1803	H
1804	I
1805	K
1806	L
1807	M
1808	N
1809	O
1810	P
1811	Q
1812	R
1813	S
1814	T
1815	U

1816	a
1817	b
1818	c
1819	d
1820	e

1821	f
1822	g
1823	h
1824	i
1825	k
1826	l
1827	m
1828	n
1829	o
1830	p
1831	q
1832	r
1833	s
1834	t 
1835	u

1836	A
1837	B
1838	C 
1839	D
1840	E
1841	F
1842	G
1843	H
1844	I
1845	K
1846	L
1847	M
1848	N
1849	O
1850	P
1851	Q
1852	R
1853	S
1854	T
1855	U

1856	a
1857	b
1858	c
1859	d
1860	e
1861	f
1862	g
1863	h
1864	i
1865	k
1866	l
1867	m
1868	n
1869	o
1870	p
1871	q
1872	r
1873	s
1874	t
1875	u

SILVER HALLMARKS LONDON

1876	A
1877	B
1878	C
1879	D
1880	E
1881	F
1882	G
1883	H
1884	I
1885	K
1886	L
1887	M
1888	N
1889	O
1890	P
1891	Q
1892	R
1893	S
1894	T
1895	U

1896	a
1897	b
1898	c
1899	d
1900	e
1901	f
1902	g
1903	h
1904	i
1905	k
1906	l
1907	m
1908	n
1909	o
1910	p
1911	q
1912	r
1913	s
1914	t
1915	u

1916	a
1917	b
1918	c
1919	d
1920	e
1921	f
1922	g
1923	h
1924	i
1925	k
1926	l
1927	m
1928	n
1929	o
1930	p
1931	q
1932	r
1933	s
1934	t
1935	u

1936	A
1937	B
1938	C
1939	D
1940	E
1941	F
1942	G
1943	H
1944	I
1945	K
1946	L
1947	M
1948	N
1949	O
1950	P
1951	Q
1952	R
1953	S
1954	T
1955	U

1956	a
1957	b
1958	c
1959	d
1960	e
1961	f
1962	g
1963	h
1964	i
1965	k
1966	l
1967	m
1968	n
1969	o
1970	p
1971	q
1972	r
1973	s
1974	t
1975	A
1976	B
1977	C

1773 E
1774 F
1775 N
1776 R
1777 H
1778 S
1779 A
1780 T
1781 D
1782 G
1783 B
1784 I
1785 Y
1786 k
1787 T
1788 W
1789 M
1790 L
1791 P
1792 U
1793 J
1794 m
1795 q
1796 Z
1797 X
1798 V

1799 E
1800 N
1801 H
1802 M
1803 F
1804 G
1805 B
1806 A
1807 S
1808 P
1809 K
1810 L
1811 C
1812 D
1813 R
1814 W
1815 O
1816 T
1817 X
1818 I
1819 V
1820 Q
1821 Y
1822 Z
1823 U

1824 a
1825 b
1826 c
1827 d
1828 e
1829 f
1830 g
1831 h
1832 k
1833 l
1834 m
1835 p
1836 q
1837 r
1838 s
1839 t
1840 u
1841 v
1842 x
1843 z

1844 A
1845 B
1846 C
1847 D
1848 E
1849 F
1850 G
1851 H
1852 I
1853 K
1854 L
1855 M
1856 N
1857 O
1858 P
1859 R
1860 S
1861 T
1862 U
1863 V
1864 W
1865 X
1866 Y
1867 Z

SILVER HALLMARKS SHEFFIELD

1868	A
1869	B
1870	C
1871	D
1872	E
1873	F
1874	G
1875	H
1876	J
1877	K
1878	L
1879	M
1880	N
1881	O
1882	P
1883	Q
1884	R
1885	S
1886	T
1887	U
1888	V
1889	W
1890	X
1891	Y
1892	Z
1893	a
1894	b
1895	c
1896	d
1897	e
1898	f
1899	g
1900	h
1901	i
1902	k
1903	l
1904	m
1905	n
1906	o
1907	p
1908	q
1909	r
1910	s
1911	t
1912	u
1913	v
1914	w
1915	x
1916	y
1917	z
1918	a
1919	b
1920	c
1921	d
1922	e
1923	f
1924	g
1925	h
1926	i
1927	k
1928	l
1929	m
1930	n
1931	o
1932	p
1933	q
1934	r
1935	s
1936	t
1937	u
1938	v
1939	w
1940	x
1941	y
1942	z
1943	A
1944	B
1945	C
1946	D
1947	E
1948	F
1949	G
1950	H
1951	I
1952	K
1953	L
1954	M
1955	N
1956	O
1957	P
1958	Q
1959	R
1960	S
1961	T
1962	U
1963	V
1964	W
1965	X
1966	Y
1967	Z
1968	A
1969	B
1970	C
1971	D
1972	E
1973	F
1974	G
1975	A
1976	B
1977	C

SILVER HALLMARKS BIRMINGHAM

1773	A
1774	B
1775	C
1776	D
1777	E
1778	F
1779	G
1780	H
1781	I
1782	K
1783	L
1784	M
1785	N
1786	O
1787	P
1788	Q
1789	R
1790	S
1791	T
1792	U
1793	V
1794	W
1795	X
1796	Y
1797	Z

1798	a
1799	b
1800	c
1801	d
1802	e
1803	f
1804	g
1805	h
1806	i
1807	j
1808	k
1809	l
1810	m
1811	n
1812	o
1813	p
1814	q
1815	r
1816	s
1817	t
1818	u
1819	v
1820	w
1821	x
1822	y
1823	z

1824	A
1825	B
1826	C
1827	D
1828	E
1829	F
1830	G
1831	H
1832	I
1833	K
1834	L
1835	M
1836	N
1837	O
1838	P
1839	Q
1840	R
1841	S
1842	T
1843	U
1844	V
1845	W
1846	X
1847	Y
1848	Z

1849	A
1850	B
1851	C
1852	D
1853	E
1854	F
1855	G
1856	H
1857	I
1858	J
1859	K
1860	L
1861	M
1862	N
1863	O
1864	P
1865	Q
1866	R
1867	S
1868	T
1869	U
1870	V
1871	W
1872	X
1873	Y
1874	Z

SILVER HALLMARKS BIRMINGHAM

1875	a
1876	b
1877	c
1878	d
1879	e
1880	f
1881	g
1882	h
1883	i
1884	k
1885	l
1886	m
1887	n
1888	o
1889	p
1890	q

1891	r
1892	s
1893	t
1894	u
1895	v
1896	w
1897	x
1898	y
1899	z

1900	a
1901	b
1902	c
1903	d
1904	e
1905	f
1906	g
1907	h
1908	i
1909	k
1910	l
1911	m
1912	n
1913	o
1914	p
1915	q
1916	r
1917	s
1918	t
1919	u
1920	v
1921	w
1922	x
1923	y
1924	z

1925	A
1926	B
1927	C
1928	D
1929	E
1930	F
1931	G
1932	H

1933	J
1934	K
1935	L

1936	M
1937	N
1938	O
1939	P
1940	Q
1941	R
1942	S
1943	T
1944	U
1945	V
1946	W
1947	X
1948	Y
1949	Z

1950	A
1951	B
1952	C
1953	D
1954	E
1955	F
1956	G
1957	H
1958	J
1959	K
1960	L
1961	M
1962	N
1963	O
1964	P
1965	Q
1966	R
1967	S
1968	T
1969	U
1970	V
1971	W
1972	X

1973	Y

1974	Z

1975	A
1976	B
1977	C

Year	Date letter
1864	a
1865	b
1866	c
1867	d
1868	e
1869	f
1870	g
1871	h
1872	i
1873	k
1874	l
1875	m
1876	n
1877	o
1878	p
1879	q
1880	r
1881	s
1882	t
1883	u
1884	A
1885	B
1886	C
1887	D
1888	E
1889	F
1890	G
1891	H
1892	I
1893	K
1894	L
1895	M
1896	N
1897	O
1898	P
1899	Q
1900	R
1901	A
1902	B
1903	C
1904	D
1905	E
1906	F
1907	G
1908	H
1909	I
1910	K
1911	L
1912	M
1913	N
1914	O
1915	P
1916	Q
1917	R
1918	S
1919	T
1920	U
1921	V
1922	W
1923	X
1924	Y
1925	Z
1926	a
1927	b
1928	c
1929	d
1930	e
1931	ff
1932	g
1933	h
1934	i
1935	k
1936	l
1937	m
1938	n
1939	o
1940	p
1941	q
1942	r
1943	s
1944	t
1945	u
1946	v
1947	w
1948	X
1949	Y
1950	Z
1951	A
1952	B
1953	C
1954	D
1955	E
1956	F
1957	G
1958	H
1959	J
1960	K
1961	L
1962	M

SILVER HALLMARKS EDINBURGH

1857	A
1858	B
1859	C
1860	D
1861	E
1862	F
1863	G
1864	H
1865	I
1866	K
1867	L
1868	M
1869	N
1870	O
1871	P
1872	Q
1873	R
1874	S
1875	T
1876	U
1877	V
1878	W
1879	X
1880	Y
1881	Z

1882	a
1883	b
1884	c
1885	d
1886	e
1887	f
1888	g
1889	h
1890	i

1891	k
1892	l
1893	m
1894	n
1895	o
1896	p
1897	q
1898	r
1899	s
1900	t
1901	u
1902	w
1903	x
1904	y
1905	z

1906	A
1907	B
1908	C
1909	D
1910	E
1911	F
1912	G
1913	H
1914	I
1915	K
1916	L
1917	M
1918	N
1919	O
1920	P
1921	Q
1922	R
1923	S
1924	T
1925	U
1926	V
1927	W
1928	X
1929	Y
1930	Z

1931	A
1932	B
1933	C
1934	D
1935	E
1936	F
1937	G
1938	H
1939	I
1940	K
1941	L
1942	M
1943	N
1944	O
1945	P
1946	Q
1947	R
1948	S
1949	T
1950	U
1951	V
1952	W
1953	X
1954	Y
1955	Z

1956	A
1957	B
1958	C
1959	D
1960	E
1961	F
1962	G
1963	H
1964	I
1965	K
1966	L
1967	M
1968	N
1969	O
1970	P
1971	Q
1972	R
1973-4	S

1975	A
1976	B
1977	C

HANDLES. Beschläge, Griffe an Schubladen oder Möbeltüren. Ursprünglich wurden bei den Gebrauchsmöbeln die teuren Bronzebeschläge eingespart. Man verwendete Holzknöpfe, die mit Holzgewinden in die Vorderseite der Schubladen eingeschraubt wurden. Aus der Form und dem Material des Handles läßt sich auf das Alter der Möbelstücke schließen. Wenn man heute neue Beschläge hat, in der Schubladeninnenseite aber noch Reste von abgesägten Holzknöpfen vorfindet, stammt das Möbelstück aus der Georgian oder Victorian Period. Die Kopien von alten Beschlägen werden heute mit neuen Eisengewinden und vier- oder sechseckigen Muttern befestigt. Früher gab es nur Messinggewinde mit einer runden Messingmutter.
Auch die Farbe der alten Messingbeschläge war gegenüber den heutigen anders, denn ein höherer Kupferanteil bewirkte eine leichte grünliche Verfärbung.

HANGING CUPBOARD. > Cupboards.

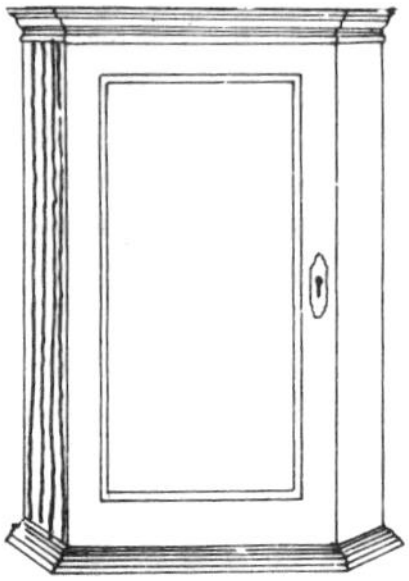

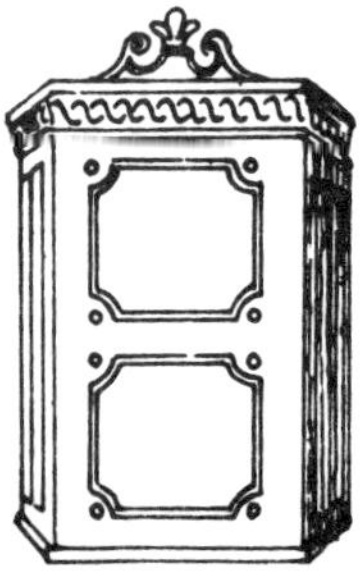

HANGING LAMPS. Heute sind in England meist nur noch viktorianische erhältlich.

HANGING SHELF. Wandbretter als Bücherborde oder für Displayzwecke (Porzellan, Silber). In England im späten 17. Jh. und während des ganzen 18. Jh. sehr beliebt. > CHIPPENDALE entwarf chinesische und gotische For-

HANDLES*)

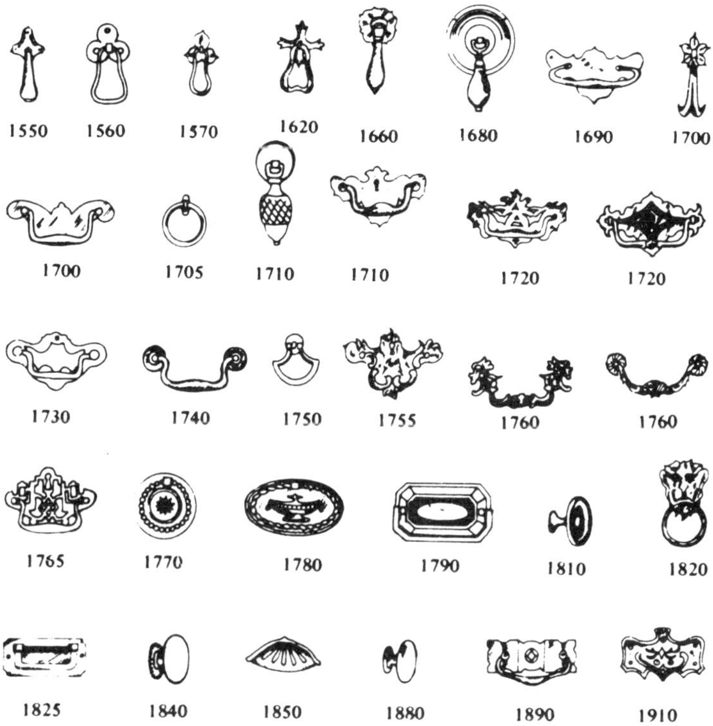

1550 Tudor drop handle.
1560 Early Stuart loop.
1570 Early Stuart loop.
1620 Early Stuart loop.
1660 Stuart drop.
1680 Stuart drop.
1690 William & Mary solid backplate.
1700 William & Mary split tail.

1700 Queen Anne solid backplate.
1705 Queen Anne ring.
1710 Acorn drop.
1710 Queen Anne loop.
1720 Early Georgian pierced.
1720 Early Georgian brass drop.
1730 Cut away backplate.
1740 Georgian plain brass loop.

1750 Georgian shield drop.
1755 French style.
1760 French style.
1760 Rococo style.
1765 Chinese style.
1770 Georgian ring.
1780 Late Georgian stamped.
1790 Late Georgian stamped.

1810 Regency knob.
1820 Regency lions mask.
1825 Campaign.
1840 Early Victorian porcelain.
1850 Victorian reeded.
1880 Porcelain or wood knob.
1890 Late Victorian loop.
1910 Art Nouveau.

*) aus THE ANTIQUE DEALERS POCKET BOOK, LYLE PUBLICATIONS 1972

men. Im viktorianischen Zeitalter nannte man die hanging shelves auch gern > Whatnot oder > Knickknack.

Hanging Shelf
von Chippendale
(alte Werkstattzeichnung)

HAREWOOD. Ein cremig-weißes Holz, engl. Sycamore, das später silbergrau nachdunkelt. Wurde hauptsächlich in der zweiten Hälfte des 18. Jh. in vielseitiger Form gern zu Furnieren verarbeitet.

HARLEKIN TABLE. Tisch, der in der Mitte einen Aufbau mit verschiedenen sichtbaren oder geheimen Fächern und Schubladen über und unter der Tischplatte (> Pigeon holes) hat. HARLEKIN- oder HARLEQUIN-

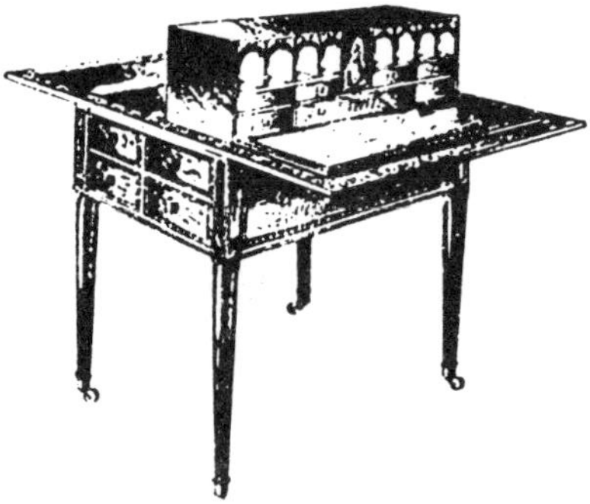

Tables wurden aber auch die Spieltische genannt, mit denen verschiedene Spiele möglich waren.

HARRIS, John. 1798–1857. Engl. Maler und Radierer, spezialisiert auf Sportdarstellungen in Aquatinta und Litographie, auch Farbstiche.

HARRISON, John. Uhrmachermeister während der späten Stuart- und frühen georgianischen Periode.

HARTHOLZKORPUS. Ein Korpus aus Mahagoni, Eiche oder Buche, wie sie früher fast ausschließlich verwendet wurden. Darauf kam dann ein mindestens 2 mm starkes Furnier. Ein Hartholzkorpus arbeitete nicht so stark wie die heutigen, die aus Weichholz gefertigt werden, z. B. Fichte.

HAYSTACK MEASURES. Kleine Meßkrüge, meist in Zinn (> Pewter).

HEART-SHAPED-CHAIR-BACK. Eine für Stühle im HEPPLEWHITE-Stil charakteristische Stuhllehne mit herzförmigem Umriß, Design aus dem 18. Jh.

Heart-Shaped
Stuhlrücken

HEATH, Charles. Hofkupferstecher in London 1784-1848, erfand 1820 den Stahlstich. Verlegte Reiseführer mit Stahlstichen.

HEIZUNGSSCHÄDEN. Zu trockene Luft in den Räumen bewirkt sehr leicht ein Reißen der alten engl. Möbel, die oft ein Jh. irgendwo in einem feuchten Speicher gestanden haben. Überhaupt: in England ist die Luftfeuchte wesentlich höher als auf dem Kontinent. Selbst Luftbefeuchter können nur bedingt solche Risse vermeiden.

HEPPLEWHITE, George. Engl. > Cabinetmaker, gest. 1786, war für seine zahlreichen Stuhlentwürfe und deren sorgfältige handwerkliche Ausführung bekannt. 1788 veröffentlichte er sein Buch „Cabinetmaker's and Upholsterer's Guide". Was in diesem Buch als HEPPLEWHITE-Stil veröffentlicht wird, ist in Wahrheit vereinfachter ADAM-Stil: alle vorher beschriebenen Merkmale des klassischen Möbels gelten auch für die Möbel, die aus HEPPLEWHITE'S Werkstatt kamen oder nach Zeichnungen seines Buches hergestellt wurden. Insofern erhebt H. keinen Anspruch auf große Originalität, verband aber seinen Namen mit dem etwas übertriebenen und überladenen Möbeltyp des späten 18. Jh. Sein Ziel war, „Eleganz mit Nützlichkeit zu verbinden".

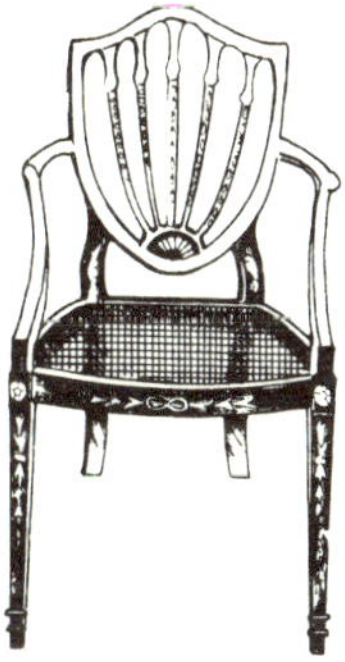

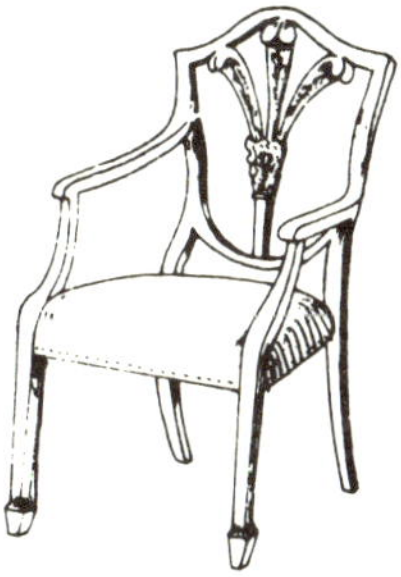

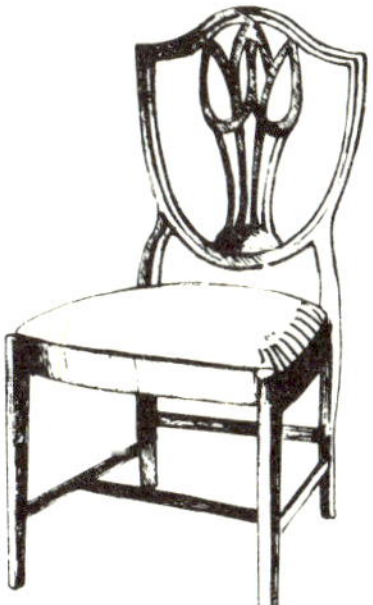

HERRING BONE. Fischgrätartig gesetzte Bandintarsie.

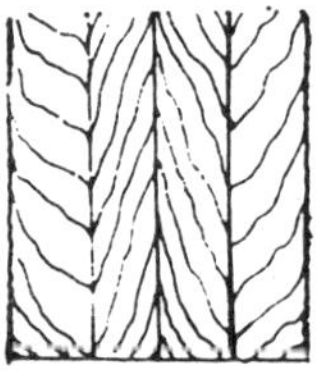

HIGHBOY. Amerikanische Bezeichnung für > Tallboy bzw. > Chest-on-Chest, während der William und Mary Periode erfundene Form: eine hohe Kommode, die auf einem > Dressingtable aufgebaut wurde. Der Name kommt möglicherweise aus dem Französischen „hautbois" (hohes Holz).

Georgian Highboys

HINGE. Türscharnier aus Metall.

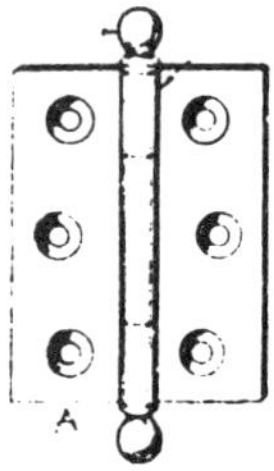

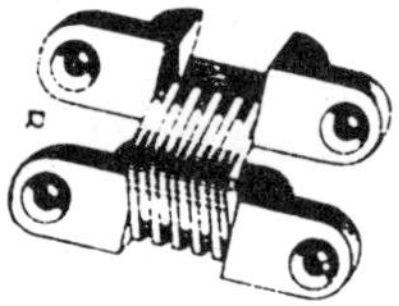

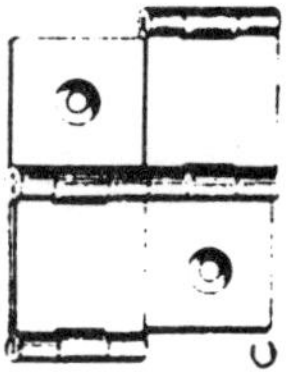

HIRNHOLZFURNIER. > Veneer, > Oysterveneer aus Nußbaum, Oliven und Goldregenholz. Hauptsächlich zu Beginn des 18. Jh. in Mode.

HOCKED LEG. Geschwungenes Stuhl- oder Tischbein, ähnlich einem Tierbein.

HOGARTH, William. Berühmter engl. Zeichner und Kupferstecher, London 1697-1764, verspottete die Laster und Schwächen der Menschen. Seine Stiche erschienen 1720-1764 und wurden bis 1870 kopiert.

HOGARTH CHAIR. Ein verzierter Queen-Anne-Stuhl mit schwerem, wuchtigen Knie an den vorderen Stuhlbeinen und leichten > Cabriole Legs hinten. Die Rückenlehne hat einen Mittelsteg, oft durchbrochen, typisch, für Queen-Anne-Stil.

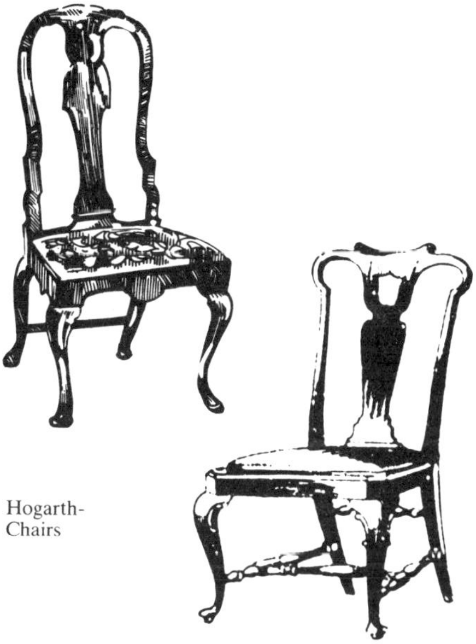

Hogarth-Chairs

HOLZ. > Wood. Je dichter und feiner die Struktur des Holzes, je schöner die Zeichnung, um so wertvoller auch das Möbel. Früher wurden dickere, handgesägte Furniere verwendet, mindestens 2 mm dick, heute sind dünne Schälfurniere üblich. Bei alten Stücken ist der Korpus (unter dem Furnier) aus Hartholz (Mahagoni, Eiche oder Buche), bei neueren Stücken aus Weichholz (z. B. Fichte).

HOLLAND & CO. Eine der führenden Möbelfirmen der viktorianischen Zeit. Sie lieferte Mobiliar für die königliche Familie, den Herzog von Wellington und Sir Robert Peel, ebenso für die Regierung.

HOLLAR, Wenceslaus H. 1640–1677 in London, geboren in Prag, Berühmter Kupferstecher und Radierer, Schüler von Matthäus Merian. Er fertigte über 2400 Radierungen mit Städteansichten, Landkarten, Trachten, Schiffen etc.

HOLZKNÖPFE. Früher wurden viel Holzknöpfe verwendet, ehe die Mode Messingbeschlägee diktierte. Wenn man alte Knöpfe (z. B. bei Chests) findet, kann das eine Wertsteigerung bedeuten, obwohl man Holzknöpfe vorwiegend nur bei einfachen Gebrauchsmöbeln verwendete.

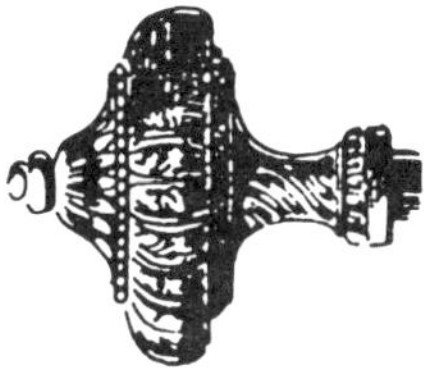

HONDIUS, Joducus. Holländischer Name: Josse de Hondt (Gent 1563 bis 1611 Den Haag). Berühmter Kupferstecher und Kartograph, arbeitete 1584 1593 in London, ab 1595 in Amsterdam. Er gab die Atlanten von Mercator in erweiterter Neuauflage heraus. Sein Sohn Hendrik = Henricus (London 1588-1658), sein Schwiegersohn Joannes Jansson und sein Enkel Hendrik führten die Firma fort.

HOOF FOOT. Hufförmiger Fuß, der an den frühen, wahrscheinlich originalen > Cabriole Legs verwendet wurde. Der franz. Name dafür war pied-de-biche.

HOPE, Thomas. Engl. Kunstkenner 1769–1831. Sammler von griechischen und ägyptischen Antiquitäten und Amateurdesigner. Für sein Haus in London entwarf er einige Möbel mit römischen, griechischen und agyptischen Formen und Motiven. 1807 veröffentlichte er sein Buch „Household Furniture and Interior Decoration“. Sein Möbelstil war für das Regency bedeutend und wurde oft kopiert.

HOWITT, Samuel. Tiermaler und Kupferstecher, um 1765-1822 London.

HULLMANDEL, Charles Joseph. London 1789-1850; erlernte bei Senefelder die Litographie und führte sie 1818 in England ein. Ab 1833 Farblitographien, ab 1840 aus eigener Erfindung Lithotinten. Als geschickter Zeichner übertrug er Vorlagen berühmter Künstler auf den Stein.

HUNTING TABLE. Ein schwerer, länglicher Tisch aus Mahagoni, auf dem während der Totenwache der Sarg stand (> Wakes Table). Weil Wakes Table zu makaber klingt, nennt man ihn heute Hunting Table.

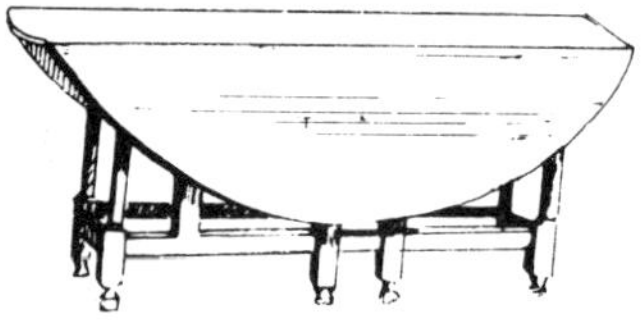

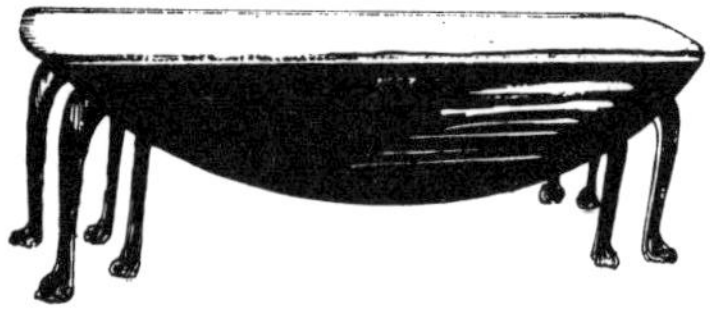

HUTCH. Weiter Begriff für einen schrankähnlichen, geschlossenen Kasten. Er stand meist auf Füßen und konnte zur Aufbewahrung verschiedenster Gegenstände dienen; oft für Lebensmittel (food-hutch), dann mit durchbrochenen Türen zur Luftzirkulation.

I

IMARI. Nach dem japan. Seehafen-Imari genanntes japan. Export-Porzellan, reiche Muster in blau, gold und rot. In England sehr beliebt und von vielen gesammelt. > China.

Pair of Imari Vases

Imari Vase

Imari Teller

INCE, William. Engl. Möbeldesigner, der zusammen mit John MAYHEW eine Schreinerei gründete, die in der georgianischen Periode großes Ansehen genoß. Von 1759 an gaben sie in Teilen ein Buch mit Entwürfen heraus, das 1762 in einer Sammalausgabe unter dem Titel „The Universal System of Household Furniture" erschien. Dieses Buch war der größte Konkurrent des „Director" von > CHIPPENDALE. Das Unternehmen hatte seine Werkstatt in London (Broad Street am Carneby Market) und bestand bis etwa 1810.

INKSTAND. Ein Gestell mit Tintenfaß, meist aus Messing (> Brass) oder Silber (> Silver).

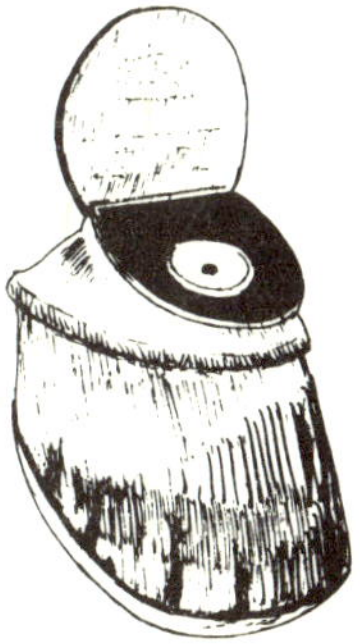

INLAY. Einlegearbeit (Intarsie) aus Holzfurnier oder Metall in massivem Holz. Gegensatz dazu Marketerie (>Marquetry), bei der das Furnier aufgeleimt wird. Ca. 1670 kam aus Holland die Technik des Furnierens mit verschiedenen Hölzern, Metallen und Elfenbein (>Veneer).

INN SIGN. > Tavern Sign.

Inn Sign (aus LYLE)

INSERTION LEAVES. Einlegeplatten von > D-End-Tables, die mit > Table Forks zusammengehalten werden.

INTARSIEN. > Inlay.

INTERRUPTED ARCH. Ein in der Mitte unterbrochener Bogen, der als Verzierung auf > Bookcases, > Tallboys, > Bureau Bookcases aufgesetzt war (> Broken Pediment, > Swan Neck Pediment).

IRISH CHIPPENDALE. Mahagoni-Möbel, die Mitte des 18. Jh. in Irland nach CHIPPENDALE-Zeichnungen hergestellt wurden, oft verziert mit Löwenmasken und Tatzenfüßen.

IRONSTONE. Ein Hartsteingut, das C. J. MASON 1813 patentieren ließ. Soll Eisenschlacke enthalten. Es wurde gern für besonders große Gegenstände verwendet, wie große Platten und Bodenvasen. Aber nicht nur der Erfinder verwendete es, auch von vielen Töpfereien wurde es hergestellt.

IRONWOOD. Olivenholz aus Südafrika, das außergewöhnlich hart ist.

IVORY (Elfenbein), wurde oft als Intarsie oder als Umrandung von Schlüssellöchern (Victorian 1830–1901) verwendet.

J

JACOBEAN. Periode der engl. Architektur und Möbelkunst von 1603 bis 1649, zur Zeit der Regierung von James I. und Charles I. Tudor-Designs und Motive der engl. Renaissance wurden in dieser Periode verschmolzen.

Jacobean Stil

JANSSONIUS, Guilielmus. Lateinischer Geburtsname des Kartographen W. J. BLAEU, den er bis 1618 gebrauchte (> William JOHNSON).

JAPANNING. Roter oder schwarzer Lack mit Asphaltbeimischungen, der in mehreren Lagen auf Holz oder > Gessogrund aufgetragen, geschliffen und poliert wurde. Auf diese Art erreichte man einen gewünschten japanischen Effekt.

JARDINIÈRE. Pflanzencontainer, Pflanzenständer oder Blumenkrippe aus Holz, Metall oder Porzellan. Von großer Eleganz im Design, kam gegen Ende des 18. Jh. auf.

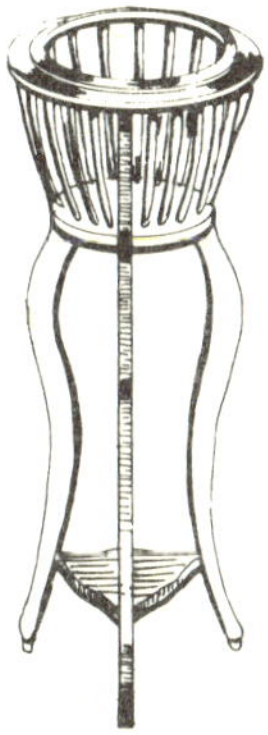

JASPERWARE. > Stoneware. 1774/76 entstand im Haus WEDGWOOD die feinkörnige Jasperware, ein Steingut in den Farben Lavendel, Hellblau, Meergrün, Dunkelbraun oder Oliv. Kameen und Plaketten wurden auf Jaspis gesetzt (berühmt die „Portlandvase" aus schwarzem Jaspis mit weißen Figuren).

JENSEN, Gerreit. Ein für den engl. Hof arbeitender Kunsttischler aus der Zeit von Charles II. bis zur Herrschaft von Queen Anne, tätig etwa von 1680 bis 1715. Einige seiner Möbel zeigen Metalleinlegearbeiten. Diese neue Technik wurde von > André Charles BOULLE, einem Möbelschreiner des franz. Königs Ludwig XIV., eingeführt. JENSEN fertigte und verkaufte auch Spiegel.

JOHNSON, Thomas. 1714–78. Er schnitzte und entwarf in London Kleinmöbel im Rokokostil. 1755 begann er Entwürfe für Spiegel, > Girandolen, Wandtischchen und Kaminsimse zu veröffentlichen. In Buchform kamen seine gesammelten Zeichnungen unter den Titeln „One Hundred and Fifty New Designs" (1758 und 1761) und „A new Book of Ornament" (1760) heraus.

JOHNSON, William. Anglisierter Name von W. J. BLAEU, einem der berühmtesten europ. Kartographen und Verleger, Ende des 16. Jh. Ihm halfen seine Söhne Johan (1591–1673) und Cornelis (gest. 1648); deren Kinder wiederum verkauften von Amsterdam und London aus die Kupferplatten an andere Verleger.

JOHNSTONE, JYPE & CO. Londoner Kunstschreiner, der sich 1835 den > Capstan-Tisch patentieren ließ.

JOINED. Ausdruck des gehobenen engl. Antiquitätenhandels für Möbel, die nicht original von einem bekannten > Cabinetmaker stammen, sondern von den unbekannten nachgebaut wurden (to join = folgen).

JOINT-STOOL. Pfosten-Hocker, Erste Hälfte des 17. Jh., mit den typischen schräggestellten, gedrechselten > Balusterbeinen und tief unten angebrachten Streben.

Joint Stool

JUNGGESELLEN-KOMMODE. > Bachelor Chest.

JUST MARRIED. Zwei Teile eines Schrankes (Ober- und Unterteil), die ursprünglich nicht zueinander gehörten, aber zusammen verkauft werden; auch > Marriage genannt. Gegenteil: > Divorce.

JUDGE'S CHAIR. „Stuhl des Richters", ein Stuhl mit hoher Rückenlehne (High Back Chair) im 18. Jh. mit gepolstertem Sitz.

K

KABINETTSCHRÄNKE. > cabinets, > Cupboards.

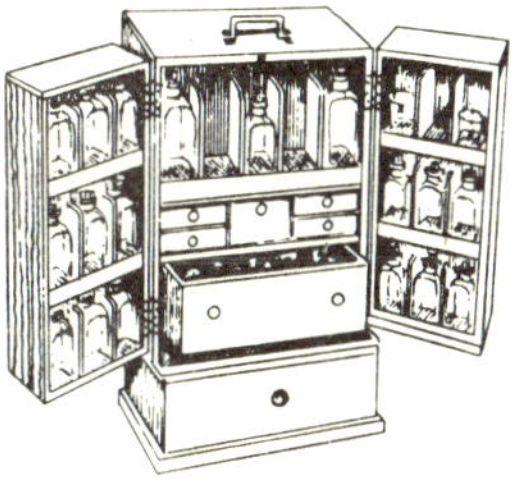

Apotheker Cabinet, Georgian

Corner Cabinet aus Eiche, Georgian

KAERIUS, P(i)eter. (= Kerius = Keere). Geboren 1571 in Gent, lebte bis etwa 1640 als Kupferstecher in London; nach 1593 Mitarbeiter seines Schwagers > Jodocus HONDIUS; ab ca. 1600 bis 1614 Drucker und Verleger in Amsterdam.

KAMINSCHIRM. > Fire screen.

KAMPFERHOLZ. Nach Kampfer riechendes, sehr dauerhaftes, gelblichgrünes Holz, das im engl. Schiffsbau und im Schiffsmöbelbau Verwendung fand.

KAMINUHREN. > Mantle Clocks.

Zwei Beispiele für Kaminuhren (links Late Georgien, rechts Early Victorian)

KARTOGRAPHEN. In England lebten eine Reihe bekannter Kupferstecher und Kartographen, die in diesem ABC unter ihrem Namen aufgeführt sind. Hier sollen die berühmtesten Kartographen des Kontinents genannt werden, deren Werke früher und heute auch in England gehandelt werden:
1. BEHAIM, Martin, 1459–1507, Geograph in Nürnberg.
2. BLAEU, Willem Janszoon, 1571–1638, Kartograph und Verleger ab 1596 in Amsterdam. Fertigte recht präzise Land- und ab 1608 Seekarten

und gab einen Atlas heraus, der in späteren Ausgaben bis auf 12 Bände wuchs.
3. MERCATOR (= Kremer), Gerad, 1512–1594; er erfand eine Möglichkeit, die gekrümmte Erdoberfläche winkelgetreu auf ebenem Papier wiederzugeben; ab 1537 tätig, seit 1552 in Duisburg. Er veröffentlichte etliche Karten. Sein Lebenswerk – ein großer Atlas – erschien 1595 kurz nach seinem Tode, nochmals 1602 und mehrfach unter > HONDIUS, der 1604 die Kupferplatten erworben hatte.
4. ORTELIUS (= Oertel), Abraham, 1527 bis 1598, Kartograph in Antwerpen, berühmt durch seinen Weltatlas, der in 36 Auflagen erschienen ist; lateinisch 1570–1612, holländisch 1571 und 1598, deutsch 1572–1602, französisch 1572–1598, spanisch 1588–1612, englisch 1606, italienisch 1608 und 1612, ferner in mehreren kleinformatigen Ausgaben.
5. PTOLOMAEUS, Claudius, geboren in Alexandria, lebte 87–150. Bedeutender Astronom. Schrieb eine Anleitung, wie Landkarten zu zeichnen seien und gab die genaue geographische Lage der wichtigsten Städte an. Nach diesen Angaben wurden später Karten gezeichnet und zwischen 1477 und 1599 31 Atlanten gedruckt, bei denen er als Verfasser angeführt wurde.

KARTUSCHE. > Cartouche. Ornamentwerk, oft als Zentralmotiv einer Bekrönung, bei der ein reichgeschmückter Rahmen eine medaillon- oder schildförmige Fläche umschließt.

KARYATIDE. Eine weibliche Statue aus der klassischen Baukunst. Sie dient als Ornament oder, anstelle einer Säule, als Träger oder Stütze, auch in England besonders bei Möbeln des späten 16. Jh.

KAUFFMANN, Angelika. 1741–1807. Malerin und Radiererin, arbeitete in der Schweiz und in Rom, meist in Punktier- und Crayonmanier, in London von 1765 bis 1781; war spezialisiert auf Portraits.

KEATING, George. 1762–1842. Kupferstecher, spezialisiert auf Bildnisse in Schabkunst und Punktiermanier.

KENT, William. 1684–1748. Der führende Architekt der frühen georgianischen Zeit. Er entwarf Häuser und Möbel von handwerklich höchster Qualität für reiche Leute. Seine Arbeiten hatten einen Hauch von italienischen Barockmöbeln, sie waren mit Schnitzereien überladen und oft rundherum

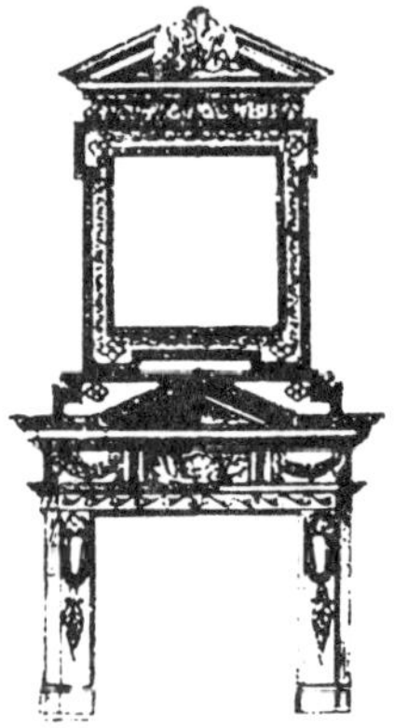

Beispiel für KENT-Design

vergoldet. Einige seiner Entwürfe wurden 1744 von John Vardy, einem seiner Schüler, in dem Buch „Some Designs of Mr. Inigo Jones and Mr. Wm. Kent" veröffentlicht.

KETTLE BASE. Bauchige Form des Unterteils an > Chests; kesselförmige Wölbung, in England und Amerika Mitte bis Ende des 18. Jh. beliebt.

KETTLE STAND. Abstelltischchen für Teekessel, der mit der wachsenden Beliebtheit des Teetrinkens in England in Mode kam. Die ältesten Stücke stammen wahrscheinlich aus dem ausgehenden 17. Jh.; doch erst Mitte des 18. Jh. waren sie allgemein gebräuchlich. Man stellte auf diesen Tischchen den Teekessel und das dazugehörige Rechaud ab, die erhabene Tischkante schützte die Flamme des Rechauds vor Zugluft. An der Seite ließ sich eine Platte als Abstellfläche für die Teekanne herausziehen.

KEY PATTERN. Anderer Ausdruck für das griech. Mäander-Muster. Als niedrige, reliefartige Schnitzerei am Fries z. B. von Aufsatzsekretären oder in > Marquetries des späten 18 Jh.

KIDNEY DESK. Nierenförmiger Schreibtisch mit Schubladen. Mehrfach von SHERATON entworfen; auch als Kidnay Table bezeichnet.

KIDNEY-FORM. Nierenform im 18. Jh., bei Pulten, Schreibtischen, Nähtischen, Toilettentischen sehr beliebt. > Kidney Desk.

KINGWOOD. Königsholz; ähnlich dem Palisander hübsch gezeichnet,

dunkelbraun mit schwarzen und gelben Streifen. Es kommt aus Brasilien und Sumatra und wurde im späten 17. und 18. Jh. in England für Intarsien verwendet.

KITCHEN CHAIR. Küchenstuhl; beliebte Sitzgelegenheit (> Country Furniture) aus > Elm und > Beech.

KLASSIZISMUS. Eine Stilart von 1770 bis 1830, die als Gegenrichtung zu Barock und Rokoko die gesamte Kunst dieser Zeit bestimmte. Man wollte die Harmonie wiederfinden, wie sie die Kunst des klassischen Altertums aufwies. Der Stil wurde durch die Ausgrabungen von Herkulaneum (ab 1738), und Pompeji (ab 1748) und durch neue Erkenntnisse des Formenreichtums und des Einflusses griechischer Kunst und Architektur beeinflußt. In England bauten die Brüder ADAM, CHAMBERS, SOANE und SMIRKE. Antike Formen fanden sich dadurch auch im Möbelbau.

KLEIDERSCHRÄNKE. > Wardrobe, > Linen Press.

KLISMOS. Ein griechischer Stil, der Vorbild für das Design von Stühlen während der Regency-Periode (1800–1830) wurde (> Sabre legs). Eine bedeutende Rolle bei der Verbreitung dieser Stilrichtung spielte Thomas > HOPE (1769–1831).

KNEE. Knie. Der vorspringende konvexe Teil eines geschwungenen Tisch- oder Stuhlbeins, wurde im frühen 18. und im frühen 19. Jh. oft durch reiche Schnitzereien verziert, im engl. auch „hip" genannt.

KNEEHOLE DESK. Ein Schreibtisch, unter dessen Mittelteil zwischen die

Beispiele für Georgian Kneehole Desks

beiden Seitenteile eine Schürze angebracht ist. Da der Schreibtisch außerdem noch eine Rückwand hat, ist der Platz für die Beine oftmals recht knapp, erst recht für heutige Körpergrößen. Die Zierlichkeit des Möbels macht es andererseits begehrt und teuer.

KNIFE BOX. Dekorativer Holzkasten mit Deckel mit einer Einteilung für Bestecke. Vorwiegend während des 18. Jh. populär. Auch CHIPPENDALE entwarf schöne, intarsierte Knife-Boxes.

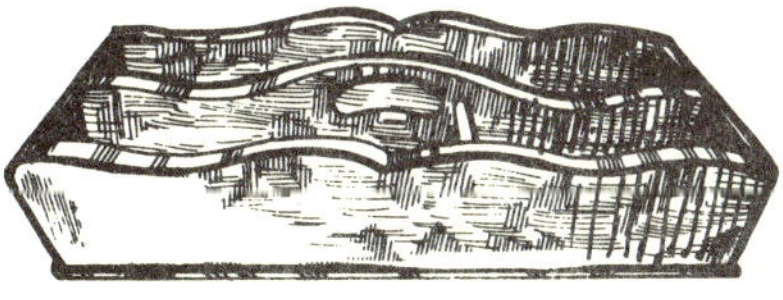

Einfacher Victorian
Besteck-Kasten

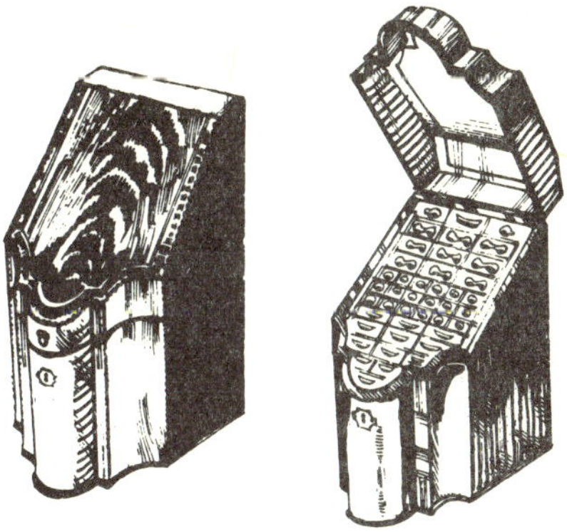

Zwei Georgian Knife Boxes

KNOB TURNING. Eine Reihe von gedrechselten kugelförmigen Knöpfen, die im 17. Jh. für Möbelfüße oder Verstrebungen verwendet wurden.

KNOCHENPORZELLAN. > Bone-China.

KNOTTED PINE. Ursprünglich Kiefer zweiter Wahl, in der die Astlöcher zu sehen und deshalb mit Farbe überpinselt worden waren. Heute wird diese von Liebhabern entfernt, und Möbel aus altem Kiefernholz mit den alten „Knots“ werden gesammelt.

KNOTTY PINE. Kiefernholz, das Knoten und dunkle Schatten aufweist.

KOBALT-GLASUR. > China.

KÖNIGSHOLZ. > Kingwood.

KOMMODE. > Chest.

KONSOLEN. Wandborde, meist mit einem oder mehreren Leuchtern und Spiegeln. > Console Mirror, > Console Table.

KONTINENTALE KUPFERSTECHER. Kupferstecher auf dem europ. Kontinent, deren Arbeiten man noch recht oft in England finden kann, sind BEHAIM, BLAEU, COMENIUS, HOMANN, JANSSONIUS, LOTTER,-MERCATOR, MERIAN, MENZEL, ORTELIUS, PTOLOMAEUS, SEUTTER, VISSCHER, WITT. Dabei sind sowohl Deutsche als auch Stecher aus anderen Ländern, die gern nach London gezogen sind und z. T. dort mehrere Jahre wirkten:

1. FABER, Martin, Emden 1587–1648, Architekt, Zeichner und Kupferstecher. 1642 entwarf er eine Seekarte, die mindestens 100 Jahre lang nachgedruckt wurde.
2. HOMANN, Johann Baptist, Nürnberg 1663–1724, Kupferstecher, gründete 1702 einen Landkartenverlag, gab 1707 einen Atlas mit 40 Karten, 1712 mit 100 Karten, 1716 mit 126 Karten heraus. 1742 gab Doppelmayr einen astronomischen Atlas von ihm heraus. 1701–1730 war sein Sohn Johann Christoph (= Johann Baptist filius) in der Firma tätig.
3. LOTTER, Conrad Tobias, 1717–1777, Kupferstecher und Verleger in Augsburg. 1756 erbte er zusammen mit Albrecht > SEUTTER und PROBST die Firma seines Schwiegervaters Matthias SEUTTER. Sein Spezialgebiet waren Landkarten und Städteansichten.
4. MERIAN, Matthaeus, Basel 1593–1650 Schwalbach. Kupferstecher; 1624 übernahm er die Kunsthandlung seines Schwiegervaters de BRY in Frankfurt/M. Er zeichnete und stach viele der 2.234 Städteansichten und Karten für Zeiller's Topographien (1642–1688), das Theatrum Europaeum und Gottfrieds Chronik, eine Meisterleistung während des 30jährigen Krieges. Seine Söhne Matthaeus jun. und Caspar waren Mitarbeiter und Nachfolger seiner Firma.
5. SEUTTER, Matthäus, 1678–1757, Kupferstecher, Schüler von > HOMANN. Ab 1707 selbständiger Kartenverleger in Augsburg, ab 1728 gab er Atlanten heraus.
6. VISSCHER, Familie von Kupferstechern und Verlegern, meist in Amsterdam: Jan Claesz, Kupferstecher und Gründer eines kleinen Verlages, sein Sohn Claes Jansz (1587–1637) arbeitete anfangs für > HONDIUS, übernahm dann die väterliche Firma, die sein Sohn Niclas (= Piscator) 1618–1709 und sein Enkel (Nicolas Piscator) 1649–1709 fortführten. Sie bevorzugten geographische Darstellungen; im Gegensatz zu den fünf Kupferstechern Cornelis VISSCHER, die meist in Haarlem arbeiteten und figürliche Darstellungen vorzogen.

KREDENZ. > Chiffonière, > Credenza.

Regency Chiffonière

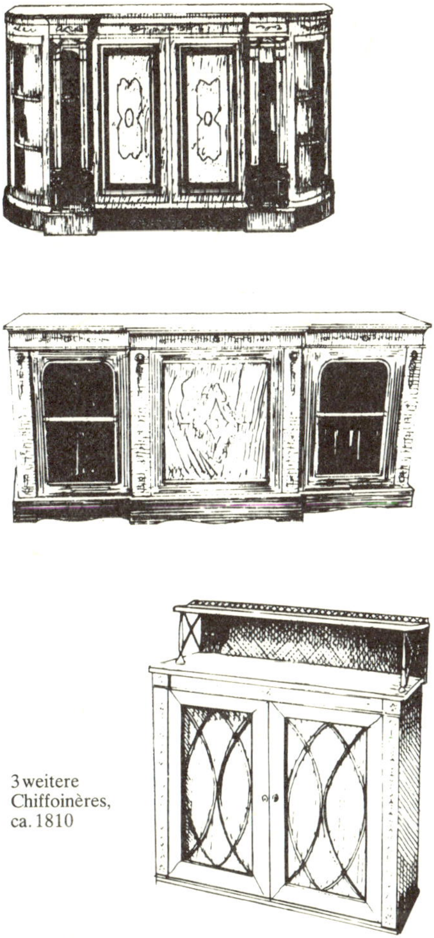

3 weitere Chiffoinères, ca. 1810

KUPFER. > Copper.

KUNSTTISCHLER. Wer sich umfassend über Londoner Kunsttischler aus der Zeit von 1660 bis 1840 informieren will, muß das Buch von Sir Ambrose HEAL „The London Furniture Makers" (1953) zur Hand nehmen. Die Informationen hierin sind knapp und präzise. Weitere Einzelheiten über die wichtigeren Designer sowie Abbildungen ihrer Werke findet man in der 3. Ausgabe des Buches „Georgian Cabinet Maker's" (1955) von Ralph EDWARDS und Magret JOURDAIN. Informationen über die viktorianische Zeit liegen weniger umfassend vor, jedoch erweist sich das Verzeichnis in dem Buch „19th Century English Furniture" (1962) von Elizabeth ASLIN als nützlich. Die bekanntesten Handwerker und Designer wie > ADAM, > CHIPPENDALE, > HEPPLEWHITE und > SHERATON sind in diesem ABC vorgestellt. Aber es ist sehr schwer alle Künstler und Handwerker, die in England Möbel hergestellt haben, als Persönlichkeiten zu erfassen. Nur selten wurden Stücke mit einem Namenszug versehen, und nur wenige Möbel tragen ein Etikett als Markenzeichen (zumeist in die Schubladen eingeklebt).
Einige Möbelschreiner stempelten ihren Namen auch in das Holz ein. Aber bei vielen viktorianichen Stücken dürfte es sich dabei wohl mehr um die Namen der Händler als um die der Künstler handeln. Einzig in den Häusern, in denen man Rechnungen und Originalmöbel zusammen aufbewahrt, ist der Hersteller mit Sicherheit ausfindig zu machen. Nicht einmal Thomas CHIPPENDALE und die meisten führenden Kunsttischler signierten ihre Stücke. Deshalb sind die vorhandenen Rechnungen oft die einzige Möglichkeit für eine einwandfreie Identifizierung.

L

LABELLED FURNITURE. In der Mitte des 18. Jh. begannen britische > Cabinetmaker, an den fertigen Stükken kleine Papieretiketten anzukleben, auf denen Namen und Firmenspezialitäten zur weiteren Werbung standen. Einige Shops (als Nachfolger der ehemaligen Werkstatt) kleben heute noch die gleichen Schilder auf die originalen Stücke, die sie handeln.

LACQUERWORK. Lackarbeit. In der georgianischen Zeit war es beliebt die Möbel bunt zu lackieren und mit Einlegearbeiten zu versehen, wie man es in China tat. Im Zuge des Handels mit dem Fernen Osten und dem Orient wurden Lackmöbel sozusagen als Kuriositäten aus China und Japan importiert. James I. und Lord Northhampton haben solche Stücke besessen. Doch erst nach der Restauration zur Zeit Charles II. wuchs die große Nachfrage nach solchen lackierten Möbeln. Ihre Beliebtheit führte schließlich dazu, daß man diese Lackarbeiten auch bald in Europa selbst herstellte. In England nannte man sie „japanned" = auf japanische Art lakkiert.

Japanned Bett

LADDER BACK CHAIR. Stuhl mit leiterartigem Rücken, ein Design, das fälschlicherweise mit dem Namen CHIPPENDALE in Verbindung gebracht wird, obwohl es aus der Zeit vor CHIPPENDALE stammt. Er wird sogar CHIPPENDALE-Stuhl genannt.

Ab 1750 kamen Ladder-Back-Stühle von vielen Herstellern auf den Markt. Die waagerechten Streben traten an die Stelle der üblichen senkrechten Streben.

LADLE. Schöpflöffel. (> Silver).

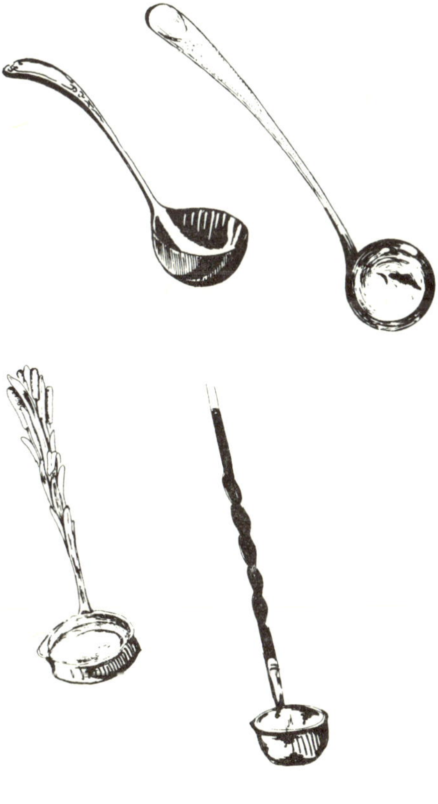

LADY'S CHAIR. Ein bequemer, niedriger gepolsterter Damensessel (> Sitzmöbel), praktisch ein > Easychair ohne Armlehnen.

LANCASHIRE DRESSER. Ein > Dresser mit einem kompakten, mit Türen verschlossenen Unterteil. Der häufigere > Welsh Dresser ist unten offen.

LANCASHIRE SPINDLE BACK CHAIR. Ein ländlicher Stuhl mit waagerechter, gedrehter Strebenlehne im frühen 18. Jh.

LANGLOIS, Peter. Kunstschreiner im 18. Jh. (während der Zeit CHIPPENDALES), auf Kommoden mit franz. Einfluß und subtilem Marketerie-Dekor spezialisiert. > BOULLE.

LANTERN. Laterne; auch in England als Wand- oder Deckenlaterne eine sehr beliebte Antiquität. Von 1500 bis 1700 wurden Lanterns aus Holz, Eisen oder Kupfer gefertigt. Mit weiterer Verbreitung von Glas wurden Lanterns ab 1700 sehr modern (das Kerzenwachs tropfte nicht mehr auf den Boden) und folgten im Design den wechselnden Stilen der Zeiten.

LANTERN CLOCK. Uhr mit einem laternenförmigen Gehäuse, meist aus Messing. In England auch > „Birdcage clock" genannt.

LAP DESK. Kleine, seitlich aufklappbare Box im 19. Jh.

LAUREL. Lorbeer. Das Lorbeerblatt ist ein beliebtes Motiv für in Möbeln geschnitzte Girlanden (zweite Hälfte des 18. Jh.).

LAURIE (= Lawrie), Robert. Londoner Kupferstecher (1755–1836). Zusammen mit James WHITTLE Drukker und Verleger, spezialisiert auf die Marine.

LATTICE WORK. Gitter aus Holz- oder dünnen Metallstreifen, das an Stuhllehnen oder Türen von > Bookcases oder > Cabinets zu finden ist. Meist von > SHERATON und MANWARING entworfen.

Regency Stuhl
mit Lattice Back

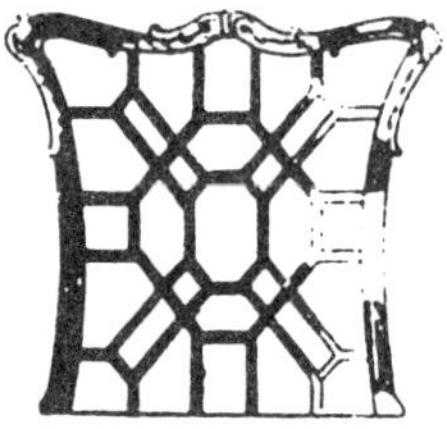

LAZY SUSAN. Anderer Ausdruck für > Dumb Waiter.

LEGS*)

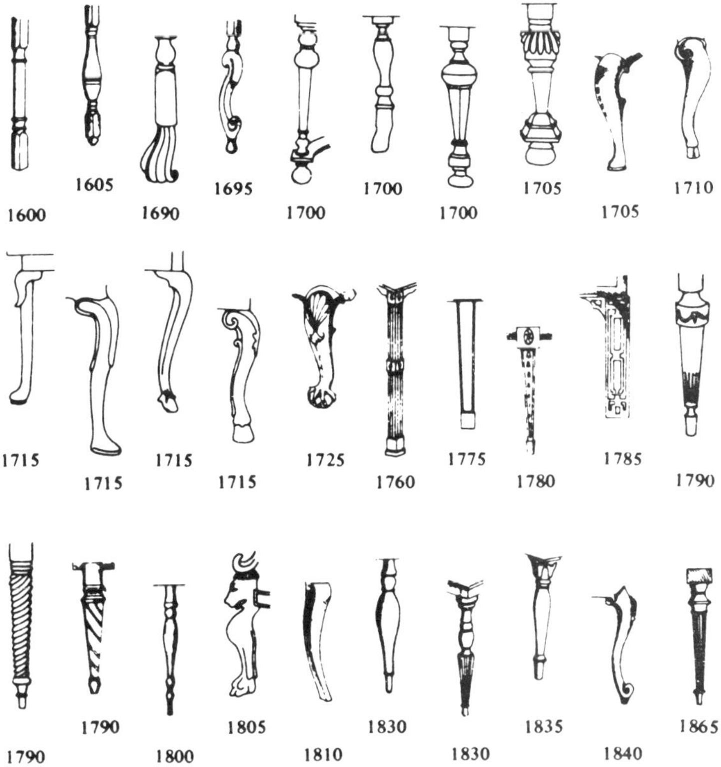

1600 Elizabethan Turned
1605 Stuart Baluster
1690 Spanish
1695 William and Mary 'S' Curve
1700 Trumpet
1700 Portuguese Bulb
1700 Mushroom
1705 Inverted Cup
1705 Queen Anne Cabriole
1710 Hoof Foot
1715 Modified Cabriole
1715 Pad Foot
1715 Cabriole
1715 Hoof
1725 Ball and Claw
1760 Cluster Column
1775 Square Tapering
1780 Sheraton Tapered
1785 Chinese Chippendale
1790 Turned and Tapered
1790 Tapered Scroll
1790 Tapered Spiral
1800 Windsor Turned
1805 Lions Paw
1810 Regency Sabre
1830 Windsor Baluster
1830 Turned and Fluted
1835 Victorian Turned
1840 Victorian Cabriole
1865 Victorian Reeded

*) aus THE ANTIQUE DEALERS POCKET BOOK, LYLE PUBLICATIONS 1972

Originalzeichnung von CHIPPENDALE

LEAF. (engl. „Blatt", Mehrzahl = LEAVES). Zusätzliche Ausziehplatte für Eßtische (> Insertion Leaves, > Telescope Taple, > Draw Leaf Table).

LEAF WORK. Von SHERATON im letzten Viertel des 18. Jh. entworfene Verzierung; geschnitzte Blätter schmücken Tisch- und Stuhlbeine.

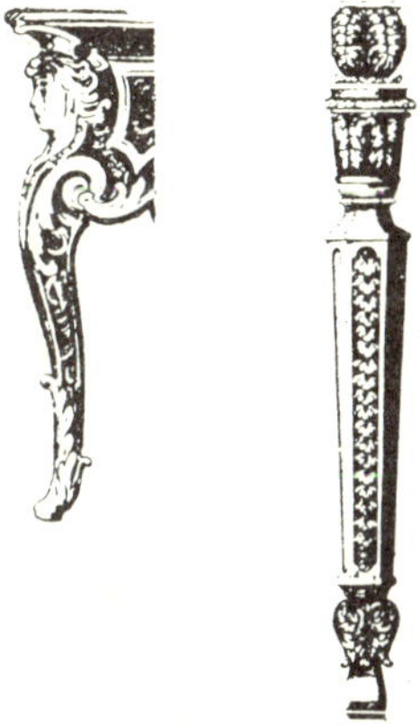

LEATHER. Leder, auch in England ein beliebtes Polstermaterial. Ledersitzmöbel werden als gängige Reproduktionen (denn wirklich alte sind unansehnlich durch den Abnutzungseffekt von Leder) in alten Modellen neu hergestellt: z. B. als > Chesterfield Sofa, > Wing Chair, Wilton Chair, Bentley Chair.

LEGS. Möbelbeine. Das Design wechselte jeweils mit der Zeit und der Stilart.

Siehe Seite 159.

LIBRARY. (Übersetzt: Bibliothek). Im Möbelbau wird ein großer Bücherschrank mit verglastem Aufsatz und einem Unterteil mit Schubladen oder Türen Library genannt. Oft ist in dem breiten, vor den beiden Seitenteilen vorspringenden Mittelteil (> Breakfront Bookcase) ein Secretaire Drawer, eine aufklappbare Schublade zum Schreiben. Große Stücke, die selten eine Breakfronteinteilung haben, können bis zu drei Meter hoch und vier bis fünf Meter lang sein.

LIBRARY CHAIR. Stuhlform, die in der georgianischen Periode um ca. 1720 aufkam, auch Reading Chair genannt. Diese Art Stuhl hatte zunächst einen Nußbaum-, dann nach 1740 einen Mahagoni-Korpus. Der Sitz, die Armstützen und die Lehne waren gewöhnlich mit Leder überzogen und der Lesende saß sozusagen verkehrtherum auf dem Sitz, so daß er die Buchstütze vor sich hatte. Unter dem Sitz befand sich eine Schublade für Schreibzeug. Diese Stühle werden häufig auch als „Hahnenkampf-Stühle" > Cock-Fighting-Chair bezeichnet.
Library Chair wird aber auch ein Stuhl genannt, den man zu einem Tritt umklappen kann und damit in einer Bibliothek die oberen Bücher erreicht.

LIBRARY STEPS. Kleines Gestell, gerade laufend oder als Wendeltreppe, zum Erreichen der obersten Fächer eines Regales oder Schrankes. SHERATON entwarf solche Library steps.

Georgian Library Step

LIBRARY TABLE. Großer, runder Bibliothekstisch mit Lederplatte, Schubläden und stabilem Mittelfuß. Der Durchmesser der Tischplatte lag fast immer über 100 cm. Seit 50 Jahren werden kleinere Tische dieser Art nachgebaut, die als Beistelltische benutzt werden können (>Drum Table). Statt der runden Form gab es auch acht- oder sechseckige Platten. Auch das vierbeinige, rechteckige > Bureau Plat wurde Library Table genannt.

LINEN PRESS. Engl. Wäscheschrank mit großen Flügeltüren im Oberteil und Schubladen unten.

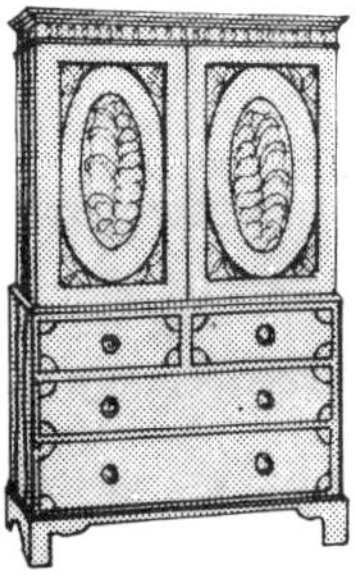

LINING. Feine Einlegearbeit als langes, schmales Furnier (>Stringing, > Banding, > Cross Banding), meist an Schubladen. Ein Möbel aus Mahagoni kann z. B. Oak-lined sein – mit Eiche verarbeitet.

LINNELL, John. Gest. 1796. Ein bedeutender Londoner Entwerfer und Möbeltischler, der am Berkeley Square ansässig war. Eine große Zahl seiner Entwürfe wurde nach seinem Tod von C. H. TATHAM gesammelt. Heute werden sie im Victoria und Albert Museum aufbewahrt. LINNELL stattete viele Häuser, für die > ADAM die architektonische Entwürfe gemacht hatte, mit Möbel aus.

LION PERIOD. Von 1720–40 war es beliebt, Löwenköpfe (lion masks) an den Knien von > Cabriole legs und an den Lehnen von Stühlen und > Settees zu schnitzen. Die Löwenpranke (Lion's paw foot) diente als Schnitzvorlage für Möbelfüße. Der Löwe war eins der beliebtesten Motive dieser Periode.

LIVERY CUPBOARD. Ein meist zweigeteilter engl. Schrank des 17. Jh. Der obere Teil hatte offene Regale, die von Säulen getragen wurden. In den Regalen wurde das Eßgeschirr untergebracht. Das geschlossene Unterteil (im Gegensatz zum > Dresser sehr niedrig) diente zum Aufbewahren von Lebensmitteln. Ende des 18. Jh. bekam der Livery Cupboard zur Zierde noch einen geschnitzten Aufsatz.

LOBBY CHEST. Sehr schmale, kleine Kommode Ende des 18. Jh. Sie hatte häufig vier Schubladen, wovon die oberste zweigeteilt war, und eine herausziehbare Schreibplatte.

LOCK, Mathias. Engl. Schnitzer und Designer. Seine Entwürfe zeigen den zunehmenden Einfluß des Rokokos auf die engl. Möbelkunst. „A new Drawing Book of Ornaments" (1740) war sein erstes Werk, dem in den Jahren danach weitere Veröffentlichungen von Entwürfen für Leuchter und Tische folgten. Sein „New Book of Ornament" (1752) zeigt, daß er zwei Jahre vor dem Erscheinen des „Director" von > CHIPPENDALE schon den Rokokostil vollkommen beherrschte. Danach gab er bis 1768 nichts mehr heraus. Dieses Schweigen schürte die Theorie, LOCK hätte in dieser Zeit Entwürfe für CHIPPENDALE gezeichnet, die anschließend auch in den „Director" aufgenommen worden wären.

LOCK PLATE. Frontplatte eines Schlosses, mit dem das Schlüsselloch geschützt und geschmückt wird.

LOCKER. Ein kleiner Aufsatz auf einem Sekretär oder Schreibtisch (>Writing Desk) an Möbeln des 18. und 19. Jh.

LONG CLOCK. Andere Bezeichnung für > Grandfather Clock.

LONGTON HALL. Engl. Manufaktur von 1750–1760 in Staffordshire, von W. LITTLER gegründet. Ihr entstammt das berühmte Littler's blue, eine tief-dunkelblaue Glasur, von W. LITTLER entwickelt.

LOO TABLE. (Loo = Lu, engl. Kartenspiel.) Runder, ovaler, quadratischer oder rechteckiger Tisch auf einem meist schweren Fuß. Die Tischplatte läßt sich senkrecht stellen. Solche Tische wurden früher nach Spiel

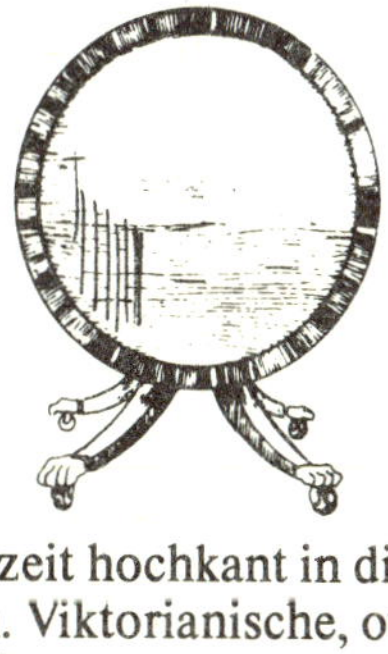

oder Mahlzeit hochkant in die Ecke geschoben. Viktorianische, ovale Loo Table mit hervorragenden Intarsienarbeiten zählen zu den schönsten Möbeln dieser Zeit.

LOCKING GLASS. Andere engl. Bezeichnung für > Mirror (Spiegel).

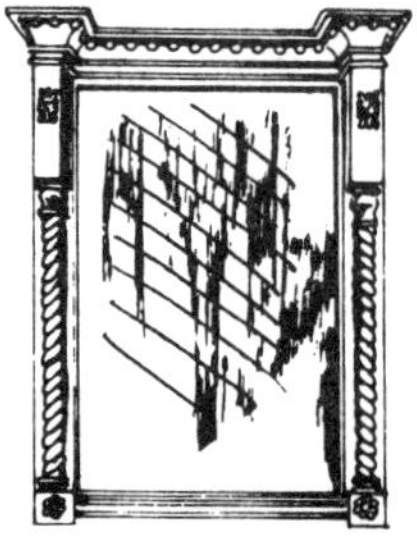

Zwei Beispiele für Regency Spiegel

Zwei Beispiele für Victorian Spiegel

LOOP BACK. Ein ovaler Stuhlrükken, oft an HEPPLEWHITE-Stühlen.

LOUDON, John Claudius. 1783–1843. Ein Architekt und Landschaftsgestalter, der sich als Schriftsteller hervortat. LOUDONS Schriften geben einen Einblick in das Möbeldesign kurz vor dem Regierungsantritt von Königin Victoria. Die Skala der von ihm aufgeführten Möbel ist breit gefächert. Es finden sich bei ihm ebenso vornehme und elegante Stücke wie auch einfache Landhausmöbel.

LOVE SEAT. Ein gepolstertes > Sette für zwei Personen. Es wurde während der Louis XIV.-Periode in Frankreich und der Queen-Anne-Periode in England bekannt.

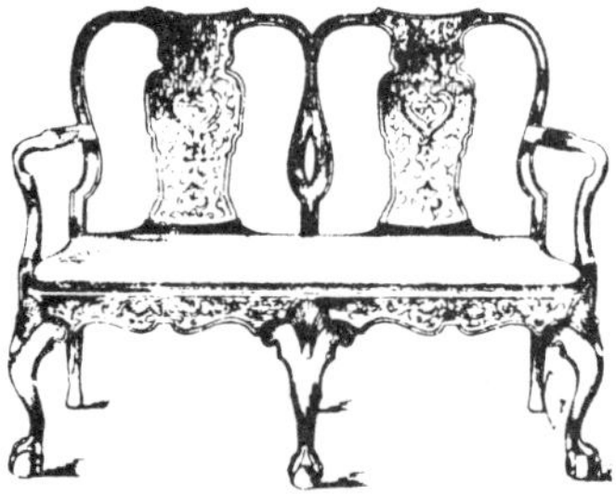

LOW BACK CHAIR. Ein Stuhl um Mitte des 17. Jh. Er hat eine für diese Zeit ungewöhnlich niedrige Lehne und ist voluminös gepolstert. Farthingdale Chair.

LOW BOY. Kleiner Seiten- oder Schminktisch, meist auf geschwungenen Beinen.

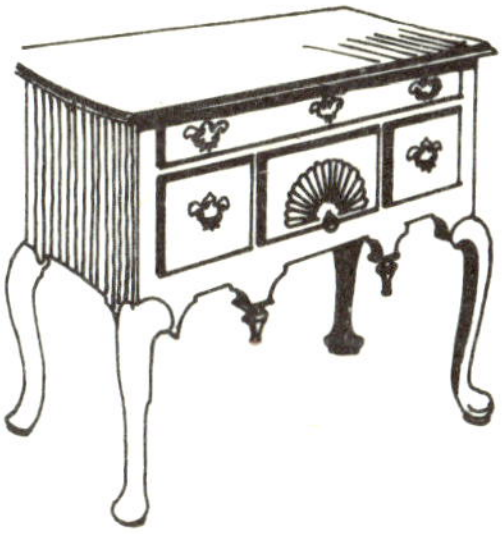

Zwei Beispiele für Georgian Low Boys

Zwei Low Boys aus der Zeit William and Mary

Early Georgian

Early Georgian

Zwei Beispiele für Georgian Low Boys im Country Style

LOWESTOFT. Engl. Manufaktur von 1757–1802 in Suffolk, von Robert BROWN gegründet. Später von Robert ALLEN übernommen. Dekoriert wurde das Porzellan in London.

LUNETTE. Halbkreisförmige oder Fächer-Form, geschnitzt oder als Einlegearbeit, allein oder als Reihe in Möbeln des späten 18. Jh. Wiederaufgenommen in der > EDWARDIAN Periode.

LYRE. Lyra; beliebtes klassisches Ornament. Wurde aus Frankreich in der zweiten Hälfte des 18. Jh. von > ADAM eingeführt und als Stuhlrücken und Tischpodeste in Hepplewhite- und Sheraton-Möbeln verwendet.

LYRE BACK CHAIR. Ein Stuhl mit an den Seiten halbkreisförmig ausgeschnittener Stuhllehne, deren durchbrochenes Mittelbrett dem Umriß einer klassischen griechischen Lyra

ähnelt; an Stühlen des HEPPLEWHITE-, SHERATON-, ADAM- und REGENCY-Stil. Der von Robert > ADAM gegen Ende des 18. Jh. entworfene Stuhl wird heute gern als Reproduktion im engl. Stil nachgebaut.

M

MACKINTOSH, Charles Renee. Ein schottischer Künstler, Architekt und Möbeldesigner, der Möbel im Jugendstil entwarf und baute (1868–1928).

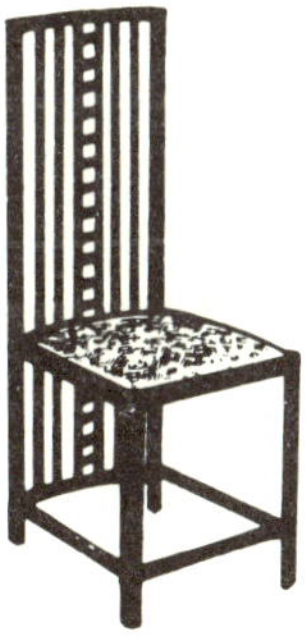

MAGAZINE RACK. > Canterbury

MAHOGANY. Mahagoni, ein rötliches Hartholz mit einer dichten und festen Struktur. Es arbeitet sehr wenig und wird von Feuchtigkeit nicht angegriffen, deshalb gern im Schiffsbau verwendet. Nach Eiche und Nußbaum wurde Mahagoni um 1720 das typische engl. Möbelholz und ist bis heute beliebt. Es wurde aus Kuba, Jamaika, Honduras, Peru und Brasilien importiert.
Es nimmt gut Beize an, ist leicht zu polieren und wird nur selten vom Holzwurm befallen. Als besondere Arten unterscheidet man > Blumenmahagoni: Es hat kleine Wirbel und in der Maserung unruhige Stellen im Holz. Sie sehen aus wie ein Blumenstrauß von oben betrachtet. Außerdem Pyramidenmahagoni: Spitzwinklig übereinander liegende Stockmaserung. In der Stamm-Mitte (bei Furnier Blatt-Mitte) liegt ein Kern aus dunklem Holz ohne ausgeprägte Maserung.
Auch heute noch wird Mahagoni im Möbelbau gern verwendet, es ist allerdings weniger dicht gewachsen und deshalb wesentlich leichter. In Deutschland wird meist das streifige Sapelimahagoni oder Sipomahagoni verarbeitet. (> Age of Mahogany)

MANTEL. Umrandung von offenen Kaminen, im engeren Sinne das obere Gesims. (> Mantel Piece)

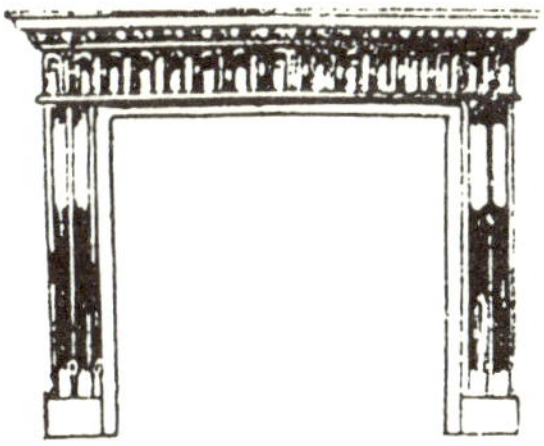

MANTEL CLOCK. Kleine Tisch-Standuhr, ursprünglich oben auf dem Kamin plaziert. Nach 1730 waren in London bereits die von einer Feder angetriebenen Konsoluhren modern. Sie arbeiteten mit eine ganz kurzen Perpendikel. Diese Tisch- oder Konsoluhren waren tragbar, und man konnte sie mit einem Repetiermechanismus ausrüsten, der durch eine Schnur an der Rückseite der Uhr ausgelöst wurde. Wenn man an der Schnur zog, schlug die Uhr die jeweils letzte Stunde, was besonders bei Nacht von Nutzen war. Die Zifferblätter der Tischuhren waren ähnlich wie die der Standuhren (>Grandfather Clock) aus Messing.

3 Beispiele für Victorian Kaminuhren

2 Beispiele für Edwardian Kaminuhren

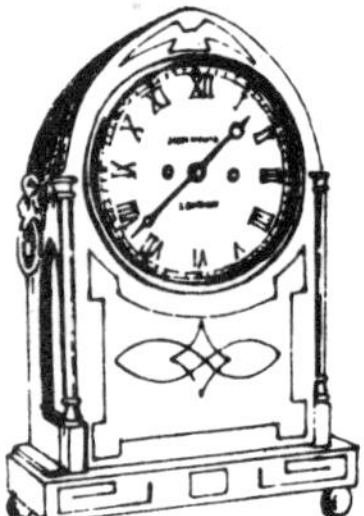

MANTELPIECE. Steinerner oder hölzerner, verzierter Umbau offener Kamine.

MANUFAKTUREN. Die berühmten engl. Steingut- und Porzellanmanufakturen sind > Derby, > Minton, > Spode, > Wedgwood, > Worcester. Kleinere Manufakturen sind > Adams, >Bow, > Doulton, > Longton Hall, > Lowestoft und > Mason.

MANWARING, Robert, Engl. Möbelschreiner des 18. Jh., Zeitgenosse > CHIPPENDALEs. Er ist bekannt für seine Stuhlentwürfe, noch mehr aber durch seine Veröffentlichung: „The Cabinet and Chair Maker's Real Friend and Companion" (1765) und „Chairmaker's Guide" (1766). Nicht alle darin abgebildeten Entwürfe stammen allerdings von ihm selbst. Obwohl das zeichnerische Talent MANWARINGs nicht besonders groß war, entbehren seine Skizzen doch nicht einer ausgeprägten Originalität.

MANWARING-Design

MAPLE. Ahorn. Hartes, helles, gelbliches Holz ähnlich der Birke, mit schwacher, aber klarer Zeichnung. Sogenanntes Vogelaugenahorn (Bird's-eye-maple) mit kleinen schwarzen Augen wurde im 19. Jh. oft zu dekorativen Furnieren, z. B. an Bilderrahmen oder kleinen Schatullen verarbeitet, ferner für Marketerien.

MARBLE. Marmor; sehr beliebt als Abdeckung und Oberteil von Tischen (18 Jh.) oder Regency Cabinets (1810/1830) oder > Washstands (viktorianisch).

Zwei Washstands mit Marmorplatte

MARLBOROUGH LEG. Ein gerade und senkrecht laufendes Möbelbein mit einem Fuß in Block- oder Würfelform (> Block Foot). Mitte des 18. Jh. an amerikanischen und engl. Möbeln anzufinden.

Sideboard mit Marlborough Beinen

MAROT, Daniel. Architekt und Designer hugenottischer Abstammung, kam aus Frankreich (Lehre bei > BOULLE) und Holland nach England. Nachdem Wilhelm von Oranien 1688 König von England geworden war, übernahm MAROT Aufträge von ihm. Seine gesammelten Entwürfe, die den Geschmack des franz. Hofes unter Ludwig XIV. widerspiegeln, wurden 1702 veröffentlicht. Auch engl. Möbel jener Zeit zeigen den Einfluß von MAROT.

MARQUETRY. Markcterie. Dekorative Intarsien aus verchiedenfarbigen, manchmal auch gebeizten Hölzern, Elfenbein und Metall. Marketerie wird nicht wie Inlay (Einlegearbeit) in massives Holz eingelassen, sondern als furnierte Oberfläche aufgeleimt. Es war in England im 18. Jh. sehr beliebt.

Marquetry Design

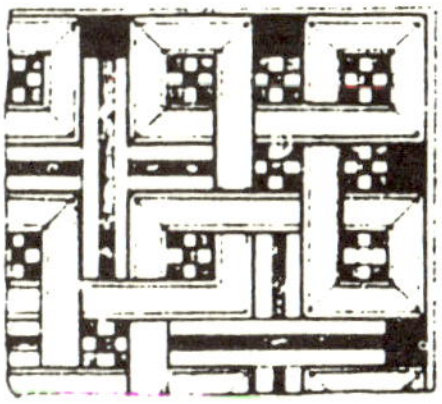

MARRIAGE. Aus zwei antiken Stükken kombiniertes Möbel, z. B. Unterteil des einen mit dem Oberteil des anderen Bureau Bookcase.

MARRIAGE CHEST. Kommode, in der die Brautaustattung aufbewahrt wurde. Wird auch > Bridal Chest genannt.

MASON. Manufaktur, von C. J. MASON gegründet (Erfinder des > Ironstone 1813). 1848 brach die Firma zusammen, C. J. MASON arbeitete dann in einer Manufaktur von LONGTON 1851–1854. Marke unter anderem Masons Patent Ironstone China, eingepreßt oder in Blau aufgedruckt.

MAULBEERHOLZ. > Mulberry Wood

MAYHEW, Thomas. Zusammen mit William INCE gründete er eine Möbelschreinerei, die in der späten georganischen Periode großes Ansehen genoß. Ab 1759 veröffentlichten sie Teile eines Buches mit Entwürfen. 1762 erschien eine Sammelausgabe unter dem Titel „The Universal System of Household Furniture". Es wurde der größte Konkurrent von CHIPPENDALE's „Director".

MAYHEW-Design

MELON BULB TABLE. Ein Tisch der Tudor Periode (frühes 16. Jh., > Elizabethan, > Jacobean), dessen Beine mit meloneartigen Rundungen verziert sind.

MENDLESHAM CHAIR. > Elbow Chair. Eine Variante des Windsor-Stuhls aus dem frühen 19. Jh., der in Mendlesham von Daniel DAY hergestellt wurde. Der Stuhl hat gedrechselte Beine, eine Rückenlehne mit vier Querhölzern und einen Sitz aus massivem Rüster.

MESSING. > Brass

MILITÄRKOMMODE. > Military Chest

MILITARY CHEST. Militärkommode, ursprünglich ein Soldatenmöbel, im 19. Jh. beliebt bei britischen Marineoffizieren. Ein > Chest of Drawers mit metallverstärkten Ecken und eckigen Griffen. Traggriffe und Metallkanten wurden ursprünglich aus Eisen gefertigt, erst als das Military Chest mehr die Wohnung eroberte, aus Messing.

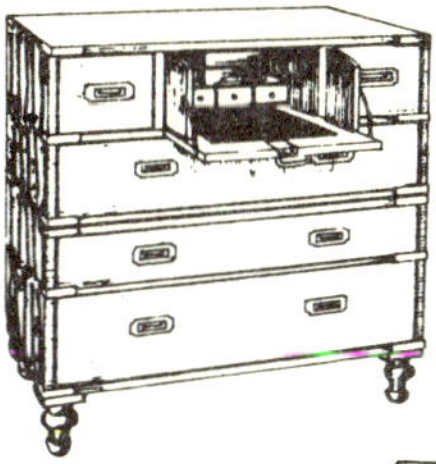

4 Beispiele für Militärkommoden mit Schreibfach

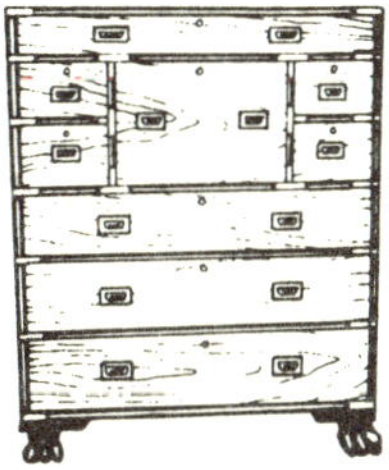

Militärkommoden sind fast immer zweiteilig. Neben Mahagoni wurden sie auch aus Fichte, Teak und Kampferholz gefertigt. Da fast nur viktorianische Military Chests im Handel sind, gibt es sie häufig auf gedrehten Füßen.

MINTON, Thomas. Gründete 1793 in Stoke-upon-Trent eine eigene Manufaktur, die erst nur Steingut, dann auch Porzellan herstellte. Dieses Porzellan wurde in Punktiermanier, monochrom gemalten Landschaften oder japanischen Dekors verziert. Marken: jährlich wechselnde Zeichen und Schriftzug.

Potpourri-Vase, MINTON, ca. 1820

MINTON-Vasenpaar

MIRROR. Spiegel. An den Rahmen der Spiegel erkennt man die jeweilige Möbelstilrichtung. Während der Restaurationszeit (1660–1685) waren die

2 Beispiele für Regency-Spiegel

meist viereckigen Spiegel mit versilberten oder vergoldeten Blatt- und Fruchtgirlanden, Putten und Vögeln verziert. Es gab aber auch Rahmen aus so ungewöhnlichen Materialien wie Stoffe mit Stickereien, Schildpatt, Intarsien von Goldregen- oder Olivenholz, engl.-holl. Blumen-Marketerie und Lack.

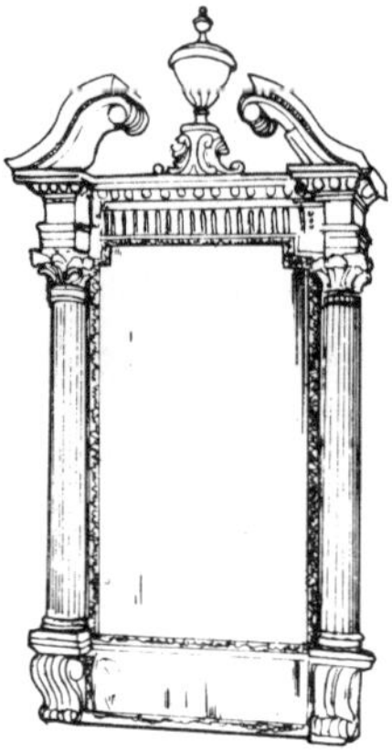

Vier Beispiele für Mirrors, Georgian

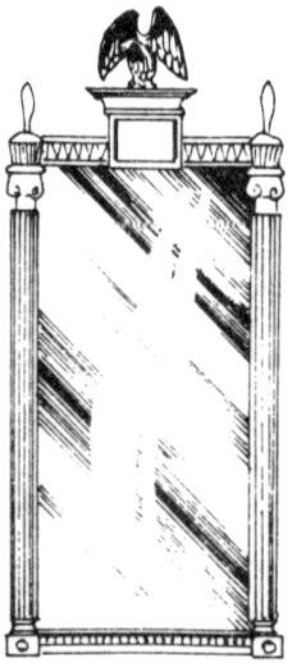

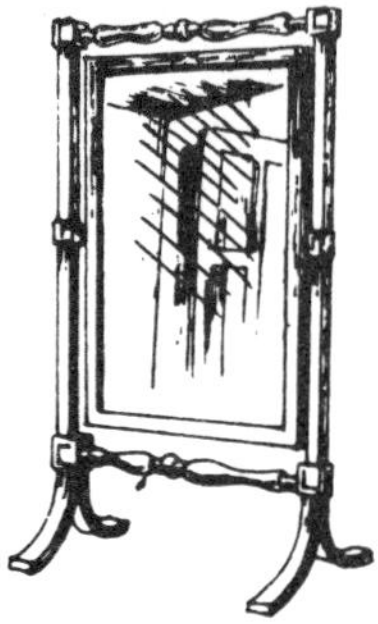

Georgian Chevalier Mirror (on Stand)

In der Zeit des Rokoko wurden die Spiegel auf vielerlei Art verziert. Besonderen Anklang fand der chinesische Stil: Pagodenfächer, Glöckchen, langhalsige Vögel und Mandarine dienten als Schnitzvorlage. Der von Adam vertretene neo-klassizistische Stil veränderte auch die Spiegelrahmen: sie wurden schlichter. Die Motive kamen aus der Antike und stellten Fruchtfestons, Palmetten, geflügelte Sphinxen und Amphoren dar. Die für diese Zeit typische Form der Spiegel war das Oval, Ausnahme: Spiegel, die über Kaminen oder an Pfeilern hingen.

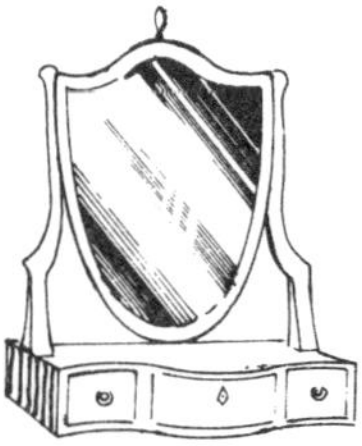

Beispiele für Georgian Toilet Mirrors

Während der frühen Regency-Zeit wurden die runden Konvexspiegel bevorzugt. Der Rahmen war oft von einem Adler gekrönt und rechts und links waren Kerzenhalter befestigt.
In der viktorianischen Zeit waren die Rahmen im neogotischen, im Renaissance- oder im griechischen Stil. Die sehr schlichten Rahmen sind aus Eiche, Mahagoni, Nußbaum und anderen polierten Hölzern. Überladene Prunkspiegel gab es natürlich auch, aber sie waren verpönt und galten als Zeichen von schlechtem Geschmack.

Victorian Toilettenspiegel (stand meist auf Chests oder Washstands)

MOLL, Hermann. Deutscher Kartograph, zog um 1680 nach London und gab dort 1711–1714 Land- und Seekarten heraus.

MONKS BENCHES. Möchsbänke, Stühle oder Bänke, die korrekt als Tisch-Stuhl oder Tisch-Bank bezeich-

net werden, heute unter „Monks Benches" bekannt. Bei den Stühlen, wie auch bei den Bänken waren die Rükkenlehnen so klappbar, daß sie auf den Armlehnen liegend, einen Tisch bildeten.

MONEY BANK. Alte Sparbüchse.

MONOPODIA. Tisch- oder Stuhlbein mit Teilen einer Mensch- oder Tiergestalt. Hauptsächlich entstanden diese Beine während der Regency Periode unter dem Einfluß von Thomas HOPE.

MOOREICHE. > Bog Oak

MORRIS, William. Maler, Architekt und Schriftsteller in London (1834–1896). Er strebte im Gegensatz zum maschinellen das handwerkliche Kunstgewerbe an. Die Echtheit und die Zweckmäßigkeit des Materials, das Schlichte und die Schönheit der Form waren sein Ziel. 1861 gründete er die Firma MORRIS, MARSHALL, FAULKNER & CO., die erste moderne Werkstätte für Handwerkskunst. W. MORRIS gilt als frühester Vorläufer des Jugendstils.

MOTHER OF PEARL. Perlmutter, wird hauptsächlich aus Austern gewonnen. Es wird im Möbelbau für Einlegearbeiten benutzt. Es kann geschnitten, geätzt und graviert werden.

MOUNTS. Andere Bezeichnung für Beschläge, Griffe (> Handles) und Scharniere (> Hinges), meistens aus Metall, meistens genau wie Möbel im Design durch die verschiedenen Zeitläufte beeinflußt.

MOVING LIBRARY. > Library. Niedrige, offene Regale, die während des Regency oft mit Messinggitter verziert waren und in der zeitgenössischen Literatur als „bewegliche Bibliothek" – Moving Library – beschrieben werden. Man konnte diese Bücherregale nicht nur an die Wand, sondern auch direkt neben den Sessel oder anderen Sitzgelegenheiten stellen, so daß man die Bücher gleich zur Hand hatte.

MUDGE, Thomas. Uhrmacher (1715–1794), lernte bei G. GRAHAM und erfand um 1755 den freien Ankergang für Taschenuhren. Seit 1776 war er der Uhrmacher König Georgs III.

MUFFINEER. Engl. Bezeichnung für eine seit dem späten 18. Jh. hergestellte kleine Streubüchse.

MUG. Krug, Kanne, Becher (>JUG); ein kleines Trinkgefäß mit Henkel (>Pewter).

Erinnerungs-Mug mit 2 Henkeln

5 Beispiele für Georgian Mugs (Silber und Zinn)

MULBERRY WOOD. Maulbeerholz, schon im 17. Jh. gern zu Furnieren verwendet.

MULE CHEST. Im späten 16. Jh. entstanden Truhen (> Trunks) mit Schubladen im unteren Teil. Wegen ihrer zwiespältigen Natur nennt man sie Mule Chest (Bastardtruhen). Im frühen 17. Jh. finden sich solche Stükke häufiger. Die Mule Chests wurden noch bis in die Mitte des 18. Jh. hinein hergestellt; ab der Mitte des 17. Jh. jedoch wurden sie von der bald weitaus beliebteren Kommode (> Chest) allmählich verdrängt.

MUSIC CABINET. Kleiner Schrank zum Aufbewahren von Noten. Im 19. Jh. wurden Music Cabinets mit herausziehbaren Schubladen (Telescope Drawers) gebaut. Im 20. Jh. wandelte sich das Möbel zum Aktenknecht.

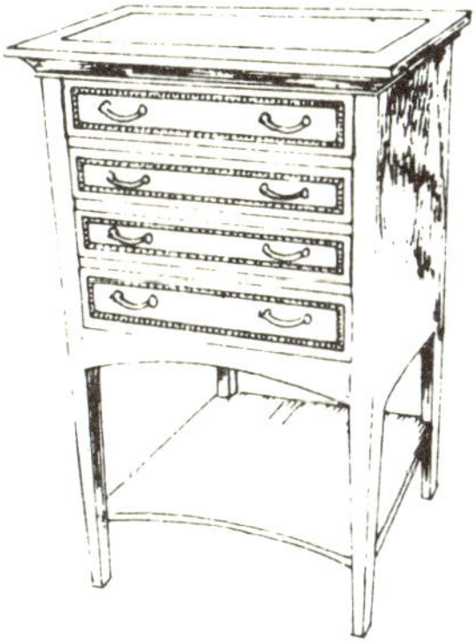

Notenschrank

MUSIC STAND. Notenständer. Halterahmen und Ständer sind meist schön verziert, in Mahagoni, Palisander, Nußbaum zu finden.

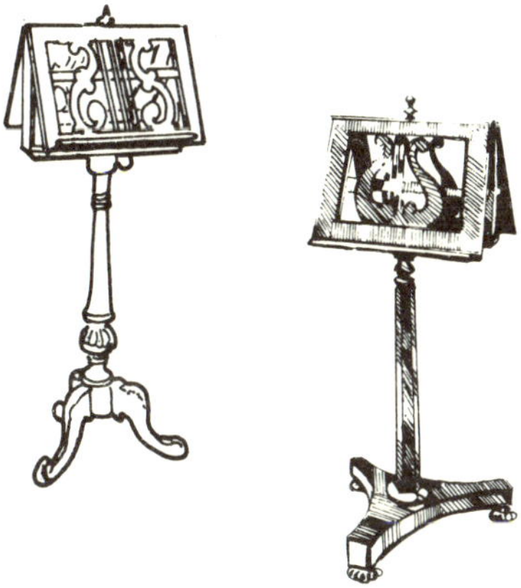

N

NACHTKÄSTCHEN. > Night Table.

NÄHTISCHCHEN. > Sewing Table, > Worktable.

NAIL. Nagel. Ein guter Anhaltspunkt für das Alter eines Möbelstückes. Vor 1830 wurden Nägel ohne breite Köpfe verarbeitet.

Falsch ist die Annahme, daß Eisennägel nicht in antiken Möbeln zu finden sind. Seit dem 16. Jh. gibt es handgemachte Nägel, im 19. Jh. begann die Massenproduktion von maschinengefertigten. Heute werden in England vielfach schon wieder Nägel von Hand hergestellt.

NAME CHEST. Ausdruck für > Chests, an denen dekorativ der Name oder die Initialen des ersten Eigentümers, gemalt oder geschnitzt, zu sehen sind.

NASH, John. Bedeutender Architekt der Regency Periode.

NELSON CHAIR. Armstuhl im SHERATON-Stil, der mit Tau-, Anker- und Delphinmotiven verziert war. Diese Verzierungen sollten an den Sieg Lord Nelsons bei Trafalgar (1805) erinnern, deswegen auch > Trafalgar Chair genannt.

NELSON PERIOD. Im 19. Jh. gab es eine nach Lord Nelson genannte Periode, in der Möbel, Silber, Instrumente mit Seemotiven verziert wurden. > Nelson Chair.

NEOCLASSICISM. Neo-Klassik, eine Stilrichtung in der Mitte des 18. Jh. als Gegenbewegung zu den Überschwenglichkeiten von Barock und Rokoko. Die Entdeckung von Herculaneum und Pompeji ließ die Kunst und Architektur des klassischen Griechenlands und Roms wieder aufleben. So war in England der > ADAM-Style Teil dieses Trends, in Frankreich der Stil Ludwigs XVI.

NEST OF DRAWERS. Engl. Bezeichnung für eine Miniaturkommode, die aus mehreren Schubladen zum Aufbewahren kleiner Gegenstände besteht; im 18. und 19. Jh. beliebt.

NEST OF TABLES. Ein Tischsatz: 3 oder 4 untereinander geschobene Tischchen, eins also immer größer als

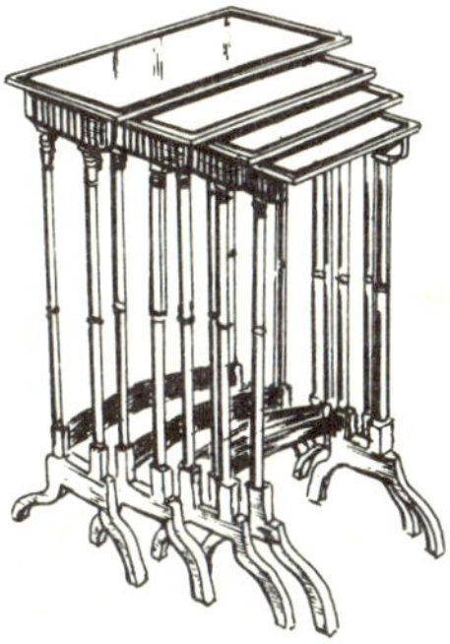

das andere. Ein Nest of Tables (auch „nested table")kann als Sofa- oder Beistelltischchen dienen. Es wird heute gern als Reproduktion nachgebaut.

NEW STANDARD. > Silver, > Britannia Standard.

NIGHTTABLE. Schränkchen für den Nachttopf, bis Mitte des 18. Jh. ein Kasten mit aufklappbarem Deckel (> Close Stool), danach Wandlung zum kleinen Schrank mit höheren Beinen oder niedrigeren Füßen (> Pot Cuppboard).

NONSUCH TRUHEN. > Trunks. Truhen aus dem späten 16. Jh., die mit kunstvollen Einlegearbeiten und Zierleisten versehen waren und perspektivische Ansichten vom Nonsuch Palace (in Surrey), ein Schloß Heinrichs des VIII., darstellten. Die Handwerksarbeit dieser Truhen erinnert aber an ähnliche deutsche Möbel, die in dieser Zeit in der Gegend von Köln entstanden. Man nimmt daher heute an, daß es sich bei diesen Truhen um das Werk deutscher Kunsttischler handelt, die nach England ausgewandert waren und sich hauptsächlich in Southwark niederließen.

NOTENSTÄNDER. Tauchen erstmals in der 2. Hälfte des 18. Jh. auf. In zeitgenössischen Dokumenten werden sie als „Pults" (Desks) bezeichnet. Sie sind meist in der Höhe verstellbar, und häufig befinden sich Kerzenhalter an beiden Seiten des Pults.

NURSING CHAIR. Relativ niedriger Sessel ohne Armlehnen für die Nurse. > Easy Chair.

Nursing Chair, Victorian

NUSSBAUM. > Walnut, > Age of Walnut.

O

OAK. Eiche, ein hartes, dauerhaftes, hellgelblich-graues Holz, wächst in Europa, Amerika und Asien. Es hat eine schwache Zeichnung. Charakteristisch sind helle, blanke, längliche Felder ohne Maserung. Diese Felder verlaufen quer zur Faser. Sie heißen Spiegel. Eiche läßt sich vorzüglich zu Paneelen verarbeiten und eignet sich für Schnitzereien. Im sognannten > Age of Oak von 1485–1660 wurde in England fast das gesamte, damals noch kärgliche Mobiliar aus Eiche gebaut.

Eichen-Dresser, 17. Jh.

Später, vor allem nach 1720, wurde Eiche neben Fichte (> Pine) und Obstholz (> Fruitwood) fast ausschließlich für rustikale Möbel (> Country Furniture) verwandt. Zur Konstruktion von Möbelgerippen und Schubladen wurde es jedoch weiterhin gern gebraucht.

Eichenschrank, 17. Jh.

Eichenhocker, 17. Jh.

OCHSENBLUT-GLASUR. > China, > Glasur.

OCCASIONAL TABLE. Bezeichnung für ein Tischchen, das vielseitig zu verwenden ist. Heute würde man es als „Beistelltisch" bezeichnen.

Georgian Occasional Table

Tripod Table und Cricket Table, typische Occasional Tables

OFENSCHIRM. > Fire Screen

OFFICE WALL CLOCK. > **Clocks**

OGEE FEET. Auch „Ogee Bracket Feet" genannt. Ein breiter, kurzer, leicht nach außen geschwungener Fuß an Kommoden, Bureaus u. ä.

OILED WALNUT. Nußbaumholz, das mit „Linseed oil finish" (Leinsamenöl) behandelt wurde. Dieses Öl-Finish gibt dem Holz ein weicheres satinähnliches Aussehen und ist widerstandsfähiger gegen Flecken, Hitze und Alkohol als Lack.

OLIVE WOOD. Ein hellgelbes Holz aus Italien mit grüngelben Figuren, vergleichbar mit der engl. Esche. In England sehr selten für Furniere. (> Oyster Verneer) und Einlegearbeiten verwendet.

ONE PILLAR DINING TABLE. Eßtisch mit einem Säulenfuß und einer runden Platte. Diese Tische werden auch als „Pedstal Table" bezeichnet (>Two Pillar Dining Table).

ONION FOOT. Zwiebelförmig gedrehte Beine im frühen Renaissance. Nach der William and Mary Periode kaum noch an Möbeln zu sehen.

Tallboy mit Onion Feet

ON STAND. Auf Beinen, z. B. > Chest on Stand.

OPEN ARM SETTEE. Gepolsterte Couch oder Sofa (> Settee), deren Armlehnen nicht voll oder gar nicht gepolstert sind.

Zwei Beispiele für Regency Settees

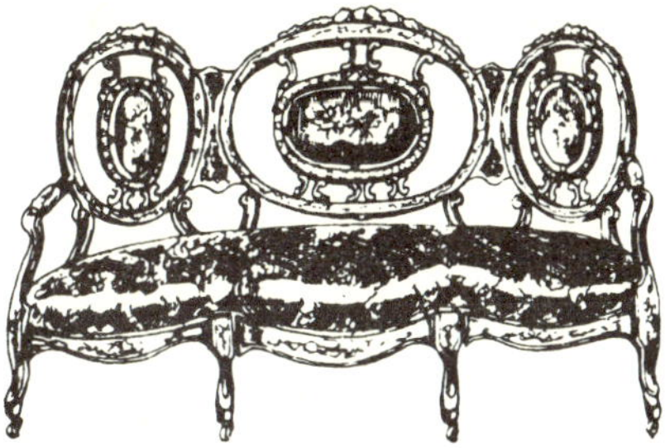

Victorian
Settee

Edwardian
Settee

OPEN BACK. Offene, ungepolsterte Rückenlehne mit einer Verzierung.

Open Back
Design

ORMOLU oder ORMOULO. (Von franz.: D'or Molou). Feuervergoldete Bronze (Bronze: Zinn, Zink und Kupfer zu gleichen Teilen). Vor 1760 wurde Ormolu aus Frankreich importiert. Nach 1765 wurde es in Birmingham von Mathew BOULTON und Diederick Nicholaus ANDERSON hergestellt. Man verwendete es für wertvolle Beschläge an Kommoden (Louis XV.) und für die in England im franz. Stil gebauten Möbel.

Mantel Clock
mit Ormolu

Porzellanvase
mit Ormolu

ORNAMENT. Sammelbegriff für alle Arten von Verzierungen an Möbeln.

OTTOMAN. Ein rückenloses, langes, gepolstertes Sofa mit gepolsterten Armstützen, von unterschiedlicher Höhe. Während der viktorianischen Periode beliebt.

OVAL BACK. HEPPLEWHITE-Stuhllehne, ähnlich den franz. Stuhllehnen der Louis XVI.-Periode, in

Anlehnung an Frankreich auch Médaillon genannt.

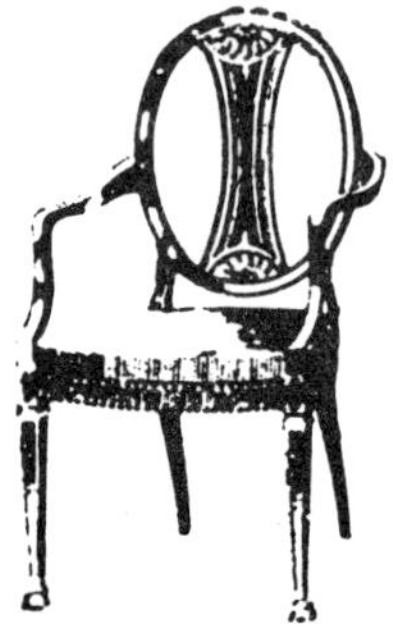

OVOLO. Eine eiförmige Vertiefung (moulding), die hauptsächlich an Schubladenecken von Nußbaum- und Mahagoni-Möbeln bis ca. 1745 eingearbeitet wurden.

OXFORD CHAIR. Bezeichnung für zwei verschiedene Formen englischer Stühle des 19. Jh.: 1. Ein leichter Stuhl mit einer Sitzfläche aus Rohrgeflecht und schwach auswärts gebogenen Beinen und 2. ein Lehnstuhl mit hoher Lehne, tiefer Sitzfläche und offenen Armlehnen mit Polsterauflage.

OYSTERVNEER. Austern- oder Hirnholzfurnier. Quer zur Maserung geschnittenes Furnier, das im allgemeinen zur Dekoration kleiner Flächen oder Kästchen benutzt wird.

P

PAINTED FURNITURE. Möbel, die mit Farbe, Lack oder anderem bemalt wurden. Dieses „Finish“ überdeckt die natürliche Maserung und Farbe des Holzes. Bemalte Möbel wurden zusätzlich häufig vergoldet oder intarsiert. Eine antike Technik, die ihren Höhepunkt im 18. Jh. erlebte > ADAM-Stil.

PAD FOOT. Abgeflachter, runder Fuß an Stuhl-, hauptsächlich aber Tischbeinen, meistens an > Cabriole Legs (Pad: Kissen, Polster, Wulst). Eine beliebte Form ab Ende des 17. Jh.

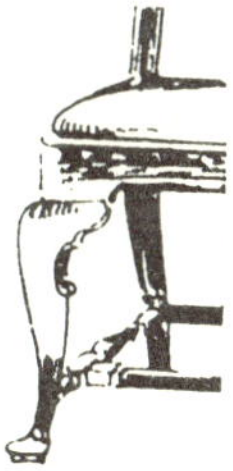

Pad Foot

Pembroke Table mit Pad Feet

PALACE LETTERS. Buchstaben, mit denen als Abkürzung der Name des Palastes auf die Möbel eingeschnitzt oder aufgemalt wurde, die für ein Herrscherhaus gefertigt wurden. Kam in Frankreich vor (z. B. VV = Versailles, F = Fontainebleau), aber gelegentlich auch im alten England.

PALISANDER. Der franz. Name für das ostindische > Rosewood-Holz, dunkelbraun mit schwarzen, ziemlich gleichmäßigen Streifen. Nicht zu verwechseln mit Rosenholz.

PANEL. Paneel, hölzerne Wandverkleidung; i.e.S. das Teil, das innerhalb eines (Holz-)Rahmens sitzt.

PANEL-BACK-CHAIR. Ein schwerer Eichenstuhl mit hoher, gerader Rükkenlehne, meist mit Schnitzereien versehen (frühe engl. Renaissance).

PAPERWEIGHTS. Briefbeschwerer, kamen aus mehrfarbigem Glas vor allem im 19. Jh. in Mode. Sie wurden in verschiedenen Dekors hergestellt, am verbreitesten waren Millefiori-Glasbeschwerer. Heute werden alte viktorianische Messinggewichte gern als Paperweights benützt.

PAPIER-MACHÉ. (franz.) Ein hartes widerstandsfähiges Material aus mehreren Papierlagen oder aus Papierbrei. Man kochte es auf, schüttete das überflüssige Wasser weg und gab den Leim dazu. Den dann entstandenen Brei füllte man zum Erhärten in Formen. Anschließend wurden die Formstücke lackiert oder bemalt, manchmal auch mit Perlmutt eingelegt. Hauptsächlich wurden in England kleine, dekorative Stücke, aber auch leichte Stühle und Tischchen aus diesem Material hergestellt. Seine Blüte erlebte Papier-Mâché in der ersten Hälfte der viktorianischen Zeit. Hauptproduzenten waren JENNENS & BETTRIDGE.

PARAVENT. Eine zusammenlegbare Stellwand, die aus zwei bis zwölf bespannten Holzrahmen besteht und dazu dient, vor Zugluft zu schützen. Die Holzrahmen wurden mit zumeist kostbaren Materialien bespannt: Brokat und Stickereien, Seide und Leder. Im ausgehenden 17. Jh. gab es Paravents aus Rohrgeflecht und lackiertem Holz (> Fire Screen).

PARIAN-WARE. Ein feinkörniges, meist unglasiertes engl. Hartporzellan, das im Aussehen dem Marmor ähnlich ist. Es wurde von > COPELAND und > SPODE in den Handel gebracht und in erster Linie für Figuren verwendet.

PARKER, George. Veröffentlichte zusammen mit John STALKER ein Handbuch mit dem Titel „Treatise of Japanning and Varnishing". Es enthielt genaue Arbeitsanleitungen und einige Muster für pseudo-fernöstliche Motive. STALKER und PARKER gaben einen entscheidenden Anstoß für das Bekanntwerden und die Popularität der Lackarbeiten durch dieses Handbuch.

PARQUETRY. Einlegearbeiten aus Holz und auf Holz in geometrischen Mustern, zunächst ähnlich den Intarsien in den Kerngrund von Holz eingelegt. Später wurde es auf einen separaten Untergrund hergestellt und dann im ganzen nach Art eines Furniers auf der Oberfläche eines Möbels angebracht. In England im 17. und 18. Jh. sehr beliebt. Auch eine Wandtäfelung in „Parkettmuster" wird Parquetry genannt.

PARTNER'S DESK. Ein extra großer Schreibtisch für zwei Personen, die sich gegenübersitzen. Dieser typisch engl. Schreibtisch hat rechts und links Schubladenkästen und eine lose Schreibtischplatte. Beide Personen, die an dem Schreibtisch sitzen, haben ihre eigenen Schubladen. Das Modell entwickelte sich wahrscheinlich aus

den großen > Library Tables des frühcn 18. Jh. Die Tischoberfläche war und ist oft mit einer Lederplatte versehen.

PATINA. Bezeichnung für Altersspuren an der Oberfläche, z. B. an Häuserfassaden, Kupfer, Bronzefiguren, Kupferdächern (Grünspan). Bei Möbeln entsteht die Patina durch die Abnutzung des alten Lacks, das fortwährende Wachsen und das Anfassen (Schmutz und Schweiß); sie erhöht meist den Wert eines Stückes. Die originale Politur eines Sekretärs z. B. sollte nie angegriffen werden, nur um Kleinigkeiten zu restaurieren. Das gilt für alle Holzarten.

PAW FOOT. Ein Fuß in Form einer Löwen- oder Bärenpfote an > Cabriole Legs, Mitte des 18. Jh. beliebt. Siehe auch > Ball-and-Clawfoot.

PEAR. Birnbaum, in England hauptsächlich auf dem Land verarbeitetes Holz. Hellgelbliche Farbe. Zarte, aber klare Maserung. > Fruitwood.

PEDESTAL DESK. Häufigste Form des engl. Schreibtisches, aus drei Teilen bestehend: den links und rechts

Pedestal Desk mit schräger Schreibklappe, sog. Dicken's Desk

angeordneten Schubladenteilen und der Schreibplatte mit drei Schubladen. So praktisch diese Pedestal Desks sind, haben sie doch einen Nachteil: die Kniehöhe ist meist nur 55–60 cm hoch. Der Ausgleich muß also durch einen Stuhl mit geringer Sitzhöhe gesucht werden. Heute werden Pedstal Desks mit neuer Ledereinlage auf der Schreibplatte geliefert (> Partner's Desk, > Kneehole Desk).

PEDESTAL SOFA TABLE. Sofatisch auf einem Mittelfuß (> Pedestal Table).

PEDESTAL TABLE. Gewöhnlich ein Tisch mit einer runden oder ovalen Tischplatte, die von einer Mittelsäule getragen wird (> One- (Two)Pillar-Table).

Loo Table als Pedestal Table

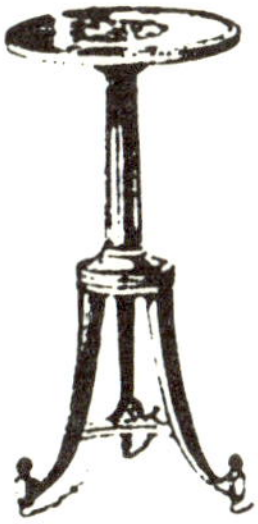

Tripod Table, auch Pedestal Table genannt

PEDIMENT. Giebel, nach dem klassischen griechischen Vorbild in Form eines Dreiecks, dessen Spitze oft mit einer Figur gekrönt und das ansonsten reich mit Verzierungen, Reliefs, Schnitzereien usw. dekoriert war. Vor allem in der späten > Georgian Period findet man an Kastenmöbeln solche Gesimsabschlüsse, oft in der Mitte unterbrochen (> Broken Arch). Eine Sonderform stellt der von CHIPPENDALE entworfene Schwanhalsgiebel dar. (> Swan Neck Pediment, > Gose Neck Pediment).

PEMBROKE TABLE. Kleiner klappbarer Eß- oder Ziertisch, dessen Beine starr sind. Die meist halbrunden hängenden Seitenklappen können durch Zargen hochgeklappt werden. Im festen Mittelteil befindet sich eine Schublade, auf der gegenüberliegenden Seite eine Atrappe. Kam durch SHERATON ab 1780 in Mode. Pembroke Tables vor 1840 haben häufig Bandintarsien aus > Satinwood oder Birds-Eye (> Maple).

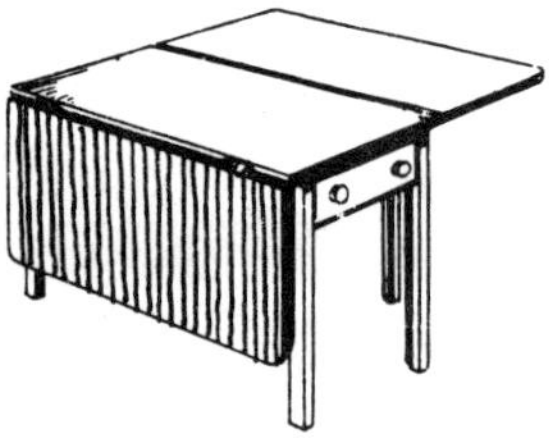

8 Beispiele für Pembroke Tables, alle Georgian

PEDIMENTS*)

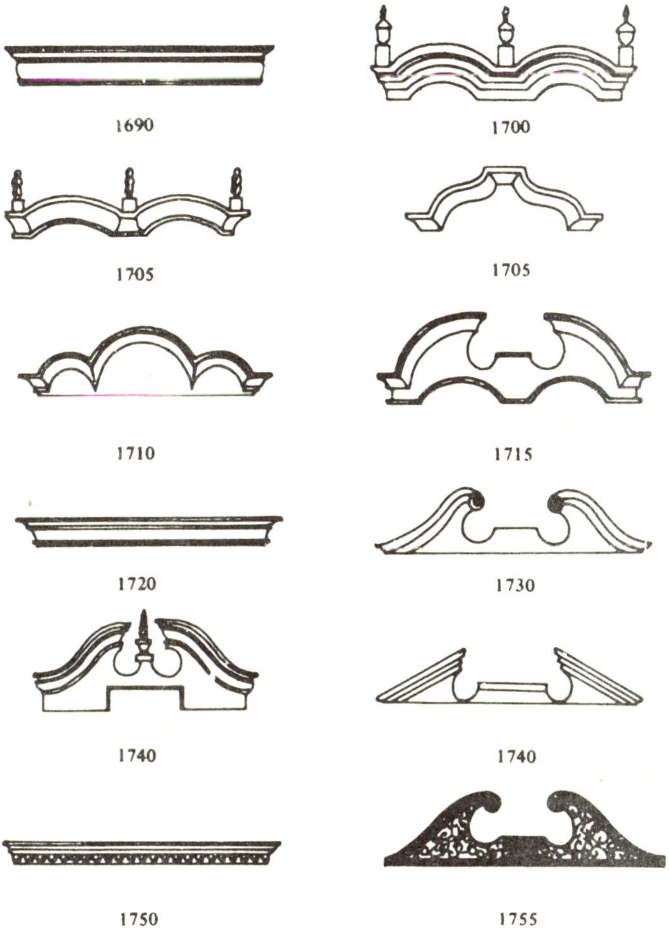

1690 Swell Frieze
1700 Queen Anne
1705 Double Arch
1705 Queen Anne
1710 Triple Arch
1715 Broken Circular

1720 Cavetto
1730 Swan Neck
1740 Bonnet Top
1740 Broken Arch
1750 Dentil Course
1755 Fret Cut

*) aus THE ANTIQUE DEALERS POCKET BOOK, LYLE PUBLICATIONS 1972

Georgian Pembroke Table mit Pad Feet

2 Beispiele für Victorian Pembroke Tables

PERIOD FURNITURE. Ein Möbelstück ist dann bei den Engländern ein „Period Furniture", wenn es tatsächlich in der betreffenden Periode (z. B. in der Queen Anne-, CHIPPENDALE- oder Georgian-Zeit) hergestellt wurde. Möbel, die zwar im Stil einer Periode, aber später hergestellt wurden, werden als „Period-style Pieces" bezeichnet.

PEWTER. Zinn, ein silbriges, matt glänzendes, ein sogenanntes unedles Metall. Gehört dank seiner hervorragenden Eigenschaften zu den ältesten vom Menschen bearbeiteten Metallen. Es schmilzt schon bei 230 Grad Celsius und ist wegen seiner Weichheit leicht zu bearbeiten. Es ist gut zu legieren, ist nicht gesundheitsschädigend und leitet Wärme und Strom schlecht. Reines Zinn ist für den Guß viel zu weich. Man hat daher schon immer andere, härtere Metalle, vor allem Antimon, Kupfer, Wismut und Blei beigemischt. Erhältliche Zinnlegierung: Engl. Zinn: Zinn 88,42%, Antimon 7,16%, Kupfer 3,54%, Wismut 0,88%, Britannia-Metall: Zinn 90%, Antimon 10%.

Zinn-Marken

Pewter Candlestick, 17. Jh.

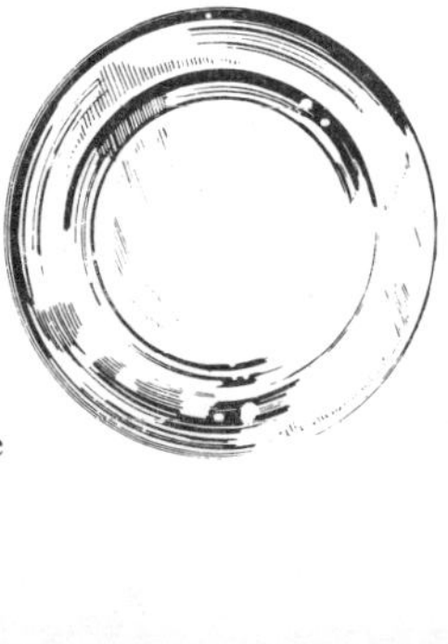

Pewter Plate

Einkaufstips: Es ist sehr wichtig, daß man sich genau über die Entwicklung des Zinngerätes, die verschiedenen Dekormöglichkeiten, die Zeit der Herstellung und die Art der Gußtechnik informiert. Fälschungen von Könnern sind schwer zu erkennen. Verdächtig sind auf jeden Fall Angebote von äußerst seltenen kostbaren Stücken, denn diese sind heutzutage in Museen oder alten Privatsammlungen. Kleine Beulen oder zu regelmäßige Kratzer an Stellen, wo sie durch Benutzung normalerweise nicht entstanden sein können, sind verdächtig. Auch Markenstempel können gefälscht sein und sind daher leider nicht immer eine Garantie.

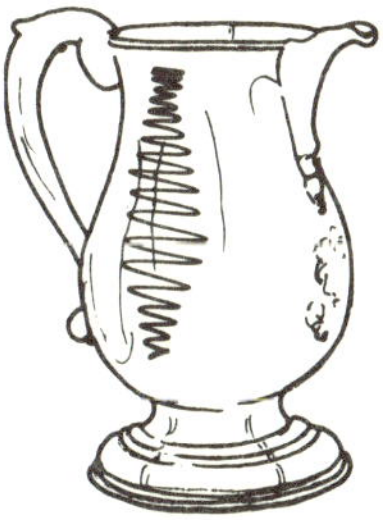

Pewter Jug

Pewter Ladle

Pewter Mugs

Pewter Salt

Pewter Beer Mug

Coffee Pot

In England wurde Pewter ursprünglich als Ersatz für Silber verwendet und bisher relativ günstig auf dem engl. Markt gehandelt. Die Preise ziehen jedoch aufgrund der Nachfrage rasch an.

PFLEGE ANTIKER MÖBEL. Antike Möbel brauchen wenig Pflege. Regelmäßiges Abstauben ist selbstverständlich. Vierteljährlich (oder wenn helle Kratzer entstanden sind) mit wenig hellem oder dunklen > Antiquax nachpolieren: Ganz wenig Wachs auf einen Lappen geben und ganz kräftig einreiben. Ist das Möbelstück nicht handpoliert, sondern gespritzt (oder lackiert), genügt Abstauben. Gläser- oder andere Ränder kann man mit etwas Geschick selbst beseitigen: mit Stahlwolle wird die fleckige Politur abgeschmirgelt, dann Schicht für Schicht neu poliert, d. h. Wachs auftragen, trocknen lassen,

wieder Wachs auftragen und wieder trocknen lassen. Wer sich das nicht zutraut, sollte das Möbelstück einem Fachmann zum Aufpolieren geben. Versiegeln sollte man ein antikes Stück lieber nicht. (Wenn doch: nur mit einem Zwei-Komponenten-Lack). Treten graue Schimmer an neu polierten Stücken auf, ist das ein Zeichen dafür, daß die alte Politur nicht völlig entfernt worden ist.
Wer kein Antiquax zur Hand hat, kann auch normales Haushalts-Pflanzenöl verwenden.

PFOSTENHOCKER. Gegen Ende des 16. Jh. gebaute Hocker, die auf vier schrägen, gedrechselten > Balusterbeinen stehen. Die Beine sind unten durch schmale Querbretter verbunden (> Joint Stool).

PIANO STOOL. Ein runder, vier- oder rechteckiger Hocker mit einer in der Höhe verstellbaren Sitzfläche, bekannt seit Ende des 18. Jh. (Piano = Klavier).

PIECRUST TABLE. Ein runder Teetisch aus dem 18. Jh., der einen Drehfuß und einen nach oben stehenden gewellten Rand hat. Der Tisch wurde meist aus Mahagoni gefertigt.

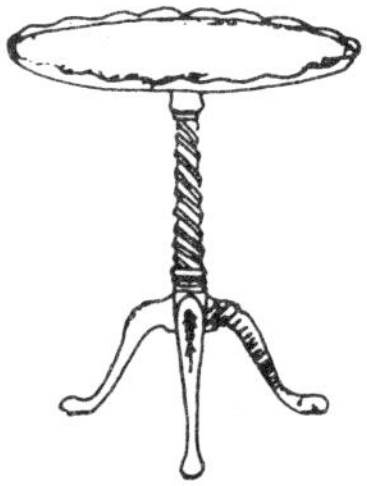

PIEDESTALE. Schmale sogenannte Beistellschränkchen, die erstmals um 1770 von ADAM entworfen worden sind. Sie wurden neben Anrichten aufgestellt und wurden vielseitig genutzt. Auf den Piedestalen finden sich oft, im gleichen Stil gearbeitete, Amphoren. Diese Amphoren dienten entweder als Besteckkästen oder – mit Blei ausgeschlagen – als Wasserbehälter.

PIER CABINET. Vitrine oder (Bücher-)Schrank unter dem > PIER Glass; ebenso PIER Table.

PIER GLASS. Ausdruck des 18. Jh. für Schauglas, das in Fensterform zwischen 2 Fenstern hing (pier).

PIER TABLE. Ein Wandtisch (> Side Table, > Tea Table, > Card Table), der gegen den „Pier“ stand, also an der Wand zwischen zwei Fenstern.

PIGEONHOLES. Kleine Fächer in > Bureaus oder > Secretaires an Stükken aus dem späten 17. und frühen 18. Jh.

PILLOWBACK CHAIR. Charakteristisch für diesen Stuhl ist der Einsatz eines Kissens oder Blocks am oberen Ende der Stuhllehne; vornehmlich an SHERATON-Stühlen.

PINE. Fichte, ein Weichholz von heller, weißlich gelber Farbe mit deutlicher, ruhiger Maserung. White Pine ist weich, yellow pine ist recht hart. Man gebrauchte Fichte schon immer für Möbelgerippe, Möbelrückwände und für Schubladen. In England ist heute der Trend zu beobachten, abgebeiztes country furniture aus nicht furnierter, gewachster Fichte zu Hause aufzustellen, wie bei uns etwa abgebeizte Bauernschränke oder Bauernstühle.

PIPE-RACK. Pfeifengestell, verwendet seit dem 18. Jh. in zwei Formen: Als rundes Gestell ähnlich alten Stempelhaltern (eine Scheibe mit Kerben mit einem zentrischen Stab) oder als Wandgestell, als offener Rahmen mit Haltekerben oder Brettern zum Ablegen.

PLANT STAND. Hoher Ständer aus (Mahagoni-) Holz, oft in Säulenform, auf dem Blumentöpfe aufgestellt werden können.

PLATE-PAIL. Ein eimerähnlicher Behälter aus Mahagoni, in dem in den großen Häusern des 18. und 19. Jh. die Teller von der Küche in den Dining Room getragen wurden (oft ein langer Weg). Durch einen vertikalen 8–15 cm breiten Schlitz an der Seite konnten die Teller leicht hineingetan und herausgenommen werden.

PLATED SILVER. Das echte Plated (oder Plate) ist eine Erfindung von Thomas BOULSOVER, der im 18. Jh. lebte. Er verwendete für Tafelgerät Kupferblech, auf das er einseitig oder

Plated Chamber Sticks

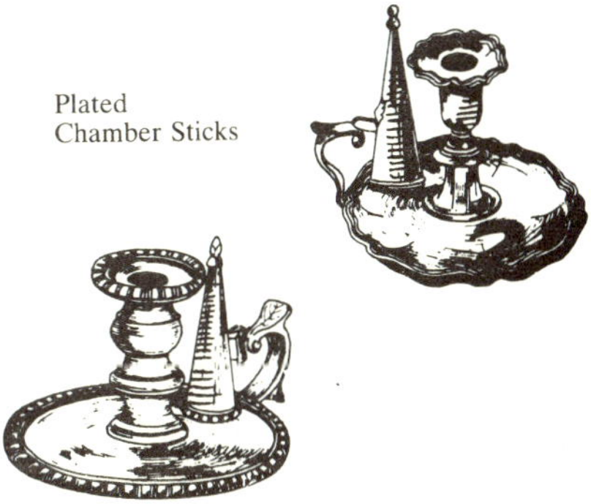

Plated Tea Pot

Plated Candlesticks

Coffee Pots

Plated Egg Cups

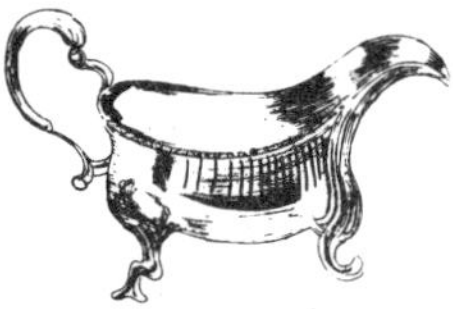

Inkstand

Plated Sauce Boats

von beiden Seiten ein dünneres Silberblech aufhämmerte und aufwalzte. Zuvor wurden die sorgfältig gereinigten und aufeinandergelegten Bleche bis zur Rotglut erhitzt. So entstand eine unlösliche Verbindung der beiden Metalle.
Plated Silver wurde im 18. Jh. auch als „Domestic Silver" bezeichnet. Das sogenannte Old Sheffield oder engl. Plated Silver trägt wie Silber ebenfalls Marken und Stempel in Form von Buchstaben, Namen, Wappen oder Symbolfiguren. Sofern Plated Silver aus der Zeit vor etwa 1840 stammt, ist es ein gesuchtes Sammelobjekt und wird kaum geringer bewertet als massives Silber.

POCKET WATCH. Taschenuhr, meist aus Silber, sehr häufig seit Beginn des 19. Jh.

POLE SCREEN. Eine Art > Fire Screen aus der Regency- und frühviktorianischen Zeit. Bei Pole Screens hängt von einem Querbalken eine Stoffbahn herunter. Bei manchen Exemplaren aus dem 19. Jh. ist der Ständer aus Messing.

POLISH. Politur. Früher behandelte man die Oberfläche von Möbeln meistens nur mit Leinsamenöl und Wachs. Mahagoni wurde später mit Schellack poliert. Während man heute die Poren des Holzes mit einem schnelltrocknenden Lack (Hartgrund) schließt, brachte damals ein Polierer Stunden damit zu, mit dem Polierballen und Spiritus Bimsmehl in die Oberfläche hineinzumassieren. Wenn so der Grund geschaffen war, konnte man mit guter Schellackpolitur und Polieröl eine hochglänzende Oberfläche aufpolieren.

POLSTERUNG. > Upholstery

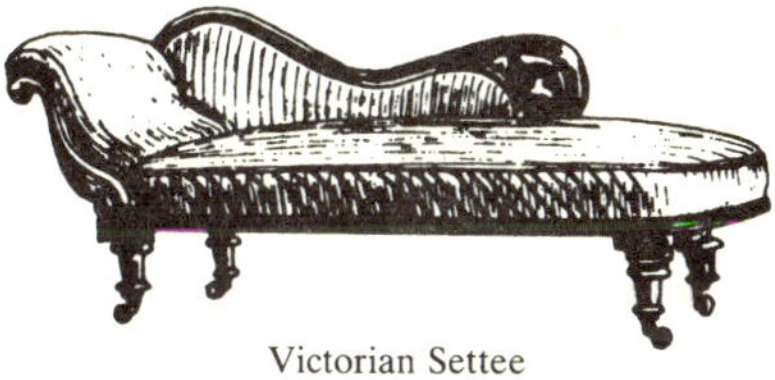

Victorian Settee

Victorian Easy Chair

POLSTERSTÜHLE. Anfang des 17. Jh. begann man damit, Stühle zu polstern. > upholstery.

PONTYPOOL TRAY. Metalltablett mit schwarz-goldener Bemalung aus der Regency-Periode, oft mit japanischen Motiven. (> Trays).

POPLAR. Pappel, auch Whitewood genannt, kam im späten 16. Jh. zusammen mit Mooreiche, Stechpalme, Sykomorenholz, Buche, Esche und Obsthölzern in Mode und wurde für Einlegearbeiten verwendet, helles Holz, das recht gern für > CARCASSES genommen wurde oder für bemalte Truhen (painted chests). Wird auch > TULIP WOOD genannt.

PORTOBELLO ROAD. Bekannte Londoner Straße, mehr und mehr im Stile eines Flohmarktes. > Antiquitäten-Märkte.

PORZELLAN-FIGUREN. Staffordshire-Figuren.

PORZELLAN. > China, > Pottery.

Moorcroft Bowl

Moorcroft Vase

POT CUPBOARD. Nachttopf-Schrank (> Nighttable).

Victorian Chamberpot

Zwei Georgian Pot Cupboards

POTTASCHEGLAS. > Glass

POTTERY. Steingut, wahrscheinlich eine engl. Erfindung mit Heimat in Staffordshire, wo die Erde kaolinhaltig ist. Pottery ist aus Kaolin, Quarz, Ton und Feldspat zuammengesetzt. Der Scherben hat eine durchscheinende weiße oder gelbliche Farbe und ist porös. Er wird meist mit einer durchscheinenden Bleiglasur dekoriert.

POUCH TABLE. Kleiner, eleganter Damen-Arbeitstisch gegen Ende des 18. Jh. Er enthielt verschiedene Fächer für Handarbeiten. Die SHERATON-Zeit kombinierte >Worktables mit > Writingtables.

PRATT, Felix. Engl. Töpfer (1780–1859). Nach ihm und A. PRATT wurde die „Pratt Ware" benannt.

PRAYER'S CHAIR. Betstuhl; mit niedrigem Sitz, auf den man die Knie legen kann.

PRESS. Engl. Truhe aus dem 16. Jh. aus zwei Teilen bestehend. Der untere Teil sind 2–3 Schubladen, der obere die eigentliche Truhe. Die Truhen wurden mit Vorliebe in Wohnhallen und Gesellschaftsräumen aufgestellt und dienten ursprünglich zum Aufbewahren von Tischwäsche und Bestecken, aber auch Büchern. Aus dem Press entwickelte sich der Wäscheschrank, > Linen Press, > Wardrobe.

Early Georgian Linen Press, Eiche

Georgian Linen Press, Mahagoni

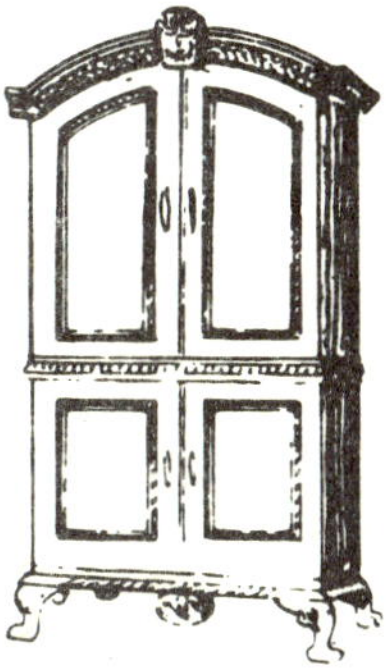

3 Beispiele für Victorian Wardrobes

PRESS BED. Im 19. Jh. waren auch Klappbetten sehr beliebt. Zusammengeklappt wirkten sie wie ein Schrank oder Sofa. Solche Klapp- oder Faltbetten gibt es schon mindestens seit dem 17. Jh.

PRIGUOT, Eugène. Cabinet-Maker, entwarf 1855 erstmals ein Cabinet mit Glas, das von JACKSON und GRAHAM angefertigt wurde und heute im Victoria und Albert Museum steht.

PRINCE OF WALES FEATHERS. Ornament aus drei Straußenfedern, wie sie das Wappen des Prince of Wales zeigt. Beliebtes engl. Möbeldekor, besonders an Stuhlrücken des späten 18. und frühen 19. Jh., charakteristisches HEPPLEWHITE-Motiv.

PRONG BOX. Andere Bezeichnung für > Knife Box.

PROUT, Samuel. (Plymouth 1783–1852 London). Topographischer Zeichner und Aquarellmaler, einer der ersten engl. Litographen. Seine großformatigen Litographien sind 1833 erschienen, gedruckt von HULLMANDEL.

PROVINCIAL FURNITURE. Gleichbedeutend für > Country Furniture oder > Country-made Furniture, ländliche Möbel.

PUB CHAIR. Ländlicher, solider Armlehnstuhl, > SMOKER'S CHAIR.

PUGIN, A. W. N. Engl. Architekt und Designer (1812–1852), der sich besonders dem gotischen Stil verbunden fühlte. Die Skizzen gotischer Möbel von A. W. N. PUGIN unterscheiden sich jedoch grundsätzlich von denen seines ebenfalls in der Branche arbeitenden Vaters, der gotische Stilelemente allein zur Verzierung konventioneller Möbel aus dem späten Regency heranzog. A. W. N. PUGIN versuchte, die Gotik wieder zu beleben, indem er die mittelalterlichen Formen und das Handwerkertum wiedererweckte. Sein Werk hatte einen starken Einfluß auf den gotischen „Trend" während der viktorianischen Zeit.

PULTS. > Desks

PULTSCHREIBTISCHE. > Secretaires

PURPLE-WOOD. Braunes, hartes Holz aus Brasilien und Neu-Guinea, das purpurfarben wird, wenn es der Luft ausgesetzt ist. Im 18. Jh. in Frankreich und England gern für > Marquetry verwendet.

PUB TABLE. > Cricket Table.

PYRAMIDEN-MAHAGONI. > Mahogany, > Age of Mahogany.

Q

QUÄKER-STUHL. Ein Armstuhl mit gepolstertem runden Sitz, Ballonlehne und gedrechselten Vorderbeinen. Er wurde im 19. Jh. in High Wycombe (Buckinghamshire) hergestellt.

QUALITÄTSMERKMALE. Was für die Qualität antiker englischer Möbel sprechen kann:

1. Abnutzungserscheinungen
2. Patina
3. Beize
4. Beschläge
5. Holz
6. Furniere
7. Schnitzereien
8. Verbindungsstellen
9. Erhaltungszustand insgesamt.

QUARE, Daniel. Engl. Uhrmachermeister in der späten Stuart- und der frühen georgianischen Periode, der auch Stab- bzw. Phiolenbarometer baute.

QUARTETTO-TABLES. > Nest of Tables.

QUEEN ANNE STYLE. Spätbarokker, engl. Stil in Architektur und Kunsthandwerk, während der Regierungszeit der Königin Anna (1702–14) bis um 1750 angewendet. Die Möbeltypen dieser Zeit sind im Dekor noch zurückhaltender und funktioneller als beim vorausgegangenen William and Mary Stil. Charakteristisch sind ge-

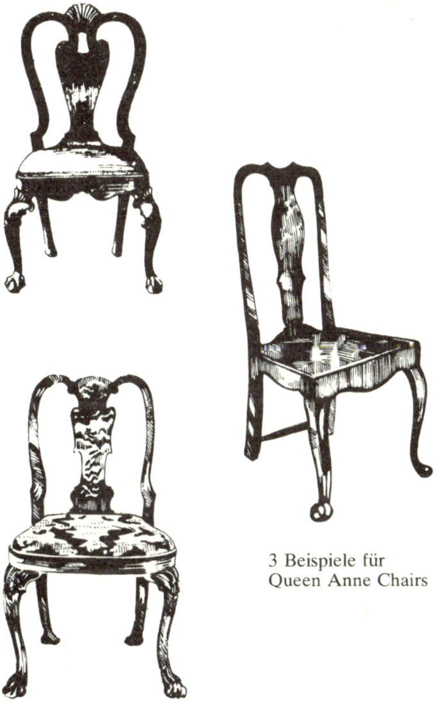

3 Beispiele für Queen Anne Chairs

Wing Chair

2 Bureau Bookcases, ca. 1710

Highboy

Bureau

Chest

LowBoy

LowBoy

schwungene Linien, z. B. bei > Cabriole Legs, deren Abschluß zumeist ein > Claw- and Ballfoot bildet. Verarbeitet wurde zunächst vor allem Walnut (Nußbaum), dann auch Mahagoni. Trotz der schlichteren und sachlicheren Formen fand u. a. kunstvolle > Marketerie vielfach Verwendung. Beliebt waren auch Lackmöbel in chinesischer Art. Typische Queen-Anne-Möbel sind das > China Cabinet, Klapptische verschiedener Konstruktionen, Brett- und Kartenspieltische, Ohrensessel, Bibliotheksstühle, >Chest of Drawers (Schubladenkommode), >Tallboy, > Love Seat, > Bachelor Chest, Blanket Chest, > Daybed, > Lowboy, Toilettentische, > Windsor Chairs usw.

QUEEN'S PATTERN. Muster auf engl. Silberbesteck des 19. Jh.

QUEENSWARE. Queensware oder > Creamware ist eine andere Bezeichnung für das um 1760 von > WEDGWOOD entwickelte cremefarbene Steingut. Ein Kaffee-Service dieser Art begeisterte die damalige Herrscherin Charlotte so sehr, daß sie WEDGWOOD gestattete, dieses Steingut QUEENSWARE zu nennen.

QUERBRETT. Horizontale Verbindungsstück innerhalb des Rahmens einer Stuhlrückenlehne. Das oberste Querbrett heißt Schulterbrett.

R

RACK. Ein Ständer für Noten, Bücher, Zeitungen etc. Manchmal ist ein Rack mit Schnitzereien verziert oder hat zusätzlich noch eine Ablage.

Georgian Music Rack

Georgian Hall Stand

RAIL. Das horizontale Querbrett im Rahmen eines Möbels (z. B. eines Bettes) oder der oberste Teil einer Stuhlrückenlehne.

Bed Rails

RANDINTARSIE. Eine Umrahmung der Kanten von Tischplatten und Vorderfronten von Kastenmöbeln aus gleich- oder andersartigem Furnier, um die Konturen zu betonen.

RAVENSCROFT, G. > Glass

READING CHAIR. Im England des 18. Jh. ein Stuhl zum Lesen, auf dem man rittlings mit dem Gesicht zur Lehne saß. Auf der Lehne war eine schräge Buchstütze angebracht. Der Stuhl war oft aus Nußbaum und mit Lederpolstern bequem gemacht.

READING TABLE oder **READING DESK.** Ein sehr beliebtes Möbelstück des späten 18. Jh.: ein kleiner, hoher

Tisch auf einem Fuß mit meist rechteckiger Platte, die man zum Lesen schräg hochklappen konnte. Auf einem kleinen Stützbrett ruht das Buch.

RECESSED STRETCH. Querstrebe, die die beiden Seitenstreben eines Sitzmöbels miteinander verbindet und mit den Beinen selbst nicht in Berührung kommt.

REEDING. Äußere Form an Tisch- und Stuhlbeinen: Verzierung durch parallel laufende, nach außen gewölbte Reihen. Wenn die Reihen konkav laufend, also lange parallele Vertiefungen zu sehen sind, nennt der engl. Möbeldesigner das „Fluting".

REFECTORY TABLE. Refektoriumstisch, langer, rechteckiger rustikaler Tisch, fast immer aus Eiche, mit vier Beinen, die unten alle mit Streben verbunden sind. Refectory Tables wurden bis ca. 1700 gebaut und kamen (auch in Deutschland) meist in Klöstern vor.

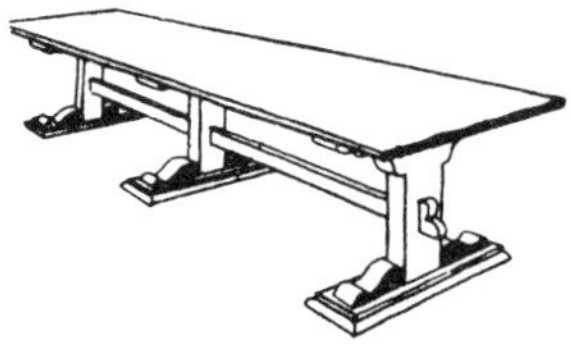

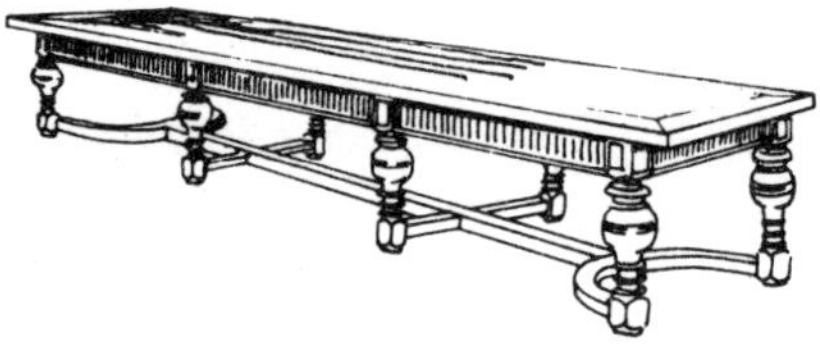

REGENCY. (1800–1830). Ab 1800 entwickelte sich parallel zu SHERATONs Arbeit ein neuer Stil. ADAM hatte sich bei seinen Entwürfen nur von der Antike inspirieren lassen, jetzt wurden die Möbel der Antike direkt nachgebaut, zum Teil nach Motiven auf antiken Tellern und Vasen. Die Möbel waren gradlinig und entsprachen den klassischen Vorbildern aus Griechenland, Ägypten und Rom. Als Motive findet man Delphine, Schwäne, Sphinxe und Säulen, zum Teil vergoldet. Diese Verzierungen gaben den dunklen Mahagoni-Möbeln eine prunkvolle Strenge. Aber auch der chinesische Stil beeinflußte mit seiner

Möbelbemalung die Regency-Zeit. Die geraden Linien und Flächen kamen auch der beginnenden Industrialisierung entgegen, denn der wachsende Möbelbedarf der breiten Schicht konnte nur durch maschinelle Herstellung gedeckt werden.
Besonders hervorzuhebende Möbel aus dieser Zeit: der > Two Pillar Table, der > Sofa Table, das > Davenport-Schreibpult und viele Arten Stühle. Das erfolgreichste Stuhlmodell ist der, nach Lord Nelson's Schlacht benannte, > „Trafalgar"-Chair.

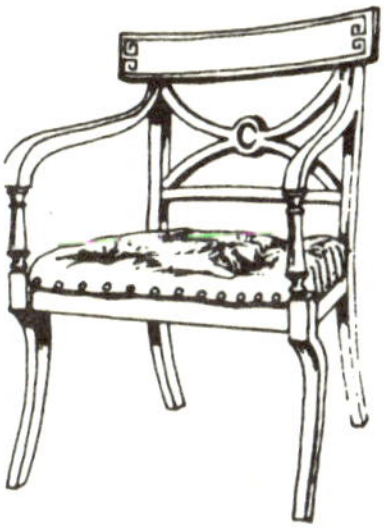

Beispiele für Regency-Stühle

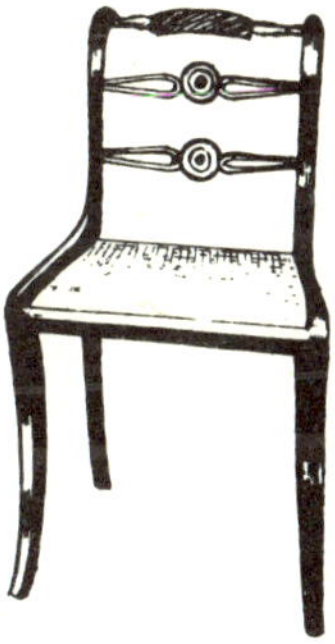

Die Entwicklung des bürgerlichen Wohnstils konnte das anspruchsvolle Regency nicht dauerhaft beeinflussen. Am Ende der Periode, etwa um 1830, kehrten die Engländer zur georgianischen Wohnkultur zurück, die während der Regierungszeit William IV., 1830–1837, bereits viktorianische Züge trug.

RENT TABLE. Ein runder oder achteckiger Tisch aus der Regency Periode. Der Tisch hatte meistens sieben Schubladen in der Schürze unterhalb der Tischplatte. Die Schubladen waren mit den Wochentagen gekennzeichnet. Diese Tische dienten zur Abrechnung von Mietzins für Pachtgelände oder gewerblichen Betrieben. SHERATON z. B. hat sehr schöne Stücke entworfen.

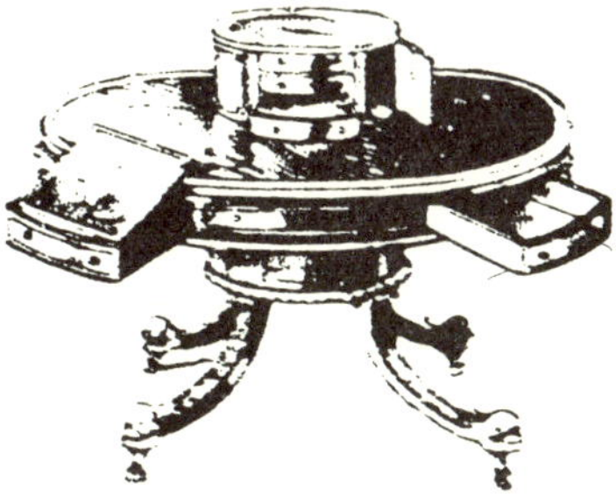

REPRODUCTION. Ein Nachbau einer antiken Form, die auch als Nachbau ehrlich ausgewiesen wird; nicht zu verwechseln mit > Fake, einer Fälschung.

Auf dem engl. Markt haben sich heute eine ganze Menge von Möbelfirmen auf die Reproduktion alter Stücke spezialisiert und sogar der Fachmann hat teilweise Schwierigkeiten, eine gute Reproduktion von einem echten Stück zu unterscheiden.

RESTORATION PERIOD. Die Zeit von 1660 bis 1688, in der in England die Monarchie wiederhergestellt und Charles II. König wurde. Die engl. Möbel zur Zeit der Restauration zeigen deutlich die Auflehnung gegen die puritanische Strenge und wurden durch den Einfluß des kontinentalen Barock stärker ausgeschmückt. Die Möbel waren hauptsächlich aus dem eleganteren Nußbaum gefertigt (> Age of Walnut).

RESTORATION CHAIR. Ein engl. Stuhl des späten 17. Jh. mit Rohrgeflecht in einer hohen, stark geschnitzten Lehne.

RESTORATOR. Restaurateur, ein Handwerker oder Künstler, der sich mit dem Restaurieren (lat. restaurare, engl. restore = wiederherstellen) alter Möbel, Bilder, Häuser oder Kirchen beschäftigt.

REVOLVING BOOKCASE. Bücherregal, das auf einem drehbaren Fuß steht und in das von allen vier Seiten Bücher gestellt werden können.

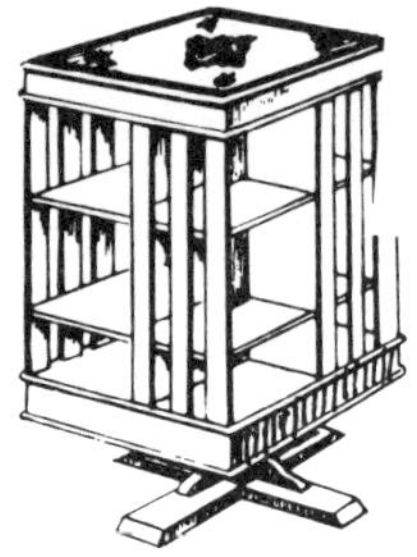

RIBBON-BACK. Eine CHIPPENDALE-Stuhlart. Die Stuhllehne ist so geschnitzt, daß ineinandergreifende Bänder vorgetäuscht werden. Dieses Motiv erscheint auch im Louis XVI-Stil und im deutschen Rokoko.

RIM. Eine Borde, eine Kante oder eine Gallerie um eine Tischplatte. Sie kann konvex oder konkav geschnitzt oder aufgesetzt sein.

RISSE. Trockenheitsschäden durch Zentralheizung, kommen leider bei größerer Wärme und zu hoher Trokkenheit des Raumes immer wieder vor, besonders wenn das Furnier auf einem Weichholzkorpus verarbeitet wurde. Massives Holz (z. B. Mahagoni) reißt seltener. In jedem Falle muß man in Deutschland auf genügend Feuchtigkeit in den Räumen achten, da sonst der Wechsel vom engl. Seeklima Risse schnell entstehen läßt.

ROBE CHEST. Kleine lackierte > Box mit Verschluß, japanisches Design, japanische Motive.

ROBERTS, Edward John. Kupferstecher in London (1797–1865). Schüler und Mitarbeiter von Heath, dem Erfinder des Stahlstiches.

ROBINSON, Gerrard. Engl. Möbelkünstler, der von 1855 bis zu seinem Tode im Jahre 1890 fortgesetzt an den Schnitzereien für die Chevy-Chase-Anrichte arbeitete, die für den Herzog von Northhumberland angefertigt wurde.

ROCAILLE. Eine Art stilisierte, asymmetrische Muschelform, Hauptornament des Rokoko, das davon seinen Namen herleitet.

ROCKING CHAIR. Schaukelstuhl, in England von 1700 bis 1900 gebaut.

Lancashire Rocking Chair

Bentwood Rocking Chair

ROCOCO. Rokoko, ein sich vor allem im Ornament und in der Innenarchitektur auswirkender Stil, der sich in Frankreich um 1725 als Reaktion gegen den schweren, pompösen Barock entwickelte, der am Hofe von Louis XIV. beliebt war. Um 1740 wurde das Rokoko auch in England beliebt. Seine Kennzeichen sind üppige > Rocaillen (C- und S-förmige Schnörkel) und die phantasievolle Auflösung naturalistischer Formen. Seinen deutlichsten Ausdruck erfährt das Rokoko in den Schnitzereien, beispielsweise von Spiegelrahmen. Auch Möbel aus der CHIPPENDALE-Zeit zeigen häufig Rokoko-Einflüsse.

ROLL BUREAU. > Cylinder Bureau, > Bureau.

Rolltop Bureau Bookcase

ROLLTOP DESK. Aufsatzsekretär oder Bookcase on Stand, bei dem die Rollklappe des Sekretärs aufzuschieben geht, im Prinzip wie beim > Cylinder Bureau.

ROSENHOLZ. Es hat im Gegensatz zum engl. > Rosewood eine hellbraunrötliche Farbe. Man gebrauchte es vor allem zur Zeit des Rokoko zum Furnieren besonders teurer Möbel.

ROSEWOOD. Palisander, ein hartes, schweres, purpurbraunes brasilianisches Holz mit schwarzen Streifen. Im Laufe vieler Jahre bleicht es aus in eine gelblich dunkelbraune Tönung. Frisch geschnitten entwickelt es einen aromatischen Duft. Daher auch die in England gebräuchliche Bezeichnung Rosewood, die mit Rosenholz völlig falsch übersetzt ist. Schon immer hat man mit diesem Holz kleine Einlegearbeiten ausgeführt. Während der Regency-Ära wurde es zum Modeholz, mit dem Tische, Chiffonièren und kleine Kästchen furniert wurden. Stühle und Bänke wurden selten massiv gebaut. Meist waren sie aus Buche und mit Palisandermaserung bemalt.

ROTES STEINGUT. > Stoneware. Nach Böttcher's berühmten roten Steingut auch in England von DWIGHT, ELERS und WEDGWOOD weiterentwickelt, weit verbreitet als Haushaltsgeschirr.

ROUNDABOUT. Dreisitziges Sofa aus dem 19. Jh., das eine runde Einheit bildet, von deren Mitte aus drei individuelle Sessel ausgehen.

ROUNDABOUT CHAR. Andere Bezeichnung für > Corner Chair.

ROYAL CROWN DERBY. > Derby

ROYAL DERBY. > Derby

ROYAL DOULTON. Neben WEDGWOOD und WORCESTER eine bekannte und teure engl. > Porzellanart.

ROYAL WORCESTER. > Worcester

RUDDER. Holzstütze in Form eines Seitenruders für die Klapplatten an > Drop Leaf Table.

Rudder

RÜSTER. > Elm

RUG CHEST. Eichentruhe im 17. Jh., ähnlich dem Oak Coffer (> Trunk).

Oak Rug Chest

RUNNER. Der hölzerne Führungsstreifen, auf dem eine Schublade läuft.

RUSH. Binsengeflecht, oft auf den Sitzen alter Stühle (> Country Made) zu finden.

S

Sabre Leg. Säbelbein, Stuhlbeinform der > Regency Periode, etwa 1780 bis 1820. Die Beine sind in Säbelform leicht ausgestellt und geschweift und griechischen Vorbildern nachempfunden.

SADDLE SEAT. Sattelförmiger Sitz für Stühle. Häufig an WINDSOR-Stühlen.

SALTS. Salznäpfchen. Im 15. bis 17. Jh. meist aus Holz und Zinn (> Pewter), ab 18. Jh. aus Silber.

4 Beispiele für Georgian Salznäpfchen

SALVER. Kleinerer Silberteller, wie er früher z. B. zum Präsentieren einer Visitenkarte oder für Gebäck benutzt wurde.

SAMPSON. > Porzellan.

SANDALWOOD. Sandelholz, hartes, gelbliches Holz von ostindischen und pazifischen Inseln, das hauptsächlich für Einlegearbeiten benutzt wurde.

SAPELIMAHAGONI. Holz, fast dem afrikanischen > Mahogany gleich, aber härter und gröber strukturiert.

SATINWOOD. Seidenholz, ein gelbliches bis goldbraunes Hartholz, fast ohne Maserung, das von den Westindischen Inseln kommt. Es wurde von

ADAM, CHIPPENDALE und SHERATON für Intarsien und Furniere bevorzugt.

SATSUMA. > Porzellan.

SAUCEBOAT. Sossenkanne, Saucière; gehörte ab dem 18. Jh. auch in England zu einem vollständigen Silber- oder Porzellan-Service.

Beispiele für Sauceboats, Silver, Georgian

SCAGLIOLA. Marmorimitation aus Marmorsplittern, Alabaster und Gips. Mit diesem Material konnte man auch komplizierte Muster und Bilder zusammensetzen. Bereits im späten 17. Jh. tauchten die ersten Tischplatten aus Scagliola auf; im 18. Jh. kamen sie sehr in Mode. Sie wurden zunächst aus Italien importiert und in der zweiten Hälfte des 18. Jh. dann auch in England hergestellt.

SCALLOP SHELL. Beliebtes Muschelmotiv in der späten Renaissance, in den Perioden von Louis XIV, Louis XV, Queen Anne und George I-III. - Eine halbrunde Muschel mit zentrischen Sektoren, oft an den > Knees von > Cabriole Legs, an Schürzen und Giebeln von Aufsatzmöbeln.

SCHATULLE. Kleines Holzkästchen (> Boxen).

SCHAUKELSTUHL. > Rocking Chair.

SCHELLACK. > Shellac.

SCHIFFSMÖBEL. Mahagonimöbel kommen aus dem Schiffsbau. In dieser Branche stellte man fest, wie hart und widerstandsfähig dieses Hartholz ist.

SCHMINKTISCHCHEN. > Dressing Table.

SCHNITZEREIEN. > Carving.

SCHOOLMASTER'S DESK. Lehrer-Schreibtisch (> Desks).

SCHRÄNKE. Die Schrankgrößen vergangener Jahrhunderte passen nur schlecht in heutige Normalwohnungen. Das drückt den Preis, so daß > Wardrobes, > Linen Presses und > Cupboards aus dem 19. Jh. und aus der Edwardian Zeit billig zu haben sind. > Bureau Bookcases und > Breakfront Bookcases dagegen, die schon zu allen Epochen meist eine geringe Tiefe hatten, sind gesucht und teuer. Durch nachträgliche Verkürzung der Tiefe von Schränken ist der Preis billiger Stücke erheblich erhöhbar (> Converted).

SCHREIBMÖBEL. Gerade bei Schreibmöbeln haben engl. > Cabinetmaker und Designer eine enorme Typenvielfalt entwickelt. Der übliche Büroschreibtisch mit Unterschränken ist der > Pedestal Desk, meist mit einer Lederplatte. Wenn er für zwei Personen und von zwei Seiten benutzbar ist, spricht man von einem > Partner's Desk, ohne Unterteile von einem > Bureau Plat (französischer Einfluß, Louis XV. und Louis XVI.). Ein kleiner Pedestal Desk, in einem Stück gearbeitet und oft für Damensalons bestimmt, ist ein > Kneehole Desk. Hinter der Tür in der Beinöffnung sind oft Fächer oder kleine Schubladen, so daß die Knie nicht sehr bequem untergebracht werden können. Ebenfalls ein kleiner Schreibtisch für Damen ist der > Davenport, von einem Kapitän gleichen Namens „erfunden", mit einem pultähnlichen Oberteil und einem Unterteil, das nach links oder rechts aufziehbare Schubladen birgt. Bei teuren Davenports läßt sich das Pultteil nach vorn ziehen, so daß damit mehr Beinfreiheit gewonnen wird.

Victorian
Pedestal Desk

Georgian
Kneehole Desk

Die zum Schreibmöbel abgewandelte Kommode ist das wohl typischste engl. Möbel, das sogenannte > Bureau on Stand, mit versenkbarem, runden Klappteil das > Cylinder Bureau (siehe auch > Rolltop Desk). War bei der Schreibkommode die oberste Schublade zu einem Schreibfach ausgebaut, mit nach vorn klappbarer Frontklappe, hatte man den > Secretaire. Man erweiterte den Schreibzweck von Bureau und Secretaire, indem man verglaste Aufsätze für Bücher, Porzellan u. ä. konstruierte, das > Bureau Bookcase und das > Secretaire Bookcase.

SCHREIBTISCHSTUHL. > Arm Chair, > Elbow Chair, > Carver.

Hepplewhite
Arm Chair

SCHUBLADEN. > Drawer.

SCHWANENHALSGIEBEL. > Swan Neck Pediment.

SCONCE. Sammelbegriff für Wandlichter, die aus einer vertikalen Rükkenplatte und einem Kerzenhalter davor konstruiert waren, meist aus Metall, nach 1725 auch aus Holz geschnitzt und vergoldet oder mit > Gesso dekoriert (> Girandoles).

SCREEN. Schild oder Schirm, der den Windzug oder die Feuerhitze aus dem Kamin abhalten sollte.

Fire Screen

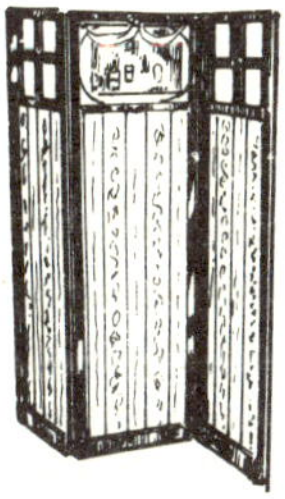

Dressing Screen

SCRIPTOR. Ein rechteckiger hoher Schreibschrank, von dessen Oberteil die senkrecht nach vorne zu öffnende Klappe als Schreibfläche dient. Diese Art wurde auch als > Escritoire oder Fall-Front-Secretaire bezeichnet (> Secretaire).

SCROLL END. Endteil eines Möbels in Form einer geschwungenen Linie (scroll = Schnörkel). In der Regency-Zeit kam in England zum Beispiel das SCROLL END BED auf, das manchmal auch SLEIGH BED genannt wurde.

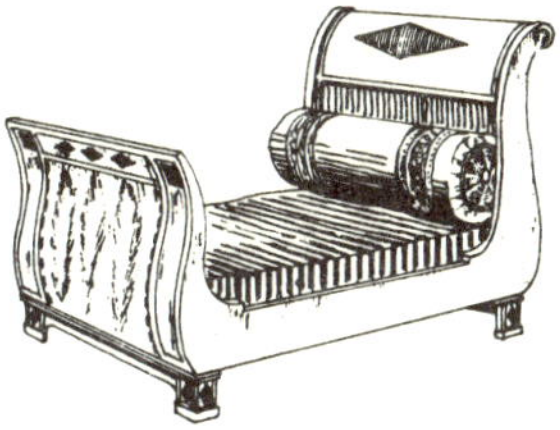

Scroll End Beds

SCROLL FOOT. Schneckenförmiger Fuß an > Cabriole Legs des 18. Jh., hauptsächlich in der William- und Mary- und CHIPPENDALE-Zeit.

Scroll Form

Scroll Foot

SCROLL PEDIMENT. Broken Pediment, bei dem jede Hälfte in einer Scroll (Schnörkel) ausläuft.

SCROLLED TOP MIRROR. Design im CHIPPENDALE-Stil Mitte des 18. Jh., Spiegel praktisch mit einem > Scroll Pediment, oft aus Mahagoni mit Goldverzierung, geschmückt.

SECRETAIRE. In England bezeichnet man als Secretaire verschiedene Arten von Schreibmöbeln. In erster Linie Kommoden, deren oberste Schublade sich nach vor klappen und als Schreibunterlage benutzen läßt. Hinter der geklappten Schubladenblende befinden sich Schübe und Fächer für das Schreibmaterial. Da bei diesen Möbeln das gleiche gilt wie für > Chests, daß nämlich die Schubladen nach oben zu immer kleiner werden sollten, haben die anspruchsvollen Stücke häufig zwei übereinanderliegende Schubladenatrappen, die in einem abgeklappt werden können.

Wie bei > Chests findet man auch bei Secretaires drei Formen:

1. > Flat-Front-Secretaire,
2. > Bow-Front-Secretaire,
3. > Serpentine-Front-Secretaire.

Für den Wert eines Secretaires ist das Innenleben des Schreibfaches bestimmend. Es sollte möglichst viele kleine Schubladen mit feinen Beschlägen aufweisen (> Secretaire Bookcase).

SECRETAIRE BOOKCASE. Ein > Secretaire mit einem Bücheraufsatz. In Schreibhöhe befindet sich eine oder zwei blinde übereinanderliegende Schubladen, deren aufgeklappte Vorderfront als Schreibunterlage dient.

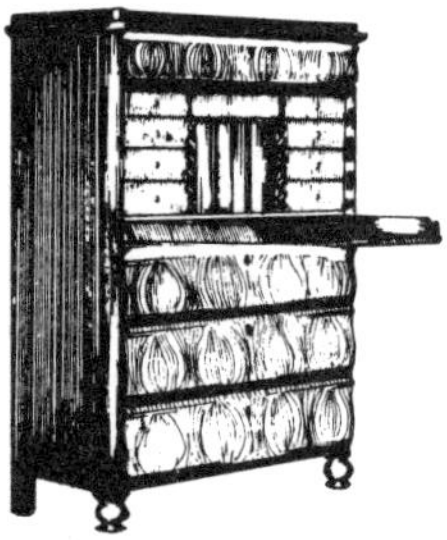

Originalzeichnung von SHERATON

Dahinter sind kleine Schubladen und Fächer (oft auch Geheimfächer) zur Unterbringung von Schreibutensilien etc. (> Pigeon Holes). An von CHIPPENDALE entworfenen Secretaire Bookcase findet man den für ihn so typischen > Swan Neck Pediment, ansonsten war der > Broken Arch sehr beliebt.

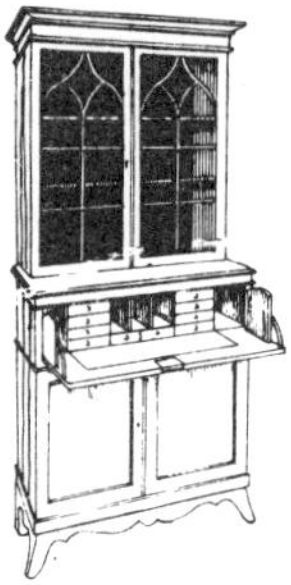

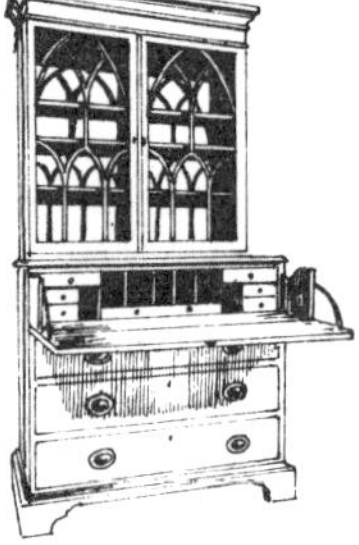

SENEX, John. Engl. Kupferstecher und Kartograph ab 1710 (gest. 1740 London).

SEDAN CHAIR. Sänfte. Die Form eines geschlossenen Stuhls kam aus Sedan, Frankreich („Chaise à porteur“) und war im 17. und 18. Jh in England sehr beliebt.

SEDDON, George. (1727–1801). Einer der bedeutendsten > Cabinetmaker, Designer und Polsterer Londons in der zweiten Hälfte des 18. Jh. Um 1750 hatte er wohl seine Werkstätten in der Aldersgate Street eingerichtet. Nach seinem Tode führten seine Söhne George und Thomas das Geschäft weiter, das bis weit in die Regierungszeit Königin Victorias hinein großes Ansehen genoß. Für 200.000 Pfund stattete die Firma in den Jahren von 1826 bis 1830 Windsor Castle mit Möbeln aus. Zwischen 1860 und 1880 gingen viele Arbeiten im gotischen Stil an zahlreiche verschiedene Auftraggeber aus der Aristokratie. SEDDONs Lieblingsholz war > Satinwood.

SELADONGLASUR. > China, > Glasur.

SEMICIRCULAR TABLE. Halbrunder Tisch, an die Wand zu stellen. Kommt z. B. vor als Semicircular Card Table, bei dem die Halbkreisplatte hochgeklappt werden kann und auf einem herausschwenkbaren Fuß Unterstützung findet. > Console Table.

SERPENTINE FRONT. Schlangenlinienförmige Front an Kommoden (> Chests), Sekretären oder > Sideboards.

Zwei Chests mit Serpentine Front

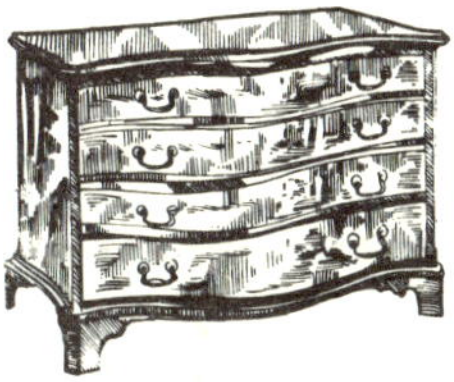

Drei Card Tables mit Serpentine Front (auch Segmental Front genannt)

SERVING TABLE. Auch SERVER genannt. Serviertischchen, das während der Mahlzeiten neben den Eßtisch gestellt wurde und in seinen Fächern Besteck und Geschirr enthielten. Es war ein zusätzliches Möbelstück im Eßzimmer, das man für Geschirr, Glas, Silber, Flaschen etc. verwendete. Es hatte gewöhnlich Schubladen. Die größeren Stücke ähneln Buffets und die kleinen ähneln > Dumb Waiters. SHERATON bezeichnete frühe Canterburies als „Serviertischchen“.

SET. Eine kombinierte Möbelgruppe, die zusammen benutzt wird, wie z. B. Nachttische, Dresser, Chest of drawers, alle im gleichen Stil und alle mit gleichen Ornamenten. Man kann diese Möbelgruppen auch als „Suite“ bezeichnen. Auch ein Satz gleichartiger Stühle wird oft als „Set of chairs“ bezeichnet.

SETTEE. Sofaartiges Sitzmöbel, bei dem zwei oder drei Armchairs vereinigt sind. Während die Rückenlehne unverändert beibehalten wurde, ist auf die mittlere Armlehne(n) verzichtet worden. Sehr populär in England im späten 17. und frühen 18. Jh.

Regency Settees

Verschiedene Beispiele für Settees, Georgian, Regency, Victorian

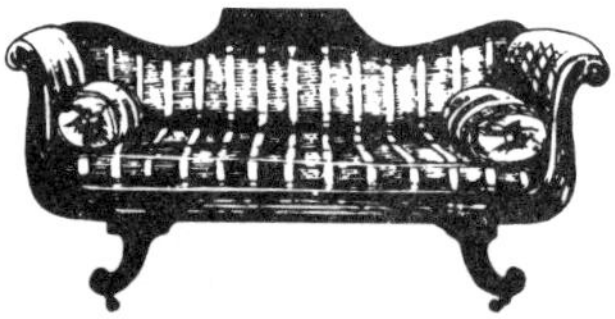
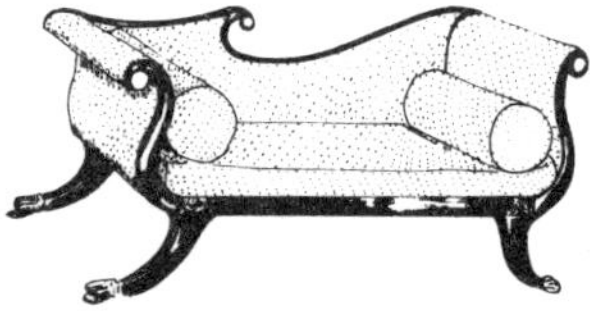
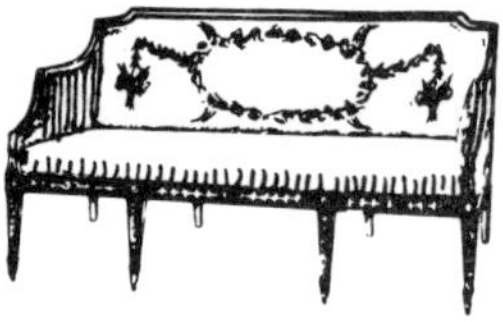
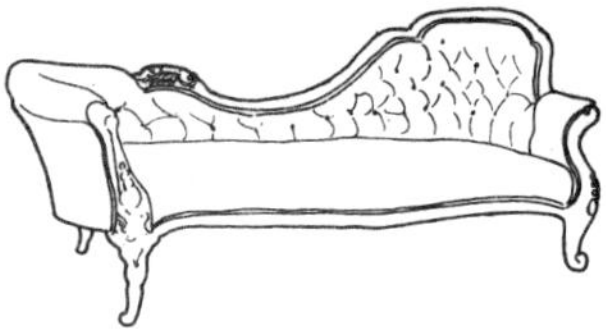
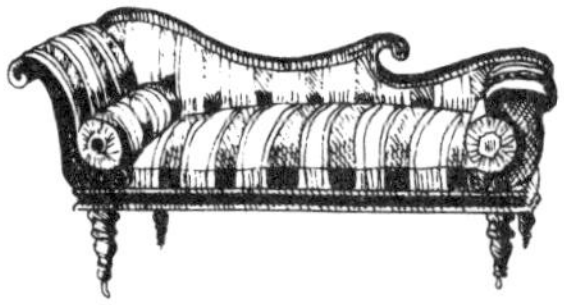

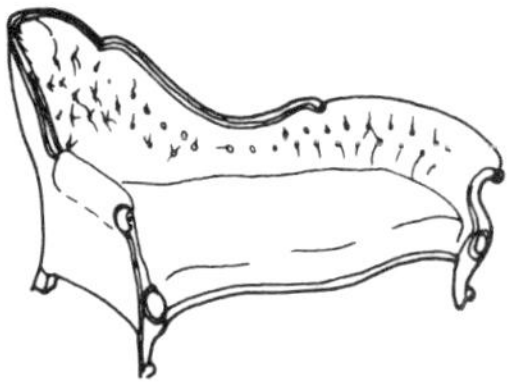

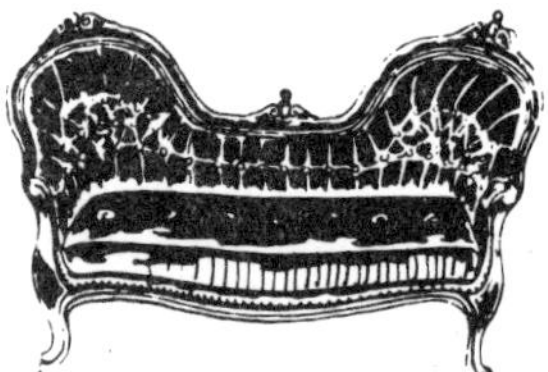

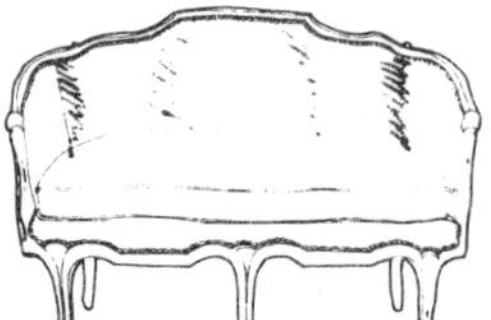

SEWING TABLE. Ein beliebter kleiner Arbeitstisch (> Worktable), Mitte bzw. Ende des 18. Jh. Der Tisch war meistens mit Schubladen, Einsätzen, Haltern für Garnrollen und mit einem Kleidersack für die Nähsachen ausgestattet.

Zwei Georgian und zwei Victorian Nähtischchen

SHAKER. Engl. Schrankform (> cupboard) der GEORGIAN PERIOD: Ganz oben Türen, Mittelteil offen, unten Schreibklappe und Schubladen. Ein Mehrzweckmöbel, gern in Kontoren benutzt.

SHAVING MIRROR. Beliebtes Möbelstück des 18. Jh. Ein Schwenkspiegel, in dessen Unterteil oft Schubladen für Rasierutensilien, Schmuck etc. waren. Dieser kombinierte Spiegel wurde oft auf Kommoden gestellt (deshalb auch Standing Mirror genannt).

SHAVING STAND. Engl. Rasiertisch oder kleiner Toilettentisch (> Dressing Table), meist auf hohen Beinen, mit aufklappbarem Deckel und Schubladen. War seit ca. 1750 beliebt.

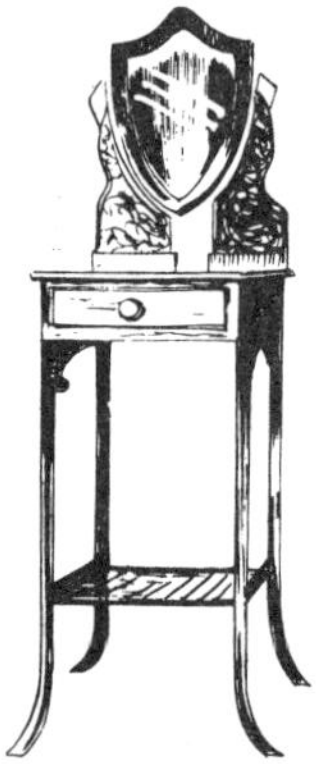

Edwardian
Shaving Stand

SHAVING TABLE. > Shaving Stand. Eine Art kombnierter Toilettentisch aus der CHIPPENDALE-Periode, mit Schubladen, eingelassener Waschschüssel, einem beweglichen Spiegel etc. Wurde auch „Reflecting Dressing Table“ genannt.

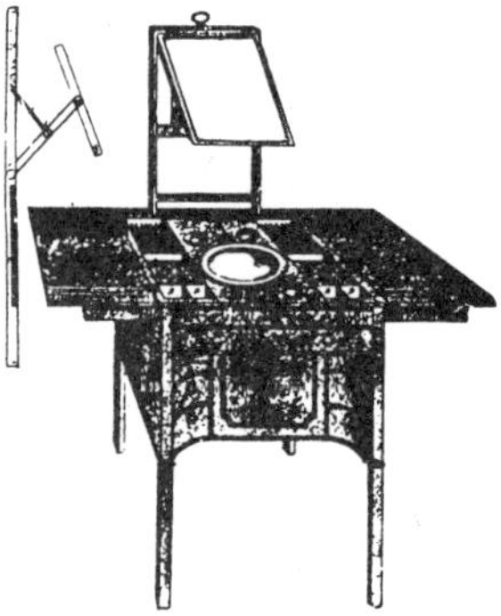

SHEAF. Garbe, Ähre. Im 18. Jh. beliebtes Design an engl. Möbeln, z. B. an Stuhlrücken (Sheaf Back Chair).

Sheaf Back

SHEARER, Thomas. Möbelentwerfer und Schreiner in der 2. Hälfte des 18. Jh. in London. Im Jahre 1788 veröffentlichte er sein Buch „Designs for Household Furniture“ und das Buch „The Cabinet-Makers London Book of Prices“ (1788). Dieses Buch sollte Meistern und Gesellen eine Hilfe für die Festsetzung von Preisen bei der Möbelherstellung sein und wurde mit Veränderungen und Ergänzungen (auch unter verschiedenen Titeln) bis 1866 herausgegeben. SHEARERS Zeichnungen geben einen Überblick über das Angebot des Londoner Möbelhandels in den Jahren nach 1780, das grob mit der Bezeichnung „HEPPLEWHITE“ umschrieben wird.

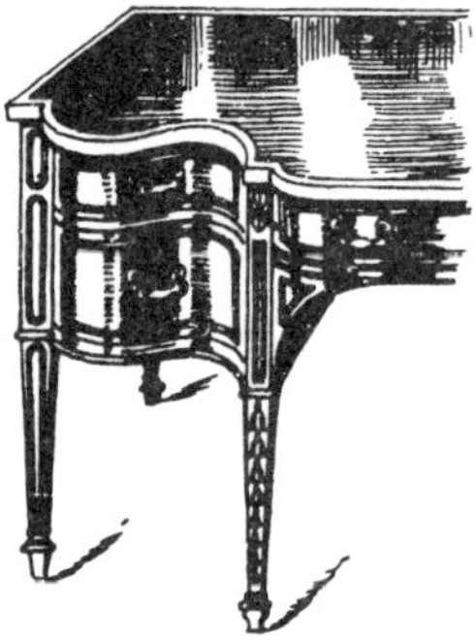

SHEARER-Design

Die zeichnerische Qualität ist von hohem Rang. Über SHEARER selbst ist wenig bekannt, aber man nimmt an, daß er Geselle bei einem erstrangigen Londoner Tischlermeister war.

SHELDON TAPESTRY WORKS. In der Mitte des 16. Jh. von William SHELDON auf einem Landsitz in Barcheston/Warwickshire gegründete erste Wandteppichmanufaktur. Die Manufaktur arbeitete bis ins 17. Jh.

SHELLAC. Ein rötlich-brauner Lack, der dem Holz eine glänzende Oberfläche gibt. Er wird auch oft für den ersten Anstrich und zum Versiegeln des unbearbeiteten Holzes benutzt (seit Anfang des 18. Jh.).

SHELL-INLAY. Einlegearbeit aus dem beliebtesten Ornament der Georgian Period, der Muschel (Shell), > Rocaille, > Scallop Shell.

SHERATON, Thomas (1751–1806). Berühmter engl. Möbeldesigner. Als er um 1780, nach seiner Tätigkeit als Vertreter für einen Möbelfabrikanten, als Designer nach London kam, wechselte der Publikumsgeschmack ständig. Man bevorzugte z. B. Marketerien (> Marquetries) und Einlegearbeiten (> Inlay Works) gegenüber Schnitzereien, gerade, strenge Linien, gegenüber geschwungenen, Furniere aus Satinwood gegenüber Mahagoni. All diese neuen Moderichtungen berücksichtigte SHERATON bei seinen Entwürfen. Er begann zu zeichnen und Bücher zu schreiben. Zuerst „The Cabinet Makers and Upholsterers Drawing Book" (1791–1794), dann „The Cabinet Dictionary" (1803) und „The Cabinet Maker's Upholsterer's and General Artist's Encyclopedia", die er bis zu seinem Tode nicht vollenden konnte. Aus seinem Nachlaß wurde dann noch ein letztes Buch veröffentlicht, das zum Teil schon bekannte Entwürfe zeigte, mit dem Titel „Design for Household Furniture by The Late Sheraton Cabinet Maker". SHERATON hat wahrscheinlich selbst nie ein einziges Möbel gebaut, dennoch fanden seine Entwürfe in einem leichten und eleganten Stil großen Anklang. Seine typischen Motive sind die gedrechselten Rundstäbe in sonst viereckigen Stuhllehnen und gedrechselte Stuhlbeine. Die Glaseinfassungen werden wieder von Rombe und Viereck statt dem Oval beherrscht. Mit seinen Entwürfen geht die neo-klassizistische Epoche in England zu Ende.

Sheraton Chairs

SHIELD BACK. Stuhlrückenform, die von HEPPLEWHITE Mitte des 18. Jh. in England bekannt gemacht wurde. Der Stuhlrücken bildet einen schildförmigen Rahmen. Manchmal hat dieser Rahmen eine geschnitzte Verzierung, die die > Prince of Wales Feathers oder Weizenhalme darstellte.

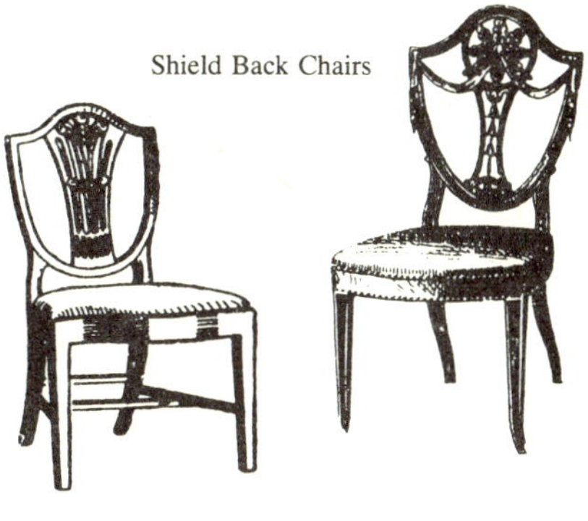

Shield Back Chairs

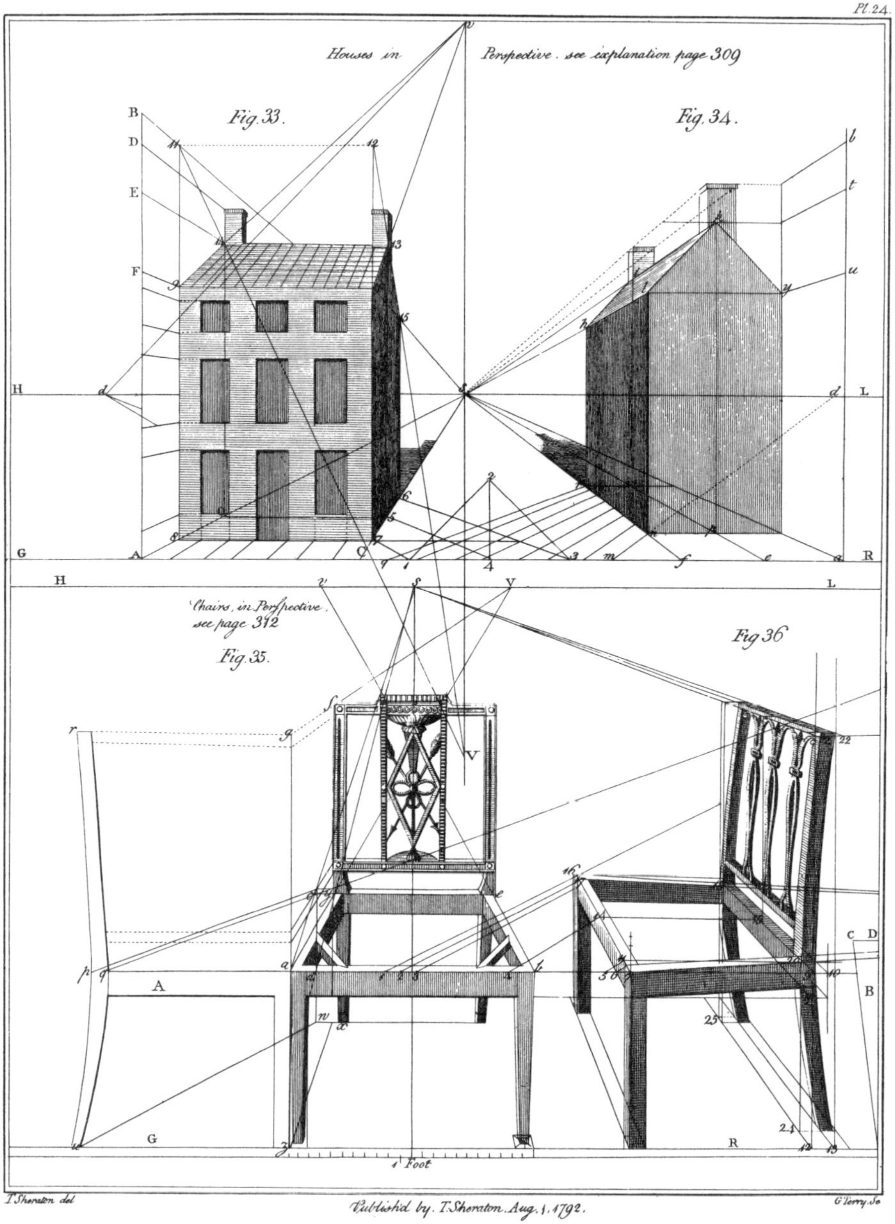

Originalzeichnungen von SHERATON

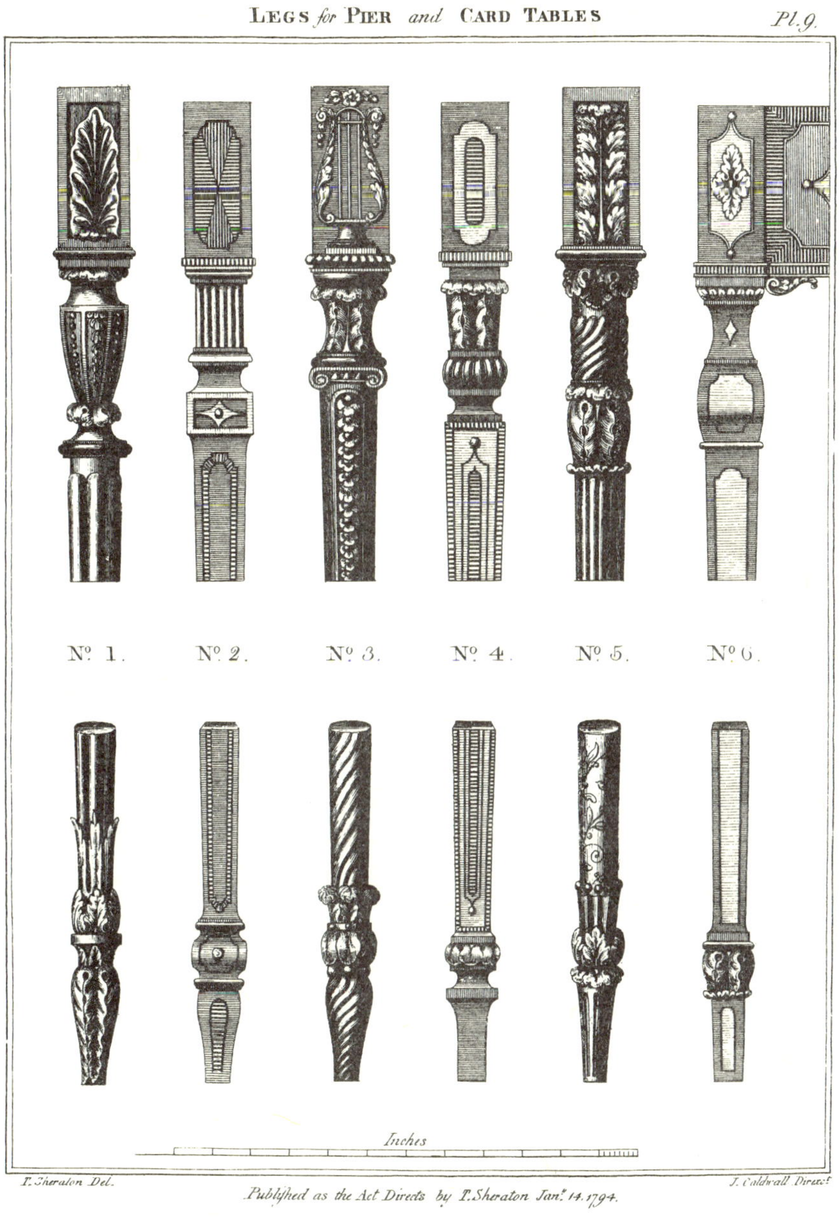

Originalzeichnungen von SHERATON

SHIPPING GOODS. Populärer Ausdruck der engl. „Antiques"-Branche (auch „shipping pieces") für gebrauchte Möbel und andere Utensilien von 1890 bis 1930, aber auch für solche viktorianischen Stücke, die der seriöse Antiquitätenhandel nicht kauft, weil sie entweder zu groß oder nach heutigem Geschmack zu häßlich sind. Bei niedrigsten Preisen füllen engl. (Groß-) Händler Container um Container für den Export von Shipping goods, vor allem nach den USA. Die Geschmacksrichtungen sind unterschiedlich: So bevorzugen z. B. die Holländer große Wardrobes und lieben große Eichenstücke, die Franzosen > Sideboards mit Edwardian > Inlay und die US-Amerikaner > Hallstands, > Gatelegs, > Roll Top Desks, > Windsor Chairs.

SIDEBOARD. Anrichte mit Schubladen oder Türen und Fächern für Tischwäsche, Tafelsilber u. ä. Früher verstand man darunter ein Tischchen, das im Eßzimmer an der Wand stand und zum Abstellen von Speisen etc. zur Entlastung des Eßtisches diente. Um 1770 entdeckte man, daß es praktischer werden würde, wenn das Sideboard noch mit Schubladen ausgestattet war. Während des ganzen 19. Jh. entwarfen und bauten (bzw. ließen bauen) die bekanntesten großen engl. Designer wie SHERATON, HEPPLEWHITE und ADAM Sideboards, jetzt

mit Schubladen und Türen, auf langen geraden Beinen. Originalstücke sind bis zu 100 cm tief und damit für die heutigen Verhältnisse unbequem. Aus diesem Grund sind fast alle heute im Handel befindlichen Sideboards umgearbeitet, was kein Nachteil sein muß.

SIDE CHAIR. Eine besondere Bezeichnung für einen Stuhl ohne

Armlehnen, mit der dieser vom > Arm Chair unterschieden werden sollte. Die „Seitenstühle" oder Stühle ohne Armlehnen kamen im 17. Jh. auf und ersetzten die Hocker oder Bänke, die für niedriger gestellte Personen und Nichtfamilienmitglieder bereitstanden.

SIDE TABLE. Wand- oder Seitentischchen; wohl eins der am meisten gesammelten antiken engl. Möbel. Ursprünglich ein Serviertisch, im 17. Jh. recht schwer und aus Eiche, die Beine mit Stretchern verbunden; im 18. Jh. oft kombiniert mit Unterschränken (pedestals). Allmählich ähnelte dann der Side Table dem > Console Table, aber mit allen möglichen Formen der Tischplatte. Sehr beliebt sind Side Tables mit > Bow Front, (auch als Pärchen symetrisch je zwischen zwei Fenstern oder unter zwei Spiegeln an gegenüberliegenden Wänden) oder mit > Serpentine Front. William > KENT entwarf im 18. Jh. viele geschnitzte und hübsch verzierte Side Tables, manchmal auch mit Marmorplatte. Side Tables sind auch aufklappbare > Games Tables und > Card Tables.

SILBER. > Silver.

SILVER. Engl. Silber ist den Antiquitätenfreunden ein Begriff. Im Gegensatz zu antiken Möbeln sind Alter und Herkunft deutlich gekennzeichnet.

Georgian Tea Sets
(Service of 3 parts)

1. Punzierung: Seit dem Jahre 1327 bestehen strenge Punzgesetze, die den Gold- und Silberschmieden zur Pflicht machen, daß sie jedes Stück verarbeitetes Silber deutlich mit > Hallmarks (Silberstempel) kennzeichnen, bevor sie es aus der Hand geben. So wurden Fälschungen verhindert und Kopien tragen klar und deutlich den Stempel der das Entstehungsjahr verrät. Zuerst mußten die Silbergegenstände nur mit zwei Punzen (oder Stempel) versehen werden: der Garantiestempel für den Feingehalt und der Meisterstempel vom Hersteller. Bekannte Schmiede kennzeichneten die von ihnen kreierten Silbergegenstände mit ihrem eigenen Zeichen, z. B. mit dem Anfangs-

buchstaben ihres Namens. Im 16. Jh. kam noch ein dritter Stempel dazu: die Jahreszahl der Herstellung. Das Stadtbeschauzeichen, die sogenannte Hallmark (diese Punze mußte in der Halle der Gold- und Silberschmiedezunft eingeschlagen werden), war anfänglich ein Garantiezeichen. Im 16. Jh. wurde das vierte Punzzeichen eingeführt: der Staats- oder Britanniastempel. Er galt bald als staatliches Garantiezeichen, das auch andere Städte nehmen mußten. Zwischen 1784 und 1891 tragen die Silbergegenstände aus England noch eine zusätzliche Quittungsmarke mit dem Kopf des jeweiligen Herschers. Man kann also folgende Punzierung unterscheiden:

a) Stadtbeschauzeichen (hallmark), für London z. B. ein gekrönter Leopardenkopf, auch heute geführt. Birmingham trägt seit 1773 den Anker im rechteckigen Feld, Sheffield eine Spangenkrone im quadratischen Feld.

b) Feingehaltstempel (ebenfalls eine Hallmark), das staatliche Garantiezeichen, das Silbergeräte aller engl. Städte tragen muß: der schreitende britische Löwe.

c) Die Jahresmarken sind die Buchstaben des Alphabets, die aufeinanderfolgen und immer wieder bei A beginnen. Nach der Mode der Zeit ändert sich die Gestalt der Lettern (siehe unsere Tabellen, durch die das Alter bestimmt werden kann).

3 Beispiele für Georgian Coffee Services in Silber

d) Quittungsmarke, mit dem Kopf des jeweiligen Herrschers. Diese Punze war die Bestätigung des Staates, die Steuer auf Edelmetall erhalten zu haben.
e) Meistermarke des Silberschmiedes: Bekannte Schmiede kennzeichneten die von ihnen kreierten Silbergegenstände mit ihrem eigenen Zeichen, z. B. mit dem Anfangsbuchstaben ihres Namens.

2. Eigenschaften und Vorteile von Silber: Weiße Farbe, strahlender Glanz, Edelmetall. Es läßt sich wie Gold auf kaltem Wege verarbeiten. Silber ist härter als Gold, aber ebenso dehnbar und elastisch wie dieses. Man kann es also hämmern oder treiben, pressen und prägen, aber auch schmelzen und gießen. Der Schmelzpunkt liegt bei 961 Grad Celsius. Sein spezifisches Gewicht beträgt ca. 10,5. Silber altert

5 Beispiele für Teekannen

10 weitere Beispiele für Kaffeekannen

nicht und ist weder durch Witterungseinflüsse noch durch Beeinträchtigungen des Bodens (vergraben) zerstörbar. Schwefel kann seine Farbe vom Braun bis zum dunklen Schwarz trüben, greift das Metall jedoch nicht an, sondern überzieht es lediglich mit einer Patinaschicht. Reines Silber ist für die Verarbeitung zu weich, deshalb fügt man einen gewissen Prozentsatz an Kupfer hinzu (Legierung). Unter Feingehalt ist dann der Anteil des chemisch reinen Silbers bei der Legierung zu verstehen, in Deutschland üblicherweise 800 von 1.000 Teilen. Bei engl. Silber ist der Feingehalt regelmäßig höher: Durch ein Gesetz um die Jahrhundertwende (1904) wurde der Feingehalt für das sogenannte Sterling-Silber auf 925, für das Britannia-Standard sogar auf 958,4 festgesetzt. Durch Farbunterschiede ist der Silberfeingehalt nicht festzustellen.

3. Historische Entwicklung: Engl. Silbersachen aus der Zeit vor 1500 gibt es fast nur noch in Museen, da Gegenstände aus Edelmetall in der Zeit der innerpolitischen „Rosenkriege“ eingeschmolzen wurden. Bis etwa 1600 mußten das herrschende Haus Tudor und die späteren Monarchen sehr sparsam sein. Als dann um 1660 die Engländer den Tee entdeckten, wurde auch der Gebrauch von Silberkannen und Tabletts üblich. Später gehörten Sahnekännchen, Zuckerdose und -streuer dazu. Erst seit 1760 wurden dann vollständige Teeservice gefertigt. In diese Zeit fiel auch die Entstehung der ersten vollständigen Tafelgeschirre. Ab dann wurde in England Tafel- und Hausgerät in größtem Umfang hergestellt, weit mehr als im übrigen Europa, nicht nur für Hof und Adel, sondern auch für das wohlhabende Bürgertum. Im 19. Jh. nahm dann der Export von engl. Silbergeräten die erste Stelle im Welthandel ein.

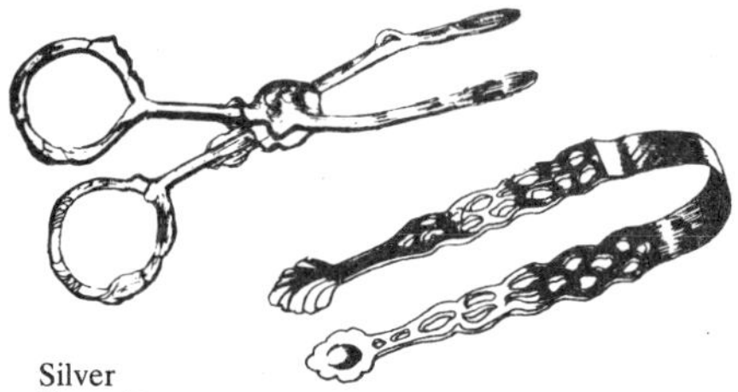
Silver
Sugar Tongues
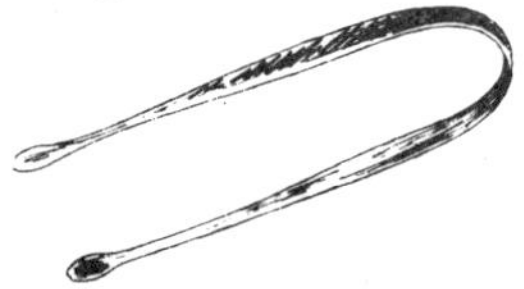

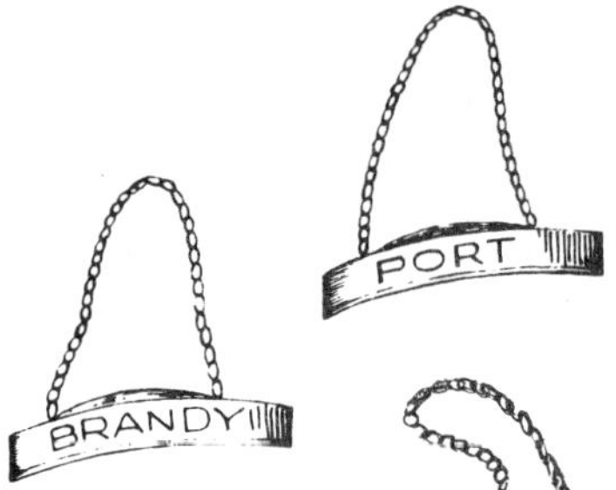

Silver
Wine Labels

Silver
Toast Rack

Table
Bell

Victorian Letter Skewer

4. Plated Silver: Das engl. > Plated ist eine Erfindung eines Goldschmiedes aus dem 18. Jh., der auf ein Kupferblech dünneres Silberblech aufhämmerte und aufwalzte, nachdem beide aufeinandergelegten Bleche glühend gemacht wurden. Dieses Platieren wurde für Geräte des täglichen Gebrauchs (Domestic Silver) angewendet. Vorteil: Man mußte auf die Farbe und den Glanz des reinen Silbers nicht verzichten. Nachteil: Plated Silber kann von massivem Silber nicht unterschieden werden und hält auch einer Silberprobe mit dem Probierstein stand.

5. Silberpflege:
a) mit Wasser und Seife „waschen", das Silber dann anschließend mit Leinentüchern abtrocknen.
b) Starke Verschmutzung mit Salmiakverdünnung lösen. Dabei werden Rillen und Vertiefungen mit einer weichen Bürste bearbeitet.
c) Paste aus Schlemmkreide und Salmiak herstellen, auftragen und antrocknen lassen. Nach einigen Minuten abbürsten.

4 Beispiele für Silver Cream Jugs

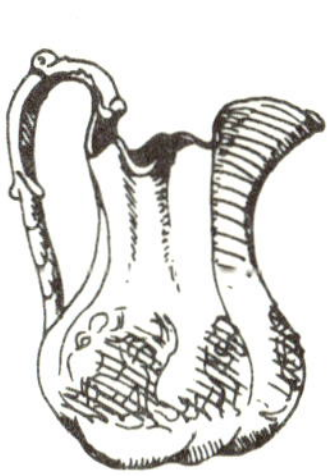
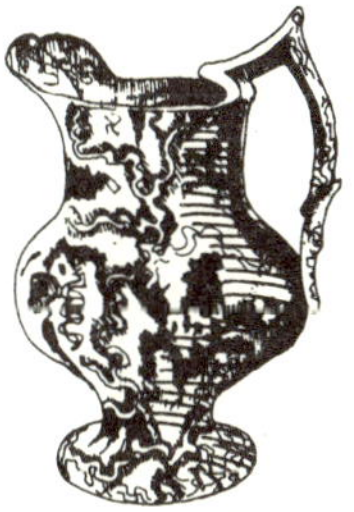

d) Man kann auch die im Handel üblichen Silberpflegemittel und Tauchbäder anwenden, dabei löst sich jedoch immer etwas von der Silbersubstanz.

SILVER CHEST. Truhe zur Silberaufbewahrung.

SIPONMAHAGONI. > Mahogany, > Age of Mahogany.

SITZMÖBEL. > Armchair, > Chairs, > Couches, > Easy Chairs, > Settees.

Gerade bei Sitzmöbeln ist der Zustand von entscheidender Bedeutung für den antiken Wert. Sie müssen stabil sein, gut verleimt und mit straffen Polstern.

Einen gepolsterten Stuhl völlig aufzuarbeiten, heißt: abpolstern, abstrippen, auseinandernehmen, neu verleimen, aufpolieren, neu polstern und mit Stoff beziehen. Bei Sofas, Couches und > Daybeds lohnt sich dieses Aufarbeiten nur, wenn der alte Rahmen gut erhalten und auch nach dem Polstern sichtbar ist.

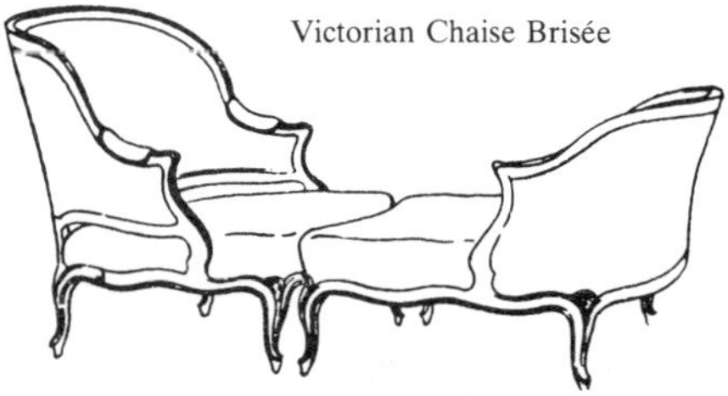
Victorian Chaise Brisée

SKELETON CLOCK. Uhr mit Glasgehäuse. > Clocks.

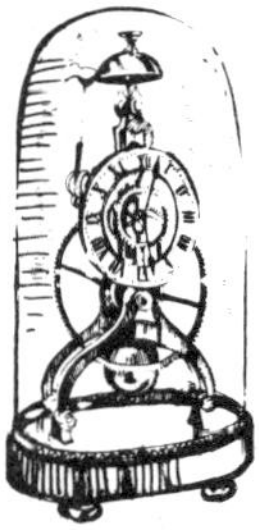

SLIDE. Ausziehbares Brett an einem Schreibtisch, einem Sekretär, einer Kommode etc.

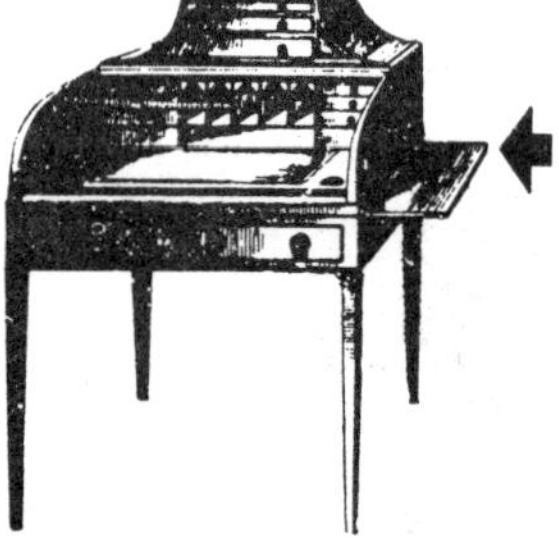
Seiten-Slide

Georgian Slide Chest

SLIPPER BOX STOOL. Hocker, unter dessen gepolstertem, aufklappbarem Sitz sich ein Ablageraum für leichtes Schuhwerk befindet; von ca. 1830 bis zum Ende des 19. Jh.

SLIPPER CHAIR. Ein sehr niedriger Stuhl mit Armlehnen und hohem Rücken; kam im 18. Jh. auf. Der Slipper Chair wurde möglicherweise beim Schuhanziehen benutzt.

SMART, John. Miniaturmaler (1741–1811), stellte seit 1784 in der Londoner Royal Academy aus.

SMITH, Benjamin. Der Ältere (1823 gcst.) und der Jüngere (1793–1850), engl. Silberschmiede in London.

SMITH, George. Bekannter engl. > Cabinetmaker der > Regency-Zeit. Er veröffentlichte 1808 ein Buch mit dem Titel „A Collection of Design for Household Furniture and Interior Design“, das einen vorzüglichen Überblick über die Möbel der Regency-Periode gibt. SMITH arbeitete zusammen mit Thomas HOPE und wurde 1808 „Upholsterer Extraordinary“ des Prinzen von Wales. Eine weitere Sammlung von Möbelentwürfen aus der späten Epoche des Regency kam 1828 unter dem Titel „The Cabinet-Maker and Upholsterer’s Guide“ heraus.

SMOKER'S CABINET. Ein kleines Schränkchen für Tabak und Rauchutensilien; hauptsächlich während der viktorianischen Periode. > Cabinets.

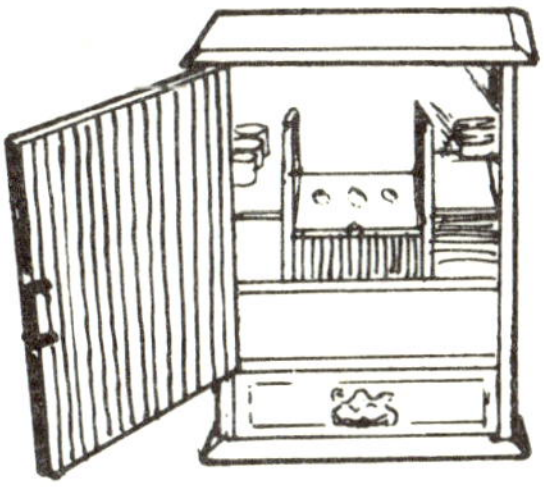

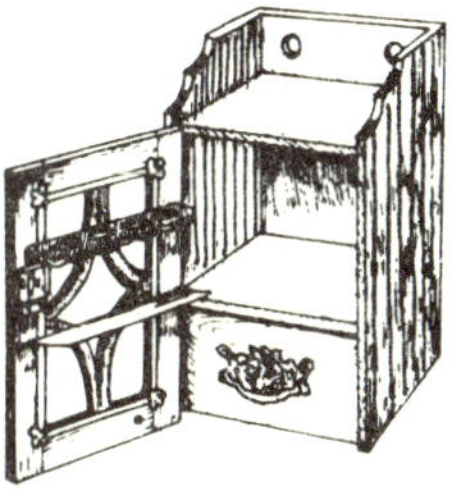

SMOKER'S CHAIR oder SMOKER'S BOW CHAIR. Der typische, solide Armlehnstuhl, der in Gaststätten und Büros ab Ende des 19. Jh. stand. Andere Bezeichnungen: > Pub Chair, > Captain's Chair.

SMOKER'S COMPAGNION. Kleines transportables Kästchen für Rauchutensilien für unterwegs.

SNAP TABLE. Kleiner Dreifußtisch Mitte des 18. Jh., dessen Platte vertikal hochgeklappt werden konnte. Er wurde auch „Tip-Up Table" oder > „Tilt Top Table" genannt.

Tripod Table (Georgian)

SODAGLAS. > Glass.

SOFA. Gepolstertes > Daybed oder > Couch, heute mit zwei Armlehnen und einer Rückenlehne (arabisch „suffah"). Ende des 18. Jh. kamen durch französischen Einfluß auch Sofas in England auf, zum Teil mit aufwendiger Oberflächenbehandlung.

SOFA TABLE. Niedriger, rechteckiger Tisch mit Klappen an den Längsseiten. Originalstücke sind sehr selten und sehr teuer. Die Höhe der originalen Sofa Tables ist für heutige Verhältnisse nicht ganz passend (ca. 60 bis 70 cm). keine Tischform wird so häufig gefälscht, nachgebaut oder umgebaut wie Sofa Tables.

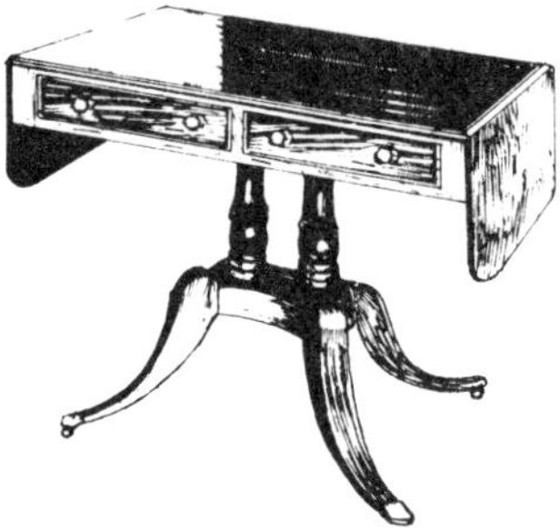

Weitere Beispiele für Sofa Tables, alle Georgian

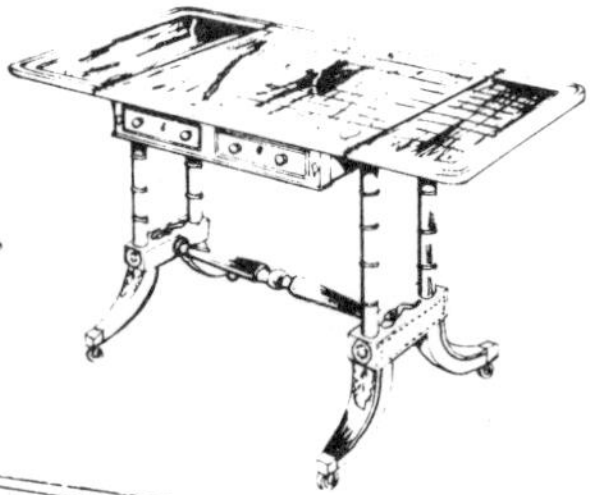

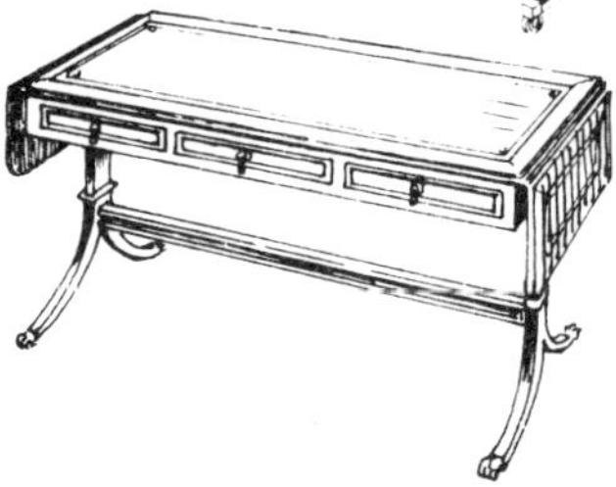

SPADE FOOT. Spatenfuß. Viereckiges, sich konisch nach unten verjüngendes Tisch- oder Stuhlbeinende. Am Ende des Beines ist noch ein kleiner Vorsprung an allen vier Seiten, der sich nach unten wiederum verjüngt. Oft bei SHERATON-Entwürfen zu finden.
> Therm Foot.

Spade Foot
= Thimble Foot
= Therm Foot

SPANISCHE WAND. > Fire Screen (Paravent).

SPECIMEN CABINET. Muster-Schränkchen (durch falsche Übersetzung auch Gewürzschränkchen genannt), zum Aufbewahren von Kleinteilen, z. B. Sammlungen von Schmetterlingen, Münzen etc. > Collectors Cabinet.

SPECIMEN TABLE. Schaukasten in Form eines Tischchens. Für Muster (specimen) in Geschäften oder für private Zwecke von Sammlern (z. B. für Schmetterlinge) oder zur Aufbewahrung von Schmuck.

Heart-shaped Specimen Table

Specimen Table on Cabriole Legs

SPEED, John. Berühmter engl. Kartograph (1552–1629). Seine ersten Karten erschienen 1611, die Platten wurden bis 1777 benutzt.

SPIDER TABLE. > Drop Leaf Table im SHERATON-Stil (18. Jh.) mit acht dünnen Beinen (> Gateleg Table).

SPIELTISCH. > Card Table, > Games Table, > Semicircular Table.

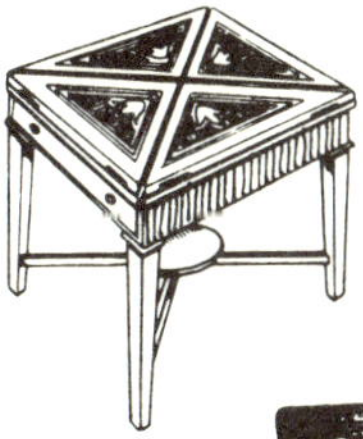

Envelope Card Table, Edwardian

Regency Card Table

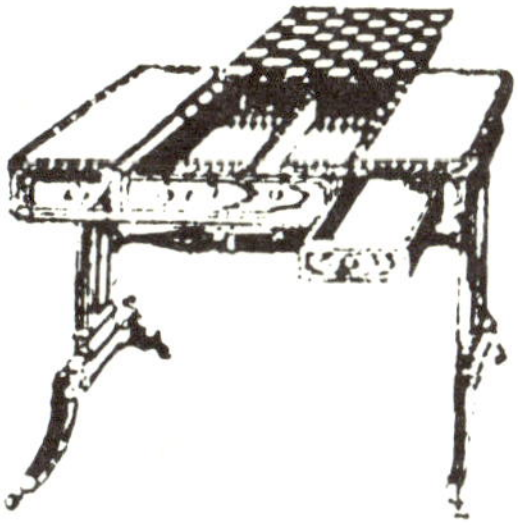

Georgian Games Table

SPIEGEL. > Mirror.

Georgian Tischspiegel

Victorian Wandspiegel

SPINDLE GALLERY. Gallerie auf einem Tischrand oder auf einem anderen Möbel (Chest, Pedestal Desk, Credenza), die durch kleine gedrechselte Säulen gebildet wird. Diese Säulen erinnern an Spindeln.

SPIRAL TWIST. Gedrehte Säule, die vor allem an Stühlen, aber auch an Tischen und anderen Stellmöbeln im späten 17. Jh. verwendet wurden (Spiral legs) und an ein gedrehtes Tau erinnern.

Spiral Twisted Leg

SPLAT. Mittlere Strebe in der Rükkenlehne eines Stuhls, geschnitzt, durchbrochen (> Fretwork), mit > Marketerien versehen und/oder in der Form von Vasen oder Violinen.

SPLAY LEG. Stuhl- oder Tischbein, das auswärts gestellt ist, also konkav nach unten und außen ausläuft.

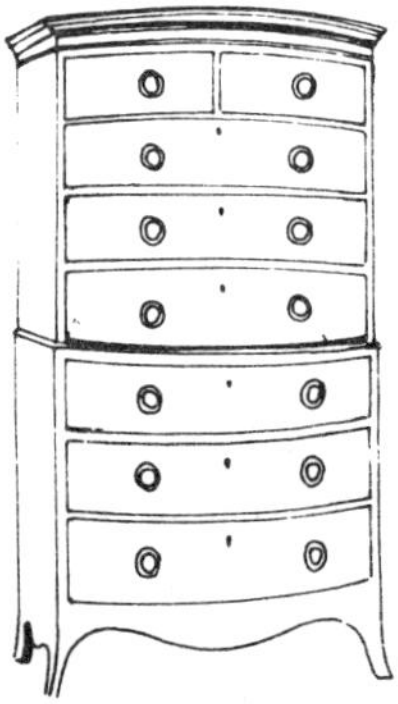

Splayed Feet bei einem Georgian Chest-on-Chest

SPODE. Josiah I., engl. Töpfer 1733–97 übernahm 1770 eine Steingutmanufaktur in Stoke-on-Trent (> Stoke-on-Trent-Manufaktur, > COPELAND). Hauptsächlich wurden Haushaltsgegenstände produziert, > Caneware, > Basaltware, später > Pearlware. Seinem Sohn Josiah II. wird das Rezept für > Knochenporzellan zugeschrieben. 1805 gelang ihm Stone-china. Nach seinem Tode übernahmen 1833 W. T. COPELAND und T. GARRET die Manufaktur.

SPONGED WARE. Bezeichnung für engl. Haushaltskeramik, bei der die Farben mit einem Schwamm auf die dicke Glasur aufgetragen wurden. > Porzellan.

SPOON BACK. Ausdruck für einen Stuhlrücken im 19. Jh. bei dem der Rahmen wie ein Löffelstiel gebogen ist. Regency- und Biedermeier-Stühle waren oft so gebaut; die Form kam aber auch schon zur Zeit von > Queen Anne vor.

Spoon Back
Dining Chair,
Victorian

Easy Chair
als
Spoon Back

Edwardian
Spoon Back
Chair

SPOON FOOT, auch Club- oder Dutch Foot. Ein Fuß an > Cabriole legs, der unten breiter wird; beliebt an Möbeln der Queen Anne Zeit.

Georgian Stool
mit Spoon Foot

SPRENGGIEBEL. Bezeichnung für eine Giebelform, bei der das in einem Dreieck umlaufende Gesims im Mittelteil ausgespart bzw. unterbrochen ist; findet sich z. B. an > Bureau Bookcases, > Linen Presses und Uhrgehäusen. (> Broken Pediment, > Swan Neck Pediment).

STAFFORDSHIRE-FIGUREN. In England die „Meißner-Figuren des kleinen Mannes", aus weißem oder cremefarbenem Steingut, seit etwa 1840 in großen Stückzahlen hergestellt. Entweder zeigen sie zeitgenössische Persönlichkeiten oder Ereignisse wie z. B. Mitglieder der Königsfamilie, bekannte Politiker, Verbrecher oder Soldaten. Aber auch Tanzspiele, Hochzeiten und andere Situationen. Charakteristisch bei der Farbgebung ist ein dunkles Blau, gelegentlich auch tiefes Schwarz mit Vergoldung. Seit 1850 auch Flatback-Figuren, d. h. nur auf der vorderen Schauseite modellierte Figuren.

STAND. Ständer, im engl. Möbeldesign in vielfachen Formen und Funktionen vorkommend, z. B. als Flower Stand, Urn Stand, Coat Stand.

Hat-and-Coat-Stand

STANDING TRAY. Andere Bezeichnung für > Butlers's Tray.

STANDUHR. > Grandfather Clock.

STAPLE CLOCK. > Clocks.

STEG. Horizontales Bauelement, das Tisch- oder Stuhlbeine miteinander verbindet, um dem Möbel größere Stabilität zu verleihen. > Stretcher.

STEINGUT. > Pottery, > Stoneware, > China.

Victorian Pottery Jug (Steinkrug)

STICK BACK CHAIR. Andere Bezeichnung für >Windsor-Stuhl.

STILMÖBEL. Antiken Stilen nachgearbeitete Möbel. Nach heutigem Sprachgebrauch also Reproduktionen aus neuem Holz.

STOKE-ON-TRENT. Manufaktur in Staffordshire von 1770 bis heute.

STONEWARE. Steinzeug; wie Steingut ein keramisches Erzeugnis aus Tonsorten, die noch höhere Brenntemperaturen ermöglichen. Dadurch wird der Scherben enorm hart und widerstandsfähig. Stoneware wurde erstmals in China hergestellt, in Europa erst ab 1300. Das erste engl. Steinzeug wurde von DWIGHT und ELERS produziert. Berühmtes engl. Steinzeug ist die > Basaltware, die > Jasperware und das > Rote Steinzeug.

Stoneware Coffee Pot

Staffordshire-Figuren aus Stoneware

STILEPOCHEN IN ENGLAND

Herrscher	Regierungszeit	Hauptepochen	Stilperioden
Henry VII	1485–1509	Tudor	
Henry VIII	1509–1547		
Edward VI	1547–1553		
Mary	1553–1558		
Elizabeth I	1558–1603		Elizabethan
James I	1603–1625	Stuart	Jacobean
Charles I	1625–1649		
Cromwell	1649–1660		Cromwellian
Charles II	1660–1685		Carolean
James II	1685–1689		
William & Mary	1689–1695		William & Mary
William III	1695–1702		
Anne	1702–1714		Queen Anne
George I	1714–1727	Georgian	Early Georgian
George II	1727–1760		Later Georgian
George III	1760–1811		
(Regency)	1811–1820	Late Georgian Regency (1800–1830)	
George IV	1820–1830		
William IV	1830–1837		
Victoria	1837–1901	Victorian	Early Victorian (bis 1850) Mid Victorian (1850–1870) Late Victorian (1870–1901)
Edward VII	1901–1910	Edwardian	

STILEPOCHEN AUF DEM KONTINENT

1200–1500	Gotik	1720–1770	Louis XV (1715/47) Rokoko
1500–1600	Ital. Renaissance	1770–1795	Louis XVI (1774/92)
1550–1650	Renaissance Frankreich, Deutschland	1770–1800	Klassizismus
		1795–1830	Empire
		1820–1840	Biedermeier
1643–1715	Louis XIV		
1640–1720	Barock	1871	Reichsgründung (Gründerzeit)
1710–1735	Régence	1880–1910	Jugendstil

STOOLS. Rücken- und armloser Stuhl, also ein Hocker. Wurde vom > Side Chair im 17. Jh. abgelöst. Ein Hocker wird heute als kleines dekoratives Sitzmöbel oder als Fußhocker verwendet.

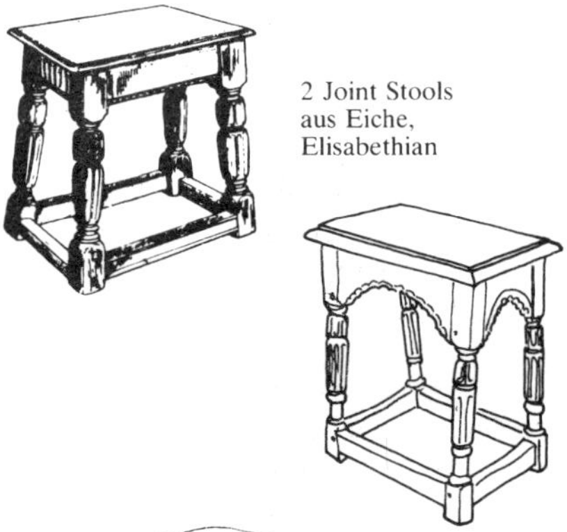

2 Joint Stools aus Eiche, Elisabethian

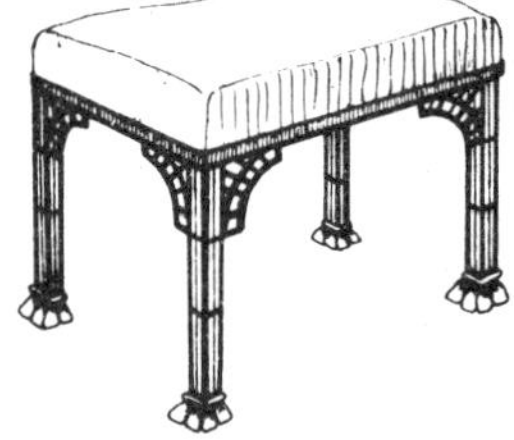

Georgian Stool (chines. Einfluß)

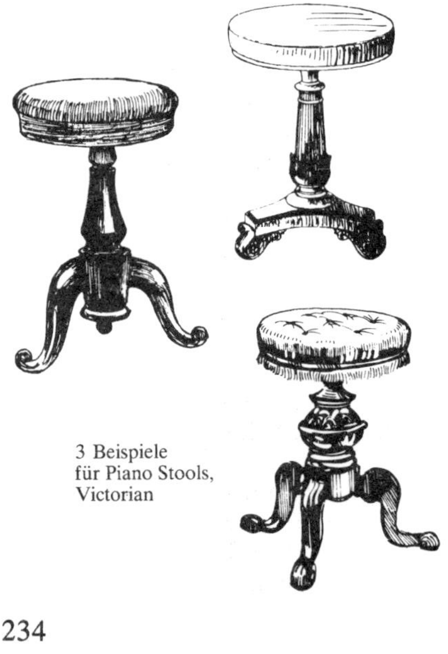

3 Beispiele für Piano Stools, Victorian

Georgian

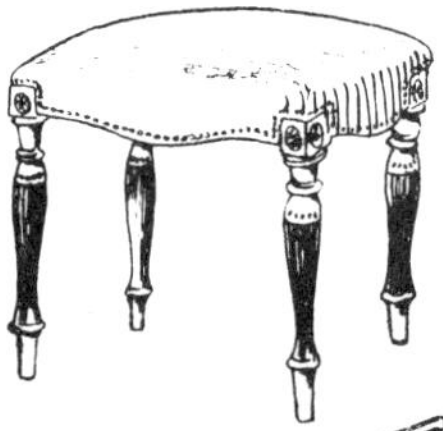

Victorian

Edwardian Piano Stool

STOURBRIDGE. Stadt in der Grafschaft Worcestershire, seit dem 17. Jh. ein bedeutendes Zentrum der Glasherstellung (> Glass).

STRAPWORK. Geschnitzte Dekorationsbänder, die Kreise bilden. Diese Art von Dekoration geht auf flämischen und deutschen Einfluß zurück und war im späten 16. und frühen 17. Jh. charakteristisch.

STRAW-WORK. Eine besondere Art der Verzierung von (meist kleineren) Möbeln: Winzige Strohhalme, gebleicht oder bemalt wurden zu geometrischen Mustern oder Landschaften usw. auf Holz montiert. Diese Kunst kam zum Ende des 17. Jh. vom Kontinent nach England und konzentrierte sich in Dunstable. Als während der Napoleonischen Kriege frz. Kriegsgefangene, die dieses Handwerk verstanden, in England festsaßen, verbreitete sich die Mode durch verstärkte Produktion schnell. Dekoriert wurden vor allem kleine > Desks, > Boxes, > Tea Caddies.

STRETCHER. Rechteckiger Tisch mit zwei Beinen an den beiden Schmalseiten und einem Verbindungssteg (Stretcher) dazwischen, der parallel zur Tischplatte verläuft. Häufig auch als Spieltisch mit intarsiertem Spielfeld.
Stretcher heißt auch das Verbindungsstück oder der Steg, der Tisch-, Stuhl- oder Möbelbeine miteinander verstärkend verbindet.

3 Beispiele für Stretcher Tables

Eichenes Bureau mit Stretchers

STRINGING. > Lining.

STRIPPING. Wenn von antiken Möbeln die alte Oberfläche entfernt wird, so daß man wieder an das rohe Holz kommt, nennt man das Stripping. Das dt. Wort abbeizen trifft den Vorgang nicht umfassend. Ein antikes Stück sollte nicht leichtfertig „stripped“ werden, weil vielleicht wertvolle > Patina zerstört wird.

STUART (1603–1714). Engl. Stilepoche, die recht unbeeinflußt von den Modetrends auf dem Kontinent blieb, aber einen bequemeren Stil erkennen ließ.
Innerhalb der STUART-Periode heben sich vor allem zwei Möbelstile heraus, die als feste Begriffe Eingang in die Kunstgeschichte gefunden haben: WILLIAM & MARY-Periode (1689–1702) und QUEEN ANNE-Periode (1702–1714).
In der Zeit der STUARTS erfolgte die Ablösung der Eiche als alleiniges Material zur Möbelherstellung durch Nußbaum, was erst nach 70 Jahren (also um 1765) durch Mahagoni abgelöst wurde. Frühe STUART-Möbel sind also auch weiterhin aus Eiche; jedoch entwickelt sich in den ersten vierzig Jahren unter James I. und vor allem unter dessen kulturell sehr interessiertem Sohn Charles I. ein gehobener Wohnkomfort, der sich besonders im Gebrauch von Polstern und Sitzkissen (die die Lederbespannung der Stühle ablöste) sowie Teppichen für die bislang kahlen Fußböden auswirkt.
Ein abruptes Ende fand dieser Luxus während des folgenden 20jährigen kriegerischen Konflikts zwischen König und Parlament. Unter dem purita-

nischen Einfluß dieser (kurzen) Zeit gab es einen Rückschlag, der sich in seiner Strenge bis auf den Möbelstil auswirkte. Als 1660 die Monarchie mit Charles II. wieder eingeführt wurde, geriet das bis dahin strenge engl. Möbel unter den Einfluß von Frankreich und Holland. Effekt: Eleganz und Leichtigkeit setzten sich durch. Jetzt waren die Möbel nicht mehr zweckgebundene Gebrauchsgegenstände, sondern wurden – wie bereits in Frankreich üblich – teilweise zu Kunstwerken in sich. Der erste engl. Möbeltischler, der sich in dieser Zeit einen Namen machte, war Grinling GIBBONS (1648–1726). Die Verzierungen mit ihren beiden Hauptmotiven – Blumen und Früchten – machten die Möbel plastischer. Ein großer Teil der schönsten Möbel entstand in den Werkstätten der eingewanderten holländischen Handwerker und der aus Frankreich geflohenen Hugenotten. Sie brachten hochentwickelte Techniken nach England: das Furnieren der Möbel, die Vergoldung, die Intarsie und die asiatisch beeinflußte Lackarbeit. Der Kompliziertheit in der Konstruktion von neuen Möbeltypen wie Schreibsekretären, Kabinettschränkchen, Toilettentischchen, Damensekretäre usw. wurde die Verwendung von „Nut und Feder“ nicht mehr gerecht. Erstmals wurde Leim verwendet. Die Möbel standen nicht mehr auf geraden, gedrechselten, sondern in zunehmendem Maße auf elegant geschweiften Füßen. Aus Frankreich übernahm man den großen Spiegel in geschnitztem und vergoldeten Rahmen, der meistens über dem beliebtesten Möbel der Zeit, der drei- oder mehrschübigen Kommode hing. Diese Kommode (> Chest) hatte die Truhe fast ganz abgehängt. Ende STUART entstanden auch viele neue Möbeltypen: Kartentische, zusammenklappbar und gegen die Wand zu stellen, die ersten Bürobücherschränke (Türen häufig mit Spiegeln), oft mit Geheimfächern, schmale „Junggesellen“-Chests, Tall-Boys, Stehpulte, Gateleg Tables und Low Back Chairs. Infolge der Handelssperre, die die Franzosen (zum Ende der Queen-Anne-Periode) über Nußbaumhölzer verhängten, importierten die engl. Kunsttischler Nußbaumholz aus Virginia, das viel härter in der Faser und dunkler in der Farbe war. Jetzt begann man auch mit dem Import von Mahagoni, das sich noch brauchbarer erwies als Nußbaum: sehr haltbar und kaum anfällig für Würmer; es nahm gut die Politur auf und hatte eine satte rote Farbe, was dem Geschmack der damaligen Zeit entsprach.
Wie sehr sich der Möbelstil der > TUDORS bis in die Zeit der > STUARTS (also in rund 200 Jahren) wandelte, geht aus den Gegenüberstellungen einiger typischer Möbel hervor.

STUMMER DIENER. > Dumb Waiter.

SUITE. Kombination von Sofa (Chaiselongue, > Settee) und dazu passenden Sesseln (> Easy Chairs), oft für die Lady und den Hausherrn unterschiedlich.

SUNBRUST. Strahlenförmige Verzierung, die wie die aufgehende Sonne aussehen sollte. Vor allem an den unteren Schubladen von > Tallboys oder Kommoden der Walnut Periode ab 1700 bis ca. 1730.

SUPPER TABLE. > Eßtisch (Dining Table).

Georgian

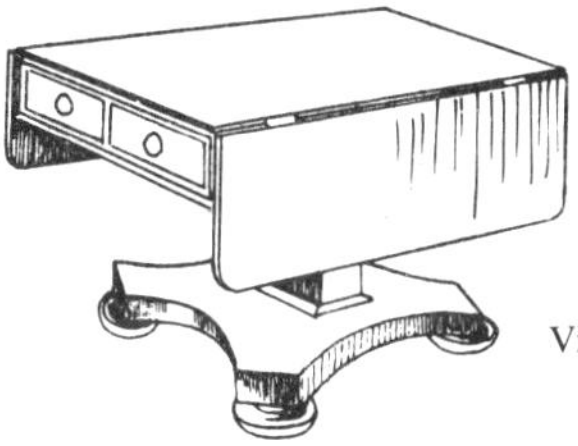

Victorian

SUSSEX CARVER. Schlichter, ländlicher Armlehnstuhl (> Carver).

SUTHERLAND TABLE. Sehr schmaler Tisch, wenn seine langen Seitenklappen herunterhängen. Sutherland Tables haben zwei oder vier Beine, die auf Querfüßen ruhen und durch einen Steg verbunden sind. Die zur Stützung der Seitenteile dienenden Beine sind auf Rollen und sehr dünn. Diese Tische sind etwas unstabil, eignen sich aber sehr gut als Beistelltisch.

Edwardian

SWAN NECK PEDIMENT (Schwanenhalsgiebel). Sprenggiebel auf > Bureau Bookcases oder > Grandfather Clocks, mit zwei gegenüberliegenden S-förmigen Giebellinien, die in der Mitte unterbrochen sind. Das obere Ende ist nach innen eingerollt und ist meist mit einer Verzierung versehen.

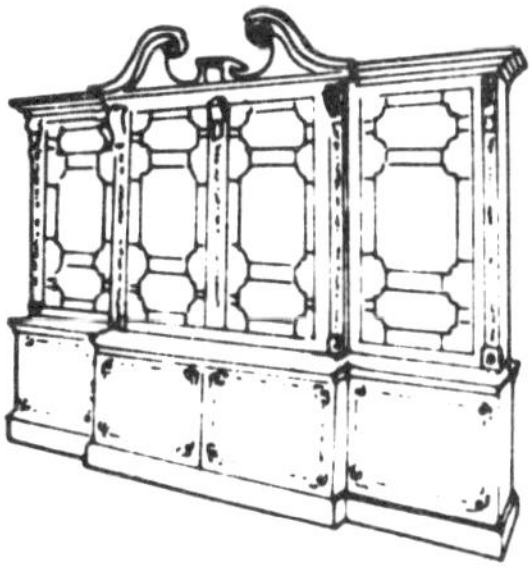

Georgian Breakfront Bookcase mit Swan Neck Pediment

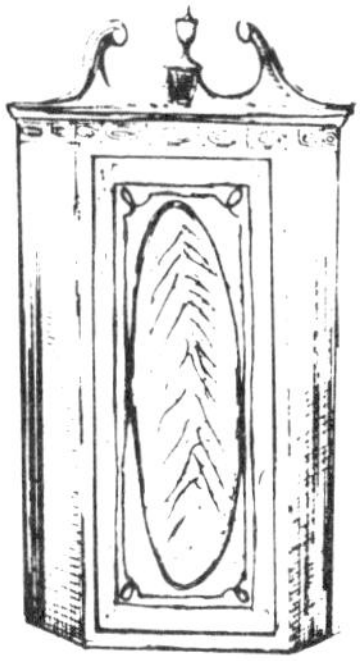

Georgian Hanging Corner Cabinet

Georgian Bureau Bookcase

SHERATON Swan Neck Pediments

SWELL FRONT. Andere Bezeichnung für > Bow Front.

SWIVEL. Drehmechanismus unter einem Sesselsitz oder unter der Platte eines Tisches. Swivel Chair = Drehstuhl.

SYCAMORE. Ein weißliches bis hellbraunes, feinporiges engl. Hartholz, sehr hart und widerstandsfähig. Es nimmt Beize gut an, eignet sich zum Drechseln und wurde unter dem Namen Harewood im späten 18. Jh. für Einlegearbeiten benutzt.

T

TABLES. Ähnlich wie bei > Schreibmöbeln waren engl. Cabinetmaker auch bei Tischen sehr ideenreich. Eß- und Beistelltische, Wand- und Sofa--Tische gibt es in vielfältigen Formen:

> Butler's Tray
> Breakfast Table
> Card Table
> Carlton Table
> Centre Table
> Chess Table
> Console Table
> Cricket Table
> D-End-Table
> Dining Table
> Draw Leaf Table
> Dressing Table
> Drop Leaf Table
> Drum Table
> Envelope Table
> Etagèren
> Folding Table
> Games Table
> Gateleg Table
> Hall Table
> Hunting Table
> Loo Table
> Nest of Tables
> Pembroke Table
> Reading Table
> Refectory Table
> Serviertisch
> Side Table
> Snap Top Table
> Sofa Table
> Spider Table
> Stretcher
> Supper Table
> Sutherland Table
> Tavern Table
> Tea Table
> Telescopic Table
> Three Pillar Table
> Tier Table
> Tilt-Top-Table
> Toilet Table
> Tray Table
> Trestle Tisch
> Triangular Table
> Tripod Table
> Two Pillar Table
> Universal Table
> Wakes Table
> Writing Table.

TABLE CHAIR. Tischsessel, ein aus dem 15. Jh. stammendes Sitzmöbel, dessen Rückenlehne mit Scharnieren befestigt ist. Bei Bedarf ließ sich die Rückenlehne auf die Armstützen herunterklappen, so daß ein Tisch entsteht.

TABLE FORKS. Tischklammern (-gabeln), häufig aus Messing, die die Einlegeplatten (Insertion leaves) von > D-End-Tables zusammenhalten und der ganzen Platte Stabilität geben.

TÄFELUNG. (PANELLING). In England hat sich die Kunst der Wandverkleidung mit schönen Hölzern über Jahrhunderte gehalten. Auch Täfelungen mit ihrer unverwechselbaren

Atmosphäre und Wärme sind antik zu kaufen. Spezialisierte Handwerksbetriebe lösen sie vor dem Abbruch von Häusern aus der Georgian Period von dem Mauerwerk. Das Know-how besteht darin, die wertvollen Paneele unter 3–10 mm Farbschichten zu entdecken und dann zu reinigen, aufzuarbeiten und zu wachsen.

TALLBOY. Zweiteilige große Aufsatzkommode, zwei aufeinandergestellte > Chests, darum auch > Chest-on-Chest genannt. Selten sind Tallboys, deren oberste Schublade im unteren Teil ein Schreibfach ist. Selten sind auch Tallboys mit einer herausziehbaren Abstellplatte zwischen Ober- und Unterteil.

Georgian Tallboys

TAMBOUR FRONT. Ein bewegliches, trommelartiges „Rollover Top“ wie beim > Cylinder Bureau. Schmale, einzelne Holzstreifen Seite an Seite aneinander, die man flexibel hin und her schieben kann und die insgesamt

als Abdeckung beim Öffnen im Inneren des Möbels verschwinden. Wurde auch häufig an Sideboards und Nachttischen (Tambour shutter) verwendet.

TANKARD. Trinkkrug (> Pewter, > Silver).

Pewter (Zinn) Tankards

Pewter Tankards

Zwei Beispiele für silberne Tankards

TANTALUS. Kleine Tischbar, Flaschenhalter. Das Herausnehmen der Flaschen kann durch eine abschließbare Verriegelung verhindert werden (to tantalize = quälen, peinigen).

TAPER LEG. Ein gerade laufendes, rechteckiges Möbelbein, das gleichmäßig nach unten spitz zusammenläuft und dünner wird. > Therm Foot.

Writing Desk und Sideboard mit Taper Legs

Chairs with Tapering Legs

TATHAM, Thomas. Engl. Kunsttischler, 1763–1818; war in London tätig, wo er 1795 in die Werkstatt von W. MARSH eintrat; leitete die Firma MARSH & TATHAM, die viele Möbel für den königlichen Pavillon in Brighton lieferte. Danach bildete sich die Firma TATHAM & BAILEY, die u. a. für den Prinzen von Wales, den späteren König Georg IV. arbeitete. Sein Bruder Charles HEATHCOTE TATHAM schrieb das Buch „Etchings Representing the Best Examples of Ancient Ornamental Architecture", das sich besonders während der Regencyzeit für Möbeldesigner als wertvolle Fundgrube erwies.

TAVERN SIGN. Gasthaus-Schilder, die heute gern gesammelt werden. (> Inn Sign).

TAVERN TABLE. Ein einfacher Tisch im 17. und 18. Jh., ähnlich einem > Refectory table. Die Bezeichnung Tavern table verwendet man auch für einen Stretcher.

TEA CADDY. Teedose oder -büchse mit Scharnierdeckel, meist aus feinem Mahagoni furniert, mit Einlegearbeiten oder Marketerien, manchmal auch mit Leder überzogen. Seit dem Ende des 18. Jh. (als Tee fürs breite Volk erschwinglich wurde) im Gebrauch engl. Haushalte. Thomas > CHIPPENDALE bezeichnet seine im „Director" enthaltenen Entwürfe für solche Dosen als „Tea Chests". Vor 1800 waren die Teebüchsen meist klein und in ein oder zwei Fächer eingeteilt, die

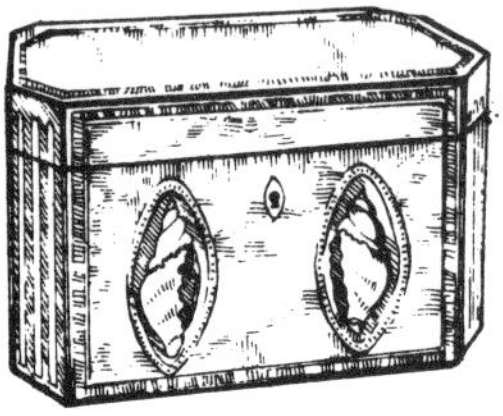

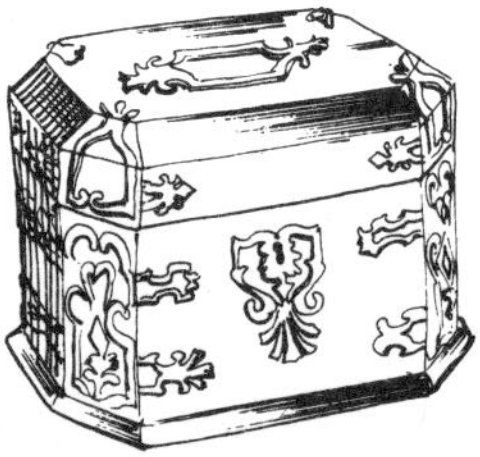

mit dünnem Metall ausgeschlagen waren. Größere, kostbarer gearbeitete Stücke enthielten lose Behälter (manchmal aus Silber), in denen man einerseits den Tee lagerte, andererseits sich eigene Mischungen zurechtmixte. Größere Misch-Sets heißen > Tea poys.

TEA CANISTER. Behälter im > Tea Caddy, in dem der Tee aufbewahrt wird: aus Glas, Metall, Ton; bis etwa 1750 in Form von Flaschen, danach mehr vasenförmig oder kubisch.

TEA POY. Hindustanisches Wort für > Tripod, dreibeiniges Gestell oder Tischchen. In England ein großes Tea

chest (> Tea caddy) auf Beinen, mit einem Deckel, unter dem die Behälter zu sehen waren, oft bis zu vier Teedosen und zwei Mischgefäße oder Zuckerschälchen. Dazu gehörte ein Ständer, bestehend aus einem Mittelfuß und einem Sockel; das Ganze stand als eigenständiges Möbel auf dem Boden.

TEA TABLE. Teetisch, ist praktisch mit dem > Card table identisch, es fehlt nur der grüne Filz. In zusammengeklapptem Zustand sind beide Tisch-

Regency Tea Table

typen auch als Wandtische sehr dekorativ. Oft waren Teetische aus Mahagoni, mit rechteckiger oder runder Platte, deren erhabener, häufig verzierter Rand das Teegeschirr vor dem Herunterfallen bewahren sollte. Nach 1850 oft mit Dreifußstützen und mit einer Kippvorrichtung, mit der man die Patte bei Bedarf senkrecht stellen konnte.

TEEDOSEN. > Tea Caddy.

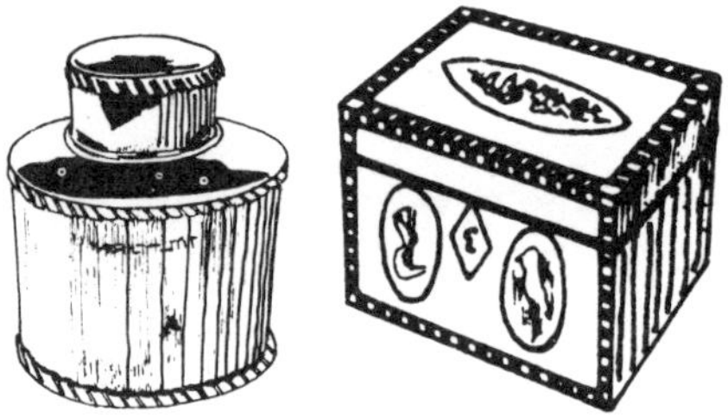

TELESCOPIC TABLE. Ausziehtisch, eine viktorianischc Erfindung: zwei miteinander verbundene Tischhälften (rechteckig, 2 x 2 Beine auf Rollen) werden mit einer Kurbel und der unter dem Tisch befindlichen Teleskopstange auseinandergedreht, so daß ein Mittelteil eingelegt werden kann (zur Verlängerung). Derartige Tische gibt es – in massivem Mahagoni – häufig recht preiswert.

TELLERBORD. > DRESSER.

TERRESTRIAL GLOBE. Große Weltkugel in einem Holzgestell.

THERM FOOT. Viereckiges, sich konisch nach unten verjüngendes Tisch- oder Stuhlbeinende. Oft bei SHERATON-Entwürfen zu finden. Wird auch > Spade foot genannt.

THERM LEG. Ein gerades, sich nach unten verjüngendes Möbelbein, auch > Taper leg genannt.

THONET, Michael. Deutscher Kunstschreiner aus Boppard (1796–1871). Etwa um 1830 erfand er die Methode, Holz über Dampf zu biegen, elf Jahre später ließ er sie patentieren. Ab 1843 arbeitete er in Wien nur noch an Bugholzmöbeln (> Bentwood furniture). Mit seinen fünf Söhnen gründete er 1853 die Firma „Gebrüder THONET", die bald mit umfangreichen Exporten in andere europäische Länder begann, später auch nach Amerika. In England erschienen seine Möbel zum ersten Mal auf der „Großen Londoner Möbel-Messe" 1851.

THREE PILLAR TABLE. > Two pillar table.

TIER TABLE. Kleiner, runder Serviertisch, der aus zwei oder mehr Flächen besteht, eine über der anderen, die größere jeweils unten (> Etagère, > Dumb Waiter).

TILT-TOP TABLE. Dreifußtisch mit verstellbarer Platte. Wenn der Tisch gerade nicht gebraucht wurde, konnte man ihn mit hochgeklappter Platte an die Wand stellen. Auch > Snap table, Snap top table oder Tip up table genannt.

TIP UP TABLE. > Tilt top table.

TOBACCO JAR. Bezeichnung für eine Tabakdose.

TOBY JUG. Milch- oder Wasserkännchen in der Form einer beliebten engl. Theaterfigur, wird in England gern gesammelt und deshalb dort wesentlich höher bezahlt als auf dem Kontinent.

Toby Jug
aus Stoneware

TOFT. Engl. Töpferfamilie in Staffordshire, deren bekannteste Mitglieder Thomas F. (1689), sein Bruder Ralph (um 1638) und sein Sohn Thomas II (um 1670–1703) waren; sie produzierten seit etwa 1660 toft-ware.

TOILET BOX. Kästchen für Kosmetik-Utensilien.

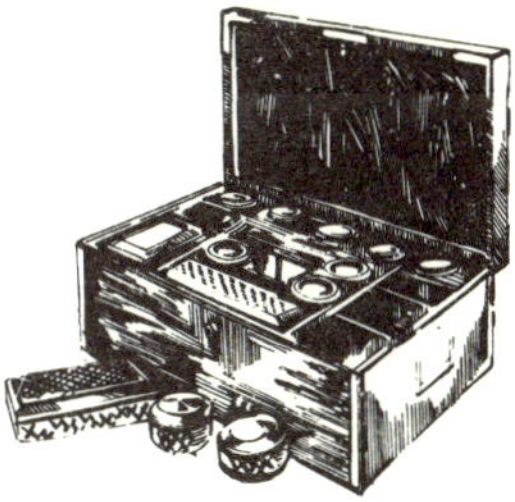

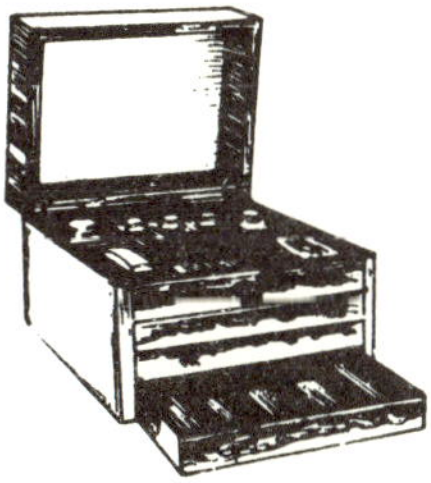

TOILET MIRROR. Ein Toilettenspiegel, mit kleinen Schubladen wie bei einem > Dressing table. Ein Toilet Mirror wird auch Dressing Mirror genannt.

TOILET TABLE. > Dressing chest, > Dressing table.

TOMBLESON, William. (Geb. in London um 1795). Engl. Zeichner und Stahlstecher, auf Städteansichten spezialisiert.

TOMKINS, Peltro William. (London 1760–1840), Kupferstecher in Punktiermanier.

TOMPION, Thomas. Engl. Uhrmachermeister in der späten Stuart- und der frühen georgianischen Periode, der auch Stab- bzw. Phiolenbarometer baut.

TORCHERE. Ursprünglich ein kleines Tischchen für Kerzenhalter. Daraus entwickelte sich allmählich ein reich verzierter, hoher Standleuchter mit säulenförmigem Schaft auf einem meist volutenförmig gestaltetem Dreifuß, der auch als Blumenständer oder für Büsten verwendet wurde. Sehr beliebt im 18. Jh. in ganz Europa.

TOYS. (1.) Altes engl. Spielzeug, vor allem > Dolls (Puppen), teilweise mit großem Sammlerwert; z. B. auf den Auktionen bei Christie's werden heute Höchstpreise für alte Modelleisenbahnen erzielt.
(2.) Engl. Bezeichnung für Galanterien; besondere Berühmtheit erlangten die Chelsea-Toys, kleine Gegenstände, in phantasievollen, häufig figürlichen Formen.

TRADE ONLY. „Nur für Händler", dieses Schild findet man oft an engl. Antiquitätengeschäften. Man sollte sich jedoch als Privatkäufer nicht davon irritieren lassen: es bedeutet lediglich, daß diese Händler in größeren Mengen verkaufen wollen und dann (niedrigere) Trade-Preise bieten.

TRAFALGAR CHAIR. Ein typischer Regency Stuhl mit Säbelbeinen, der zu Ehren von Nelsons Seesieg ab 1805 „Trafalgar"-Stuhl genannt wurde.

Trafalgar Chair, ca. 1810

Victorian Chair mit Trafalgar Back

TRAFALGAR FURNITURE. Sideboards und Stühle der Regency Periode, die mit ihren der Seefahrt entnommenen Ziermotiven (z. B. Anker, Taue) an Nelsons Sieg bei Trafalgar (1805) erinnern sollte.

TRAFALGAR VASES. Von J. FLAXMANN entworfene zweihenkellige Silbervasen in antiker Form, die den an der siegreichen Seeschlacht von Trafalgar (1805) beteiligten hohen Offizieren überreicht wurden.

TRANSFER PRINTING. Um- oder Überdruckverfahren. Engl. Erfindung von John BROOKS, einem irischen Graveur, Mitte des 18. Jh. Verfahren zum Bedrucken von Steingut, Porzellan und auch Emaille mit diversen Mustern. Zunächst nur einfarbig, später auch mehrfarbig, sowohl unter der Glasur als auch über der Glasur. Dieses Verfahren verdrängte die Handbemalung in England schon sehr früh, während es sich im übrigen Europa erst ab 1830 durchsetzte. Dieses Verfahren erfreute sich großer Beliebtheit, da es billiger war als die Handbemalung.
Ähnlich wie beim Kupferstich werden ein- und mehrfarbige Drucke hergestellt. Eine gravierte und eingefärbte Platte bedruckt einen dünnen Bildträger, meist Papier. Dieses Papier wird dann ähnlich dem Abziehbild auf das Porzellan oder Steingut aufgelegt. Nun erfolgt der Brand, bei dem sich die Farbe unlösbar mit dem Scherben verbindet, das Papier, der Bildträger, verbrennt.

TRAYS. Engl. Bezeichnung für Tabletts. Kleinere Tabletts zum Servieren werden auch > Salver genannt.

TRAY TABLE. Gestell, auf dem ein Tablett lag. Das Tablett diente als Tischplatte.

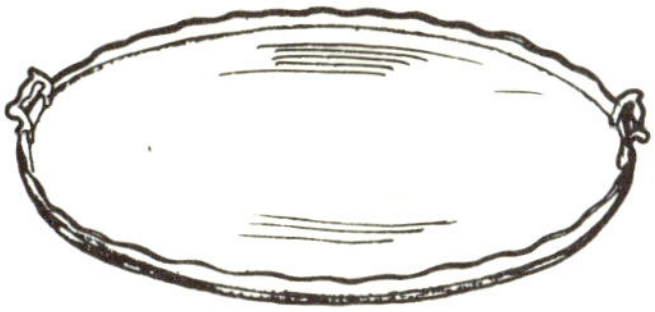

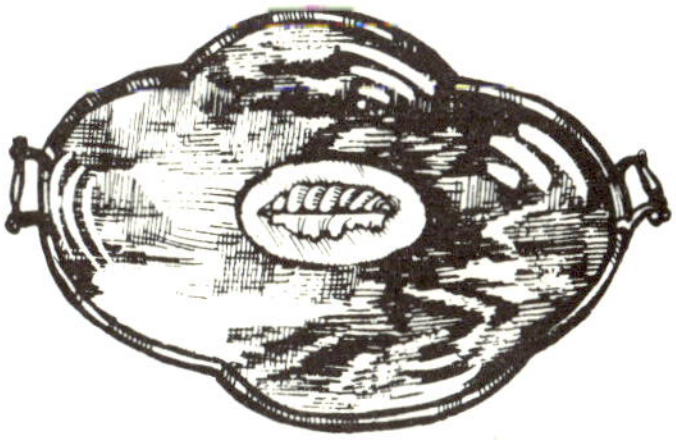

TRAY TOP TABLE. Kleiner Tisch mit einer niedrigen Gallerie oder Einfassung um drei bzw. alle vier Seiten, eine beliebte Form Mitte bis Ende des 18. Jh.

TREASURE CHEST. Schatztruhe, 17. Jh., meist sehr massiv gearbeitet, mit Eisenbeschlägen und Schloß.

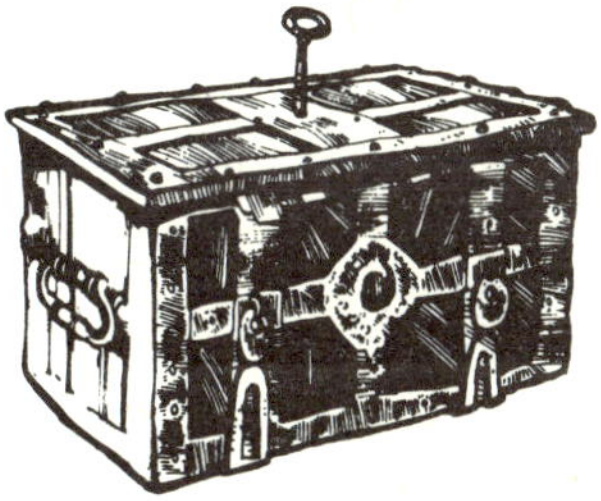

TRESTLE TABLE. Eßtisch der frühen Tudorzeit. Die schwere, massive Platte war lose, wurde in der Küche mit Speisen beladen und in das Eßzimmer oder den Schankraum getragen und auf das Untergestell gelegt.

TRIANGULAR TABLE. Dreieckiger Tisch, ein > Drop Leaf Table, an dem an 3 Seiten abklappbare Teile angebracht sind.

TRIDARN. Dreiteiliger Vitrinenschrank, der aus einem zweiteiligen Schrank und einem offenen Dresser besteht. Ohne aufgesetzten Dresser heißt er Den-Darn. Beide Arten waren von 1600 bis ca. 1800 in Wales und den angrenzenden Gebieten sehr beliebt.

TRIPOD STAND. Ständer mit drei Beinen, verwendbar für die verschiedensten Funktionen (> Stand).

TRIPOD TABLE. Runder, quadratischer, acht- oder sechseckiger oder ovaler Tisch auf drei Füßen, meist mit einer gedrechselten Mittelsäule. Ist die

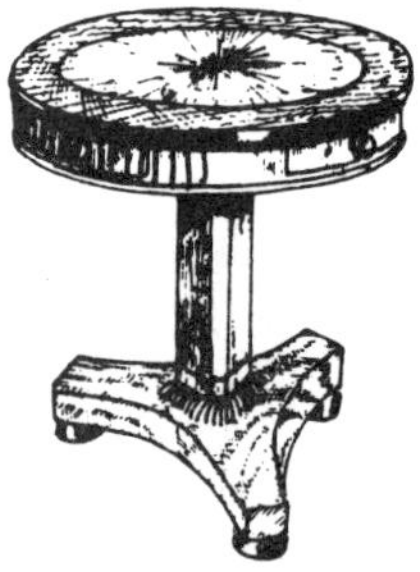

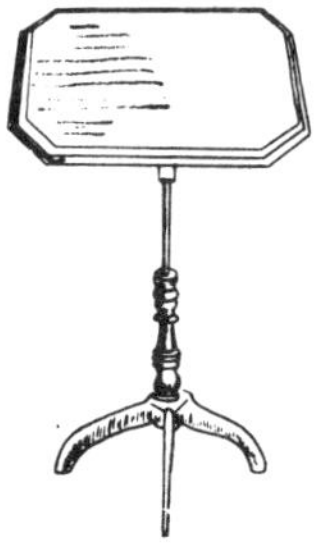

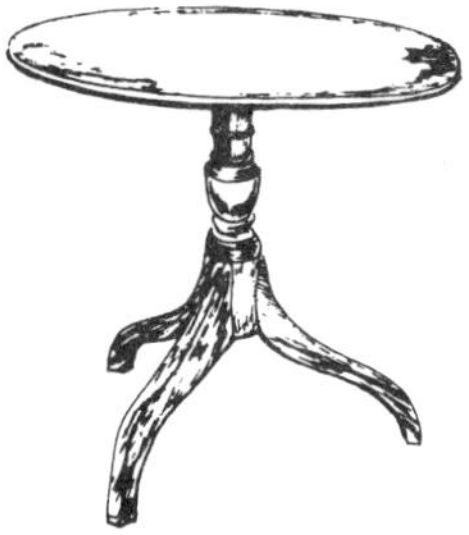

Tischplatte senkrecht hochzuklappen spricht man von einem > Tilt top table. Diese Tische wurden auch mit eingelegtem Muster (oft Palisander mit Satinwood) als Schachtisch gebaut. Ein mehrstöckiges Dreifußtischchen zum Servieren nennt man > Dumb waiter.

TROMMELTISCH. > Drum table.

TRUHE. > Trunk.

TRUNK. Truhe, Vorläufer des Kleiderschranks, oft recht unhandlich und für heutige Zwecke nicht sehr praktisch, aber als antikes Sammlerstück beliebt.

Eichentruhen, 17. Jh.

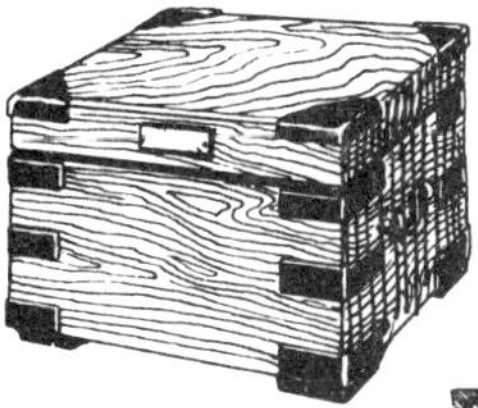

Seaman's Trunk, 18. Jh.

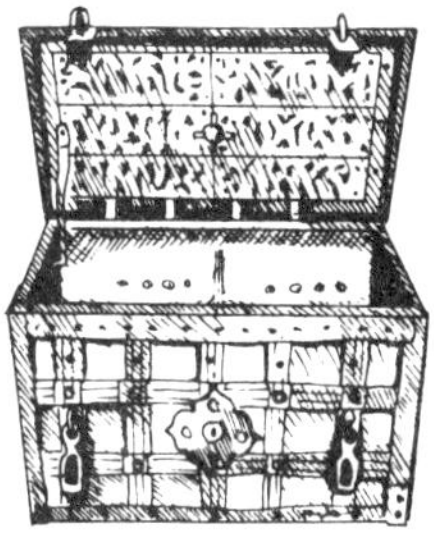

Jewellery Trunk, 18. Jh.

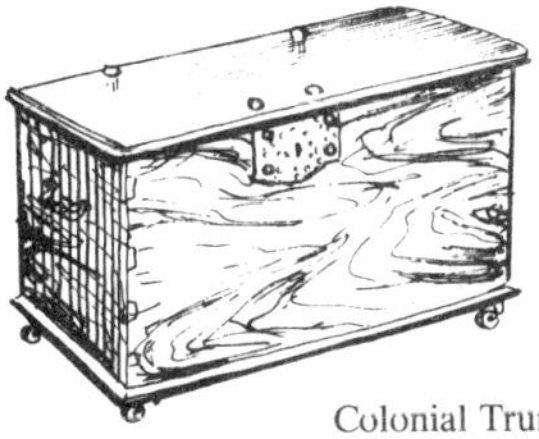

Colonial Trunk, 19. Jh.

TUB CHAIR. Ein im späten 18. Jh. von Thomas SHERATON entworfener bequemer Polstersessel mit hoher, gerundeter, weit vorgezogener Lehne, die vor Zugluft schützen sollte; ein besonders in spätviktorianischer Zeit beliebtes Sitzmöbel.

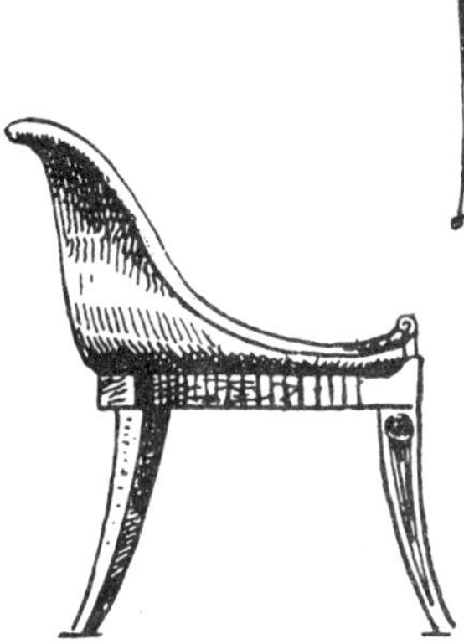

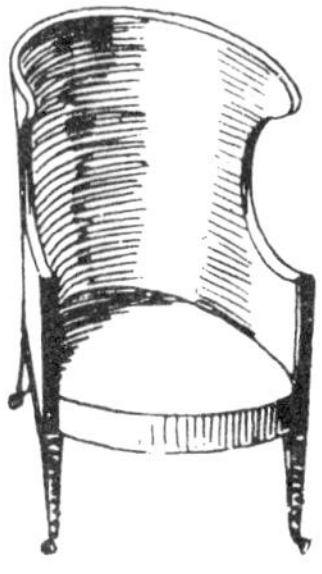

TUDOR. Engl. Stilepoche (1485–1603) zwischen Mittelalter und der > STUART Periode. Während dieses Jahrhunderts, der Regierungszeit der TUDORS, löste sich die englische Kunst von der Gotik und ließ sich von der ital. und frz. Renaissance beeinflussen. Die Häuser wurden mit mehr Zimmern gebaut, für mehr Privatsphäre und spezielle Zwecke; die „Hall“ blieb für gemeinsamen Aufenthalt der Bediensteten. Das ganze Haus war meist mit Eichenpanelen ausgestattet, was einen recht düsteren Effekt hervorrief, der aber durch bunte Wandteppiche und Polstermöbel wieder etwas aufgehoben wude.

Die Möbel, solide, einfach und nicht immer praktisch, waren hauptsächlich aus Eiche. Auch wegen ihrer kastenförmigen Konstruktion waren es sehr rustikale Möbel. Von Tudor-Betten, -Bänken, -Hockern, Tischen und Truhen haben vor allem die Truhen überlebt. Sie waren in größeren Zahlen vorhanden und dienten zur Aufbewahrung aller erdenklichen Haushaltsgegenstände. Meist sieht man sie heute in Museen, kaum im Handel. Die besseren Stücke waren geschnitzt, früher öfter auch bemalt. Farbe war hier nicht nur Schmuckelement, sondern auch Holzschutz gegen Witterungseinflüsse (denn die Fenster waren ja noch unverglast) und gegen Ungeziefer. Das häufigste Motiv für diese Verzierungen war die Tudor-Rose und das vom Kontinent übernommene gotische Faltwerk, bei früheren Truhen noch eiserne Bänder und Beschläge.

Die Konstruktion war denkbar einfach: Man setzte die Bretter gegeneinander, und die verlängerten Seiten ergaben die Füße, „Stollen“ genannt. Ab 1500 ungefähr fing man an, mit „Nut und Feder“ zu arbeiten: Man schob ein dünn abgeschliffenes Brettende in eine dafür vorgearbeitete Rille,

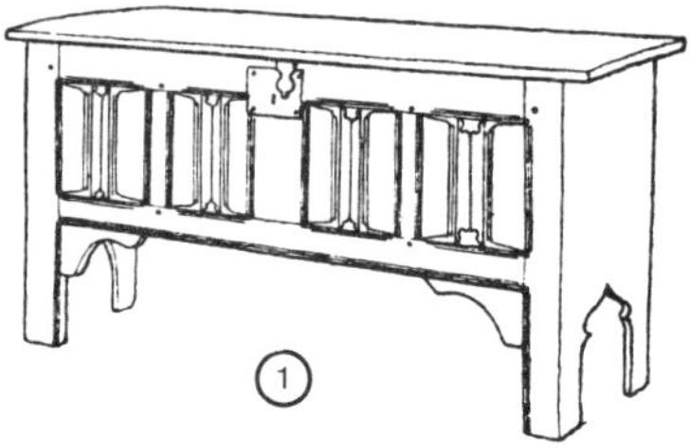

①

②

Aus der Tudor-Truhe mit „Faltwerk" ① entwickelte sich das Chest ② der „Queen Ann"-Periode, aus dem frühen Schrank von ca. 1540, konstruiert wie zwei aufeinanderstehende Truhen ③, entstand das Bureau Bookcase ④ von William and Mary, ca. 1685.

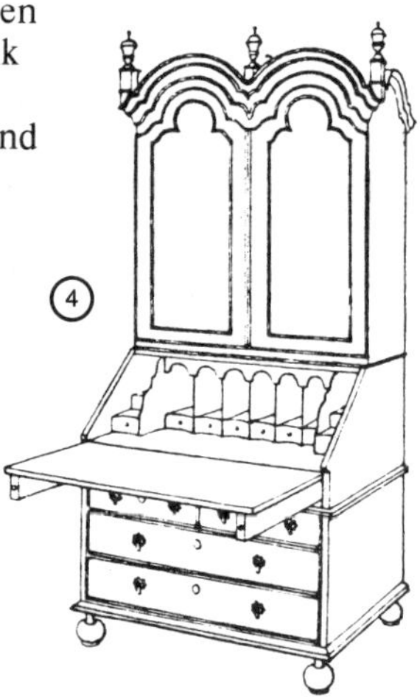

④

③

⑤

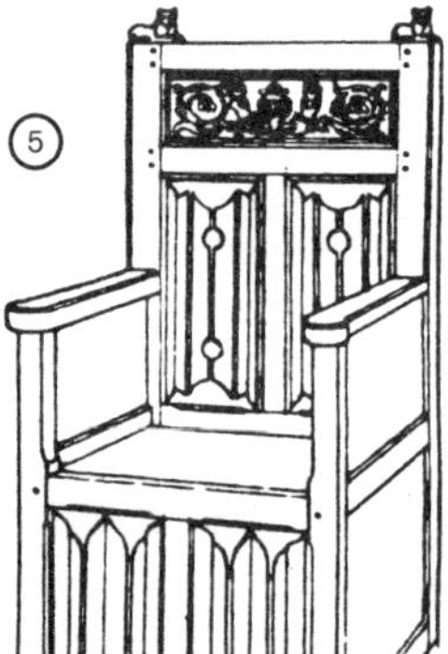

Vom Tudor-Stuhl ⑤ zum Stuhl von 1680/1685 ⑥.

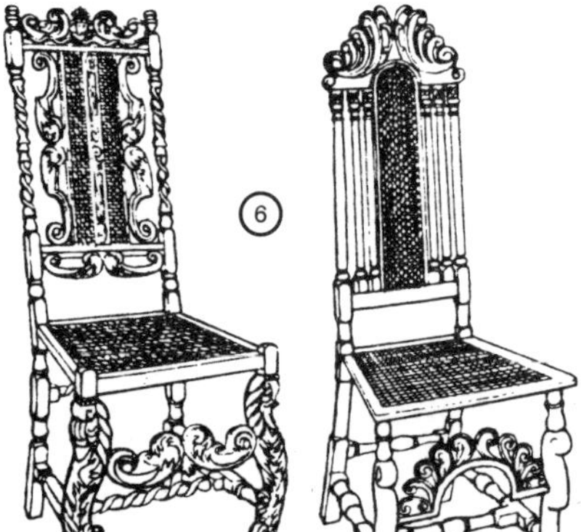

⑥

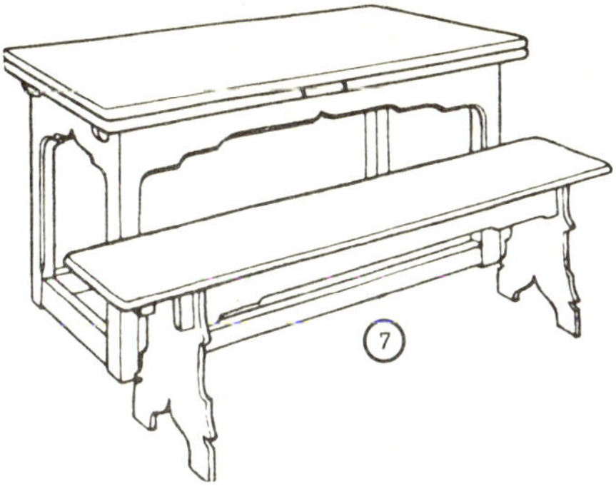

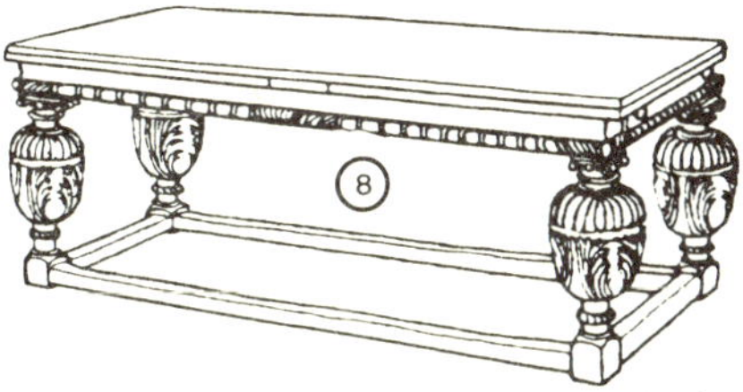

Vom Tudor-Tisch ⑦ um 1550 zum Tisch auf Baluster-Füßen um 1580 ⑧ und zum Typ von ca. 1680 ⑨ bis zum Ende der Stuart-Zeit, zum Tisch der Queen Ann-Periode ca. 1710 ⑩.

die Nut. Dadurch konnten die verhältnismäßig locker zusammengefügten Teile in sich arbeiten, und das Holz wurde beständiger gegen Feuchtigkeits- und Trockenheitseinflüsse. Diese Art der Holzverbindung hat sich bis heute gehalten, und man findet sie bei Antiquitäten oft an den Rückwänden oder bei Kissenfüllungen großer Schränke. Ab ca. 1650 gab es dann auch schon Schubladen.

Mit der Krönung Heinrichs VIII. und damit dem Beginn seiner Herrschaftszeit erfuhr England einen regelrechten Boom im Bau von Landhäusern und Schlössern. Sie wurden reich und komfortabel ausgestattet – eine endgültige Ablösung des mittelalterlichen Stils. Man erfand neue Möbelformen und schmückte die Wände erstmals mit Gemälden. Die Möbel bekamen als Schmuckelement geschnitzte Köpfe in Medaillons, Blumengirlanden und architektonische Säulen; sie standen auf gedrehten Füßen.

Ihren Höhepunkt an wohnlichem Komfort erfuhr die Tudorzeit dann während der Regierungszeit von Elizabeth I. Galerien, Zimmer und Säle lösten die ursprünglich einzige Versammlungshalle des Hauses ab. Man saß auf bequemen Sesseln mit gebogenen Armlehnen und geschnitzten Rükkenlehnen. Die Stühle bestanden nicht mehr nur aus einer kleineren, aufklappbaren Truhe mit Rückenlehne, sondern bekamen 4 Beine, des besseren Halts wegen mit Stegen verbunden, wie wir sie bis heute kennen. Zwei Truhen wurden aufeinandergestellt, und man brauchte diesem neu erfundenen Möbel nur noch statt der Deckel nach vorn zu öffnende Türen zu geben: fertig war der Schrank! Die gedrechselten Beine der Tische verdickten sich in der Mitte vasenförmig zu sog. „Balustern“, und die Betten bekamen ein Dach gegen das noch immer zahlreich von der Decke fallende Insektenzeug.

Der Vorläufer des > Sideboards wurde erfunden, ein Regal mit 2–3 Etagen auf Balusterfüßen, dessen mittleres Brett meistens eine Schublade mit einem unter Schnitzereien versteckten Schloß enthielt und zur Aufbewahrung von Wertsachen diente.

Das Ende der Regierungszeit von Elizabeth I., der letzten Tudor, beendete auch diese Stilperiode – es begann die Zeit der > Stuarts.

TUDOR & LEADER. Um 1760 in Sheffield gegründete Firma, die als erste, die Massenproduktion von Sheffield Plate aufnahm.

TUDOR ROSE. Stilisierte Rose mit fünf Blütenblättern, das königliche Emblem von Heinricht VII. (1485–1509), des ersten engl. Königs aus dem Hause > Tudor. Während der Tudorzeit (engl. Renaissance) als Ziermotiv an Möbeln, Silber, aber auch anderen kunsthandwerklichen Arbeiten.

TULIP WOOD. > Poplar.

TUNBRIDGE WARE. Besondere Furnierarbeiten aus Hölzern von auserlesener Maserung, oft als Mosaikmuster, hauptsächlich an viktorianichen > Tea caddies. Die Landschaftsbilder auf diesen > Kästchen stammen meistens aus der Gegend von Tunbridge Wells.

TURKEY WORK. Türkischer Stoff für den Überzug von engl. Stühlen; eine Art geknüpfter, wollener Teppichstoff auf einem Grundgewebe aus grober Leinwand Mitte d. 17. Jh.

TWIST TURNING. Spiralartig gedrehte Streben an Stuhl- und Tischbeinen im späten 16. Jh. und frühen

17. Jh. in Frankreich und Holland. In England ab Mitte des 17. Jh. bekannt und während der Restorationszeit für Beine benutzt.

TWISTED COLUMN. Dekorative Säule, die vertikal um ihre Achse gedrechselt ist. Beliebt während der franz. Renaissance und im 19. Jh.

TWO-CHAIR-BACK-SETTEE. > Settee mit zwei Sitzen, aber nur zwei Armlehnen, auch > Courting chair genannt.

TWO-PILLAR TABLE. Großer Eßtisch auf zwei Säulenteilen, die jeweils in drei oder vier Beinen auslaufen. Mit einer oder mehreren beinlosen Einlegeplatten zum Verlängern des Tisches, zusammengehalten durch > Table forks. Es gibt auch One-Pillar Tables mit nur einem Mittelfuß oder Three-Pillar Tables, bei denen die zusätzlich dritte Säule einen Mitteltisch trägt.

Zwei Beispiele für Two-Pillar-Tables, Georgian

Three-Pillar-Table, Victorian

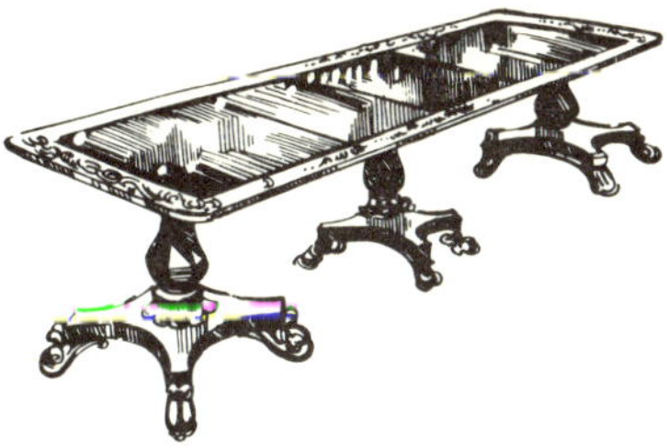

U

UMBRELLA STAND. Schirmständer.

UNITE, George. Berühmter engl. Silberschmied im 19. Jh. in Birmingham.

UNIVERSAL TABLE. Eine „Erfindung" von > SHERATON im späten 18. Jh., ein vielseitig verwendbarer Tisch: ein Eßtisch, umgebaut als Frühstückstisch, auch zur Vorratshaltung von Tee, Zucker, Gewürzen usw. Er wurde meist aus Mahagoni gefertigt. Unter der Tischoberfläche befinden sich zwei Ausziehplatten. An einer Seite ist eine Schublade mit vielen kleinen Fächern und eine Schreibplatte angebracht.

Universal Table

UPHOLDER. Polsterer im 18. Jh., andere Bezeichnung für Upholsterer (> Upholstery).

UPHOLSTERY. Das Polstern von Sitzmöbeln. Upholstery ist aber auch der Begriff für das Polstermatrial: Stoff, Samt, Leder, Leinen, Brokat, Damast etc.

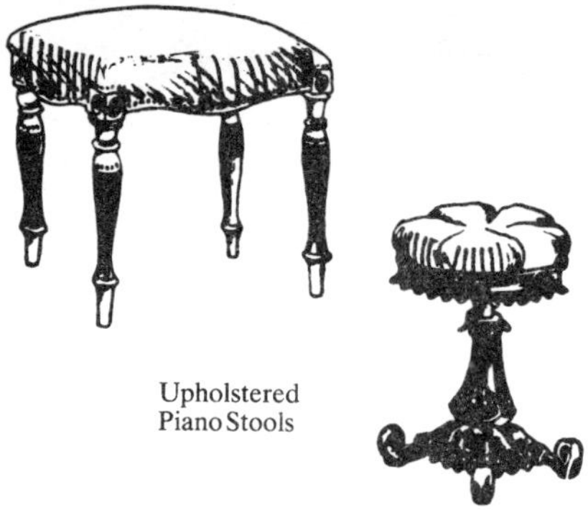

Upholstered Piano Stools

URN. Urne, ein meist großer vasenähnlicher Behälter aus Holz, Metall, Steingut usw. Wurde gewöhnlich auf ein Podest oder einen Beistelltisch gestellt, aber auch in die Mitte eines > Broken Pediment oder > Swan neck pediment.

Victorian Urn

Victorian
Urn

Victorian Vase
in Urn Shape

URN STAND. Podest, auf das eine Urne gestellt wurde. > Urn.

Georgian Urn
on Stand

Edwardian
Urn Stand

V

VANITY CASE. Kosmetik-„Köfferchen“, > Dressing Box. Kleiner Kasten mit Spiegel, Haarbürsten, Kamm etc.

VASE. Vase oder dekorative Urne aus Metall, Porzellan, Glas usw.

VASE-SHAPED SPLAT. Vasenförmiges Mittelteil in der Rückenlehne eines Stuhls, ähnlich der > Fiddleback-Form.

VAUXHALL. Ort der bekannten Spiegel- und Glasfabrik in der Nähe von London, 1670 vom Duke of Buckingham gegründet.

VENEER. Furnier, dünne Holzscheiben zwischen 1 und 5 mm, durch senkrechten oder waagerechten Schnitt entstanden. Furniere werden meistens verwendet, um weniger dekoratives Holz abzudecken. CHIPPENDALE, SHERATON und HEPPLEWHITE verwendeten Mahagoni und Satinwood als Furnier.
Anfangs (Ende des 17. Jh.) schnitt man Furnier noch per Hand, dadurch recht dick (5–9 mm). Die heutigen maschinell gesägten Furniere haben eine Dicke von 3 mm, aber wegen des hohen Verschnitts gibt es sie nur von unedlen Hölzern, z. B. von Fichte. Mahagoni, Palisander, Nußbaum, Ebenholz kommen nur als Schälfurnier mit 0,7 bis 1 mm Dicke in den Handel.

VERMEIL. Franz. Ausdruck für vergoldetes Silber.

VERRE EGLOMISÉ. Ein auf der Rückseite bemaltes Glas, das mit einer Metallfolie unterlegt wurde. Es wird als Rahmen und Bekrönung von Spiegeln verwendet.

VESTRY CHEST. Längliche Eichenkommode, kam im 16. Jh. auf.

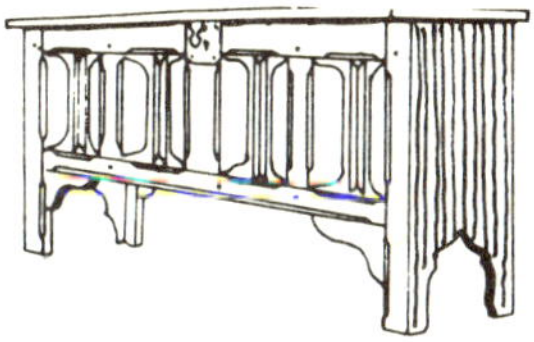

VICKERS, Alfred Gomersal. (London 1810–1837 Pentonville). Zeichnete für den Erfinder des Stahlstichs, > C. HEATH, Städte und Landschaften.

VICTORIAN. (1837–1901). Stilepoche des vorigen Jahrhunderts, der Regierungszeit der Königin Victoria, eine wechselreiche, aber dennoch zusammenhängende Periode.

Der Übergang zum viktorianischen Möbel war anfangs mehr als widersprüchlich, und er wurde zu einem Konflikt zwischen Tradition und Reform. Erst um 1850 beruhigte sich dieser Konflikt, und die VICTORIAN PERIOD fand ihren eigenen Stil. Man kann die gesamte Zeit in 3 Abschnitte gliedern:

1830–1850/55	Early Victorian (Früh-)
1850–1870	Mid Victorian
1870–1901	Late Victorian (Spätes)

Im ersten Drittel (1830–55) griff man auf bewährte Stile früherer Zeiten zurück, vermischte sie allerdings untereinander:

Victorian Pedestal Desk (Dicken's Desk)

Klassik, noch dem Regency verhaftet, jedoch umfangreicher im Dekor; **Rokoko,** und zwar nicht mehr der leichte, etwas frivole französische Stil des 18. Jh., sondern ein Rokoko, das seine Funktion nur noch in der Dekoration sah (schwerfälliger Möbelkorpus mit aufgesetzten Rokokoverzierungen, die eher protzig wirken), massive Schnitzereien mit Blumen, Früchten und Vögeln, Verwendung von Marmor an den Überplatten. Danach Elisabethanischer Einfluß, ein Wiederaufleben der Stile des 17. Jh., sehr schwere Möbel mit Motiven aus der Renaissance, Gotik und Tudor-Epoche. Nach diesem

Victorian Chest
(Regency-Einfluß)

ersten Drittel der gesamten VICTORIAN PERIOD kam die „Wende" mit der Weltausstellung im Londoner Crystal Palace, 1851–1855. Eine Reform schien notwendig geworden: Viele Möbelhersteller hatten sich verleiten lassen, dadurch bekannt zu werden, daß sie ihre Stücke lediglich größer und prunkvoller als die Konkurrenz bauten und die bisherige Tradition (erstklassiges Design plus gute Qualität) vernachlässigten.

Die **mid-victorian Zeit** (1850/55–1870), die Zeit zwischen den Ausstellungen von London (1851) und Paris (1867), brachte erfreulicherweise ein handwerklich vorzüglich verarbeitetes Möbel, weitgehend befreit von Schwulst und Übergröße. Auch in Deutschland wuchs der Liebhaberkreis, der solche Stücke sammelte. Die gute Verarbeitung machte es einem auch leichter, die sehr schweren Tischfüße zu akzeptieren, wenn Regency-Tische zu teuer waren.

Bei den Stühlen wurde vor allem der BALLOON Chair wegen seiner hübschen Rückenlehne beliebt, ebenso der T-BACK-Chair.

Die folgende **spät-viktorianische Zeit** dann, 1870–1901, bekam ihre Hauptimpulse aus der italienischen Renaissance. Es wurde viel Eiche verarbeitet, und die Möbel wiesen reiches Schnitzwerk auf. Ein typisches Stück aus diesen Jahren ist das lederbezogene Chesterfield-Sofa. Und nach einer längeren Zeit der ausschließlich runden und ovalen Tische wurden auch wieder rechteckige Ausziehtische auf 4 Beinen hergestellt.

Der Jugendstil, in England als Art Nouveau bekannt, war zu extravagant, um sich durchsetzen zu können. Einer der bekanntesten Designer dieser Periode war Charles Rennie Mackintosh. Nur ganz selten kommt eines seiner Stücke auf den Markt (hoher Sammlerwert).

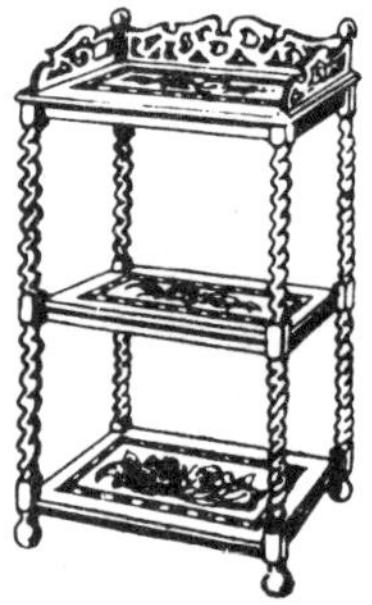

Victorian
Whatnot

Die viktorianische Stilepoche brachte einige liebenswerte Randerscheinungen mit sich, so z. B. die täuschend echt gemalten Intarsien, Holzmaserungen und Marmorierungen, sog. „trompe l'oeil" (Augentäuschungen)

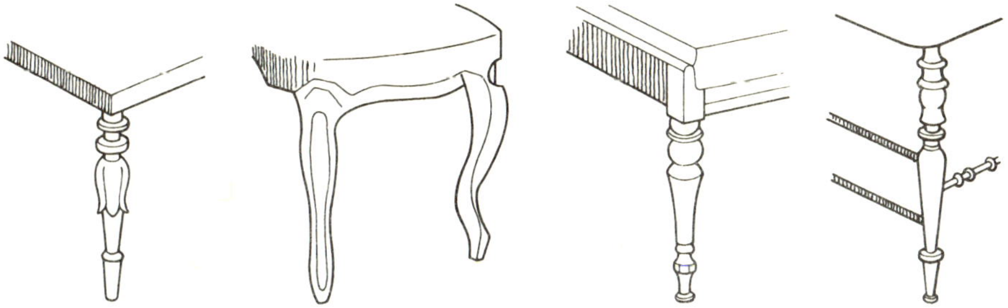

Viktorianische Stuhlbeinformen

oder die kurze Zeit der Möbel aus Papiermaché, nicht sehr haltbar, aber meist sehr schön mit Gold und farbig gemalt auf schwarzem Lack.

VICTORIAN CLASSIC. Spezieller Ausdruck für die Wiederbelebung des Designs der Zeit von Louis XVI. in Europa und Amerika, etwa um 1860. Die Möbel waren einfach und schlicht mit ausgesuchten Verzierungen.

VICTORIAN GOTHIC. Spezieller Ausdruck im > Mid Victorian für amerikanisches und engl. Möbel-Design (etwa 1840–1870), das den Elisabethanischen Einfluß mit seinen gotischen Motiven wieder aufnahm.

VICTORIAN JACOBEAN. Spezieller Ausdruck für einen nicht sehr wichtigen Möbelstil um 1870: charakteristisch sind die vielen Schnitzarbeiten – eine Wiederbelebung des massiven Jacobean Stils (Anfang 17. Jh.).

VICTORIAN ORIENTAL. Spezieller Ausdruck des > Late Victorian. Im späten 19. Jh. war ein steigendes Interesse an der chinesischen und japanischen Kunst zu verzeichnen. Lackierte Stücke und chinesisches Gitterwerk erschienen bei viktorianischen Designs, auch Bambus und bambusähnliches Material. Orientale Stiche und Drucke hatten auch Auswirkung auf die Art Nouveau.

VICTORIAN RENAISSANCE. Spezieller Ausdruck für den viktorianischen Zeitabschnitt von 1850 bis ca. 1860, als die italienische Renaissance die Quelle der Inspiration für die viktorianischen Möbelbauer wurde. Die Stücke waren massiv und schwer, mit Schnitzereien und verarbeitetem Marmor.

VICTORIAN ROCOCO. Spezieller Ausdruck für den Möbelstil von etwa 1840 bis 1850. Er wurde auch als der „Old-French-Style" bezeichnet, da er vom Louis XV-Rokoko-Stil beeinflußt war. Die Designs hatten Bogen, Schnecken und massive Schnitzereien mit Vögeln, Blumen, Früchten etc. Die Entwürfe wurden oft in Rosewood (Palisander), Mahogany und Black Walnut (schwarzem Nußbaum) ausgeführt. Marmor wurde für Oberplatten verwendet. John Belter aus New York ist wahrscheinlich der bekannteste Designer dieses speziellen viktorianischen Stils gewesen.

VILE, William. Engl. Kunsttischler mit einem Geschäft in der St. Martin's Lane in London. Er lieferte Möbel für George, Prince of Wales, den späteren König George III. (nach 1760). Echte Möbel von William VILE zeichnen sich durch ihre Qualität und vor allem durch sehr schöne, feine Schnitzereien aus.

VITRINE. Vitrinenschrank (>Display Cabinet), ein aus dem Kabinett entwickeltes Möbel. Im Kabinett waren hinter Holztüren diverse Schubladen zum Aufbewahren aller möglichen Kostbarkeiten. Aus praktischen Gründen entwickelte man im frühen 18. Jh. Glastüren, in ersten Linie, um ostasiatisches Porzellan zu zeigen. Viele Vitrinen aus England zeigen einen gesprengten Giebelaufsatz und etwas zurückgesetzte Seitenflügel.

Display Cabinet
(China Closet)

VOIDER. Ausdruck des 18. Jh. für ein Tablett.

V-MATCH. Zwei Holz- oder Furnierstücke, die wie zwei gegenüberliegende Buchseiten zusammengesetzt wurden. Die Maserung stellt dann eine Reihe von V's dar, die übereinandergesetzt sind.

VOLUTE. Spiral- oder schneckenförmiges Stilelement der klassischen Baukunst. Es kommt an Ionischen und Korinthischen Säulen an Kapitel vor, aber auch in der Möbelbaukunst als Dekoration.

W

WAINSCOT-CHAIR. Engl. Eichenstuhl des frühen 17. Jh. (auch „Panel-Back-Chair“ genannt). Die Rückenlehne war oftmals geschnitzt oder mit

Einlegearbeit dekoriert. Siehe auch > Hall Chair.

WAKES TABLE. Ein schwerer, ovaler Tisch mit abklappbaren Seitenklappen, wurde ab Ende des 18. Jh. gebaut, ursprünglich nur in Irland. Durchmesser des Tisches oft über 2 m. Auf der Platte stand während der Totenwache der Sarg, was dem Tisch den makabren Namen gab. Deshalb nennt man ihn heute lieber > Hunting table.

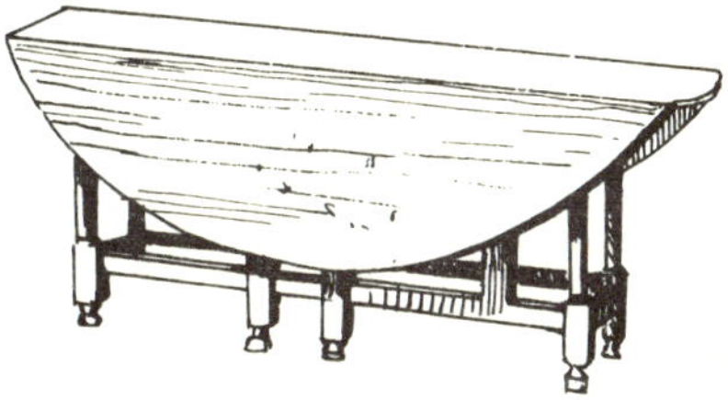

WALL CLOCK. Wanduhr. Runde oder achteckige Pendeluhr mit Aufzugswerk, die an die Wand gehängt wird. Wall Clocks stammen meist aus Büros und Amtsstuben, wurden etwa ab 1870 hergestellt, haben eine unkomplizierte Mechanik und sind bei sachgemäßer Behandlung ziemlich unverwüstlich. Wall Clocks haben in den meisten Fällen kein Schlagwerk.

WALL, John. Mitbegründer der Porzellanmanufaktur in Worcester 1708–1776.

WALL MIRROR. > MIRROR.

WALNUT. Nußbaum, hellbraunes Holz aus Asien, Afrika, Europa und Amerika. Amerikanisches Walnut hat eine grobere Maserung als die europäischen Arten. Es zeigt eine große Reihe verschiedenartiger Maserungen je nach Schneidemethode. Europäisches Walnut hat zarte, fast schwarze Streifen in lebhafter Zeichnung und eine dichte Oberfläche. Walnut ist gut zu beizen und leicht zu polieren. In England wurde es oft auf Eiche furniert und hauptsächlich von 1660 bis 1720 im Möbelbau verwendet (> Age of Walnut). Als Napoleon die Handelssperre über England verhängte, wurde Walnut meist aus Virginia importiert. Besondere Walnut-Arten: > Black Walnut, > Circassian Walnut, > Oiled Walnut, Oriental Walnut (anderer Ausdruck für Eukalyptus).
Wurzelnußbaum wird aus dem Baumstock geschnitten, hat eine lebhafte und starke Maserung und wird zu dekorativen Furnieren verwendet. Mit Wurzelnußbaum furnierte man kleine Kästchen, Schatullen und Schubladenvorderseiten.

Walnut Bookcase by John Goddard

Queen Anne Bookcase aus Nußbaum

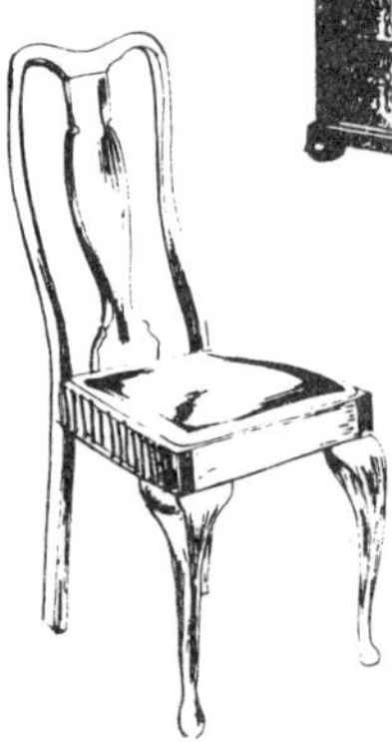

Queen Anne Chair aus Nußbaum

WALNUT PERIOD. Anderer Ausdruck für > Age of Walnut.

WALPOLE, Horace. Architekt, der Mitte des 18. Jh. vorwiegend im neogotischen Stil baute und mit seinem Stil auch die Möbelbauer beeinflußte.

WANDLEUCHTER. > Console Lights, > Girandoles.

WARD, James. (London 1769–1859). Zusammen mit seinem Bruder William (London 1766–1826) engl. Kupferstecher, spezielle Meister der Schabkunst.

WARDROBE. Durch Entwürfe von > SHERATON bekannt gewordener

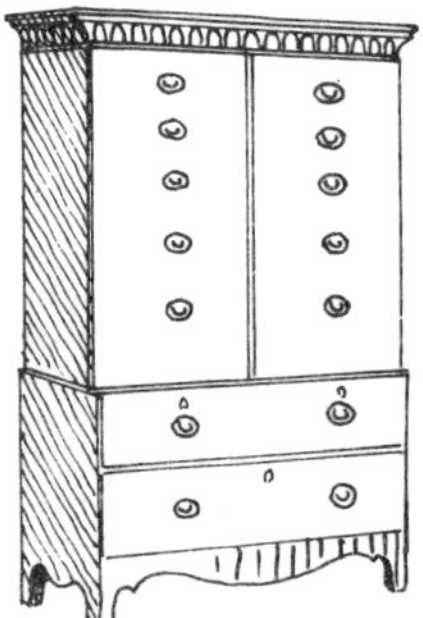

Georgian Linen Press, Vorläufer der Wardrobe

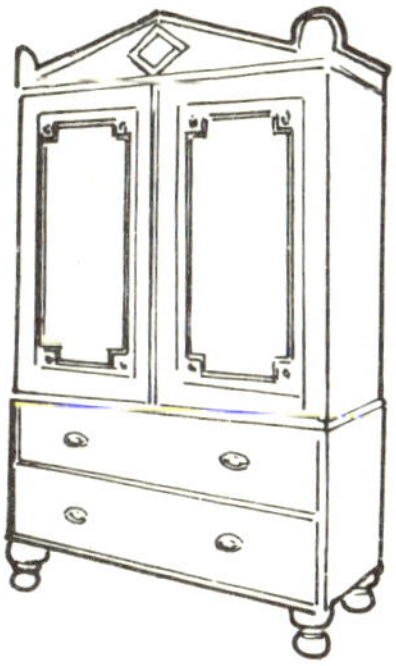

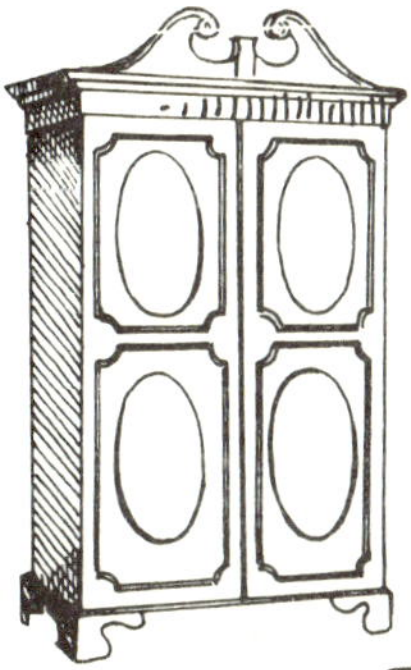

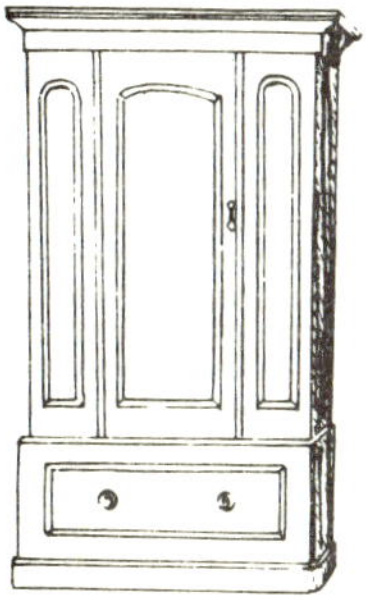

Kleiderschrank für liegende und zugleich für hängende Kleiderstücke, entwickelt aus den Typen > Linen Press und > Tallboy.

WASCH- UND SCHMINKTISCH. > Washstand.

WASHSTAND. Wasch- oder Schminktischchen, typisch für die engl. Schlafzimmereinrichtung des 18. und 19. Jh. Gewöhnlich aus Mahagoni mit Vertie-

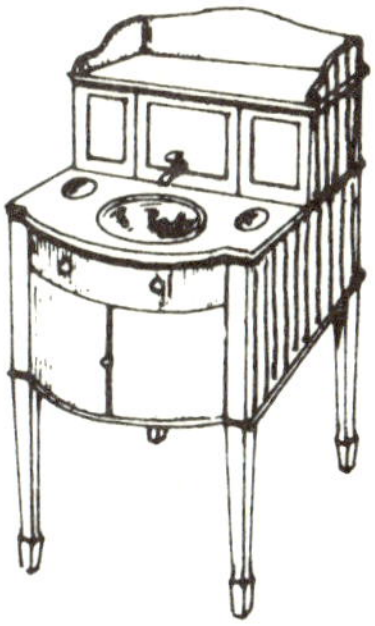

fungen für Waschschüssel, Zahnputzglas und Seife. Während der CHIPPENDALE-Periode waren Washstands gewöhnlich einfache, offene Gestelle. Spätere Modelle hatten aufklappbare Deckel, die die Waschbecken verbargen. Bei manchen Exemplaren war auch ein Spiegel eingelassen. Die sehr viel größeren Waschtische der viktorianischen Zeit hatten meist eine Marmorplatte. Durch Wegnahme der ursprünglichen Tischplatten und Ersetzen durch glatte Holzflächen entstanden später hübsch proportionierte, praktische Beistelltischchen. Eine andere Form der verwandten Schminktische sind die > Lowboys.

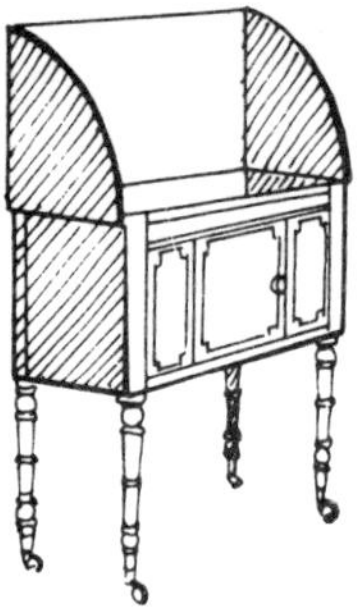

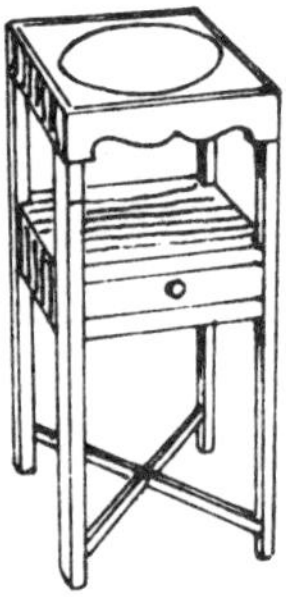

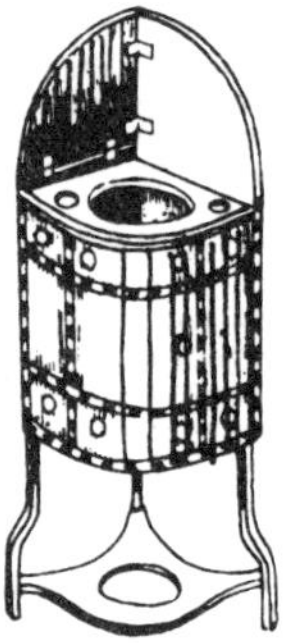

Victorian Washstand

Converted Washstand, jetzt ein Writing Table

WASSAIL BOWL. Großes Trinkgefäß mit zwei Henkeln, oft aus Zinn gefertigt und mit der Aufschrift „Wassail“ (engl. = Umtrunk, Trinkgelage) versehen. Es wurde bei festlichen Gelegenheiten zum Umtrunk verwendet und konnte bequem weitergereicht werden.

WATCHES. > Clocks.

WATERLOO-LEG. Andere Bczeichnung für ein Säbelbein (> Sabre Leg).

WATSON, James. (1740–1790 London). Kupferstecher, spezialisiert auf Portraits in Schabkunst. Seine Tochter Caroline (London 1758–1814) schabte und punktierte ebenfalls.

WEBB, Thomas. > China (Porzellan).

WEBSTER, W. Bekannter Londoner Uhrmachermeister im 18. Jh.

WEDGWOOD, Josiah. (1730–1795). Aus Burslem in Staffordshire, engl. Töpfer und Partner einer Manufaktur in Stoke-on-Trent. Ursprünglich stellte er Medaillons und Plaketten als Einlegeteile für die Möbel von > ADAM her. 1959 gründete er seine erste eigene Manufaktur, die Ivy House Works in Burslem. Er entwickelte seine berühmten >„Queensware“ (1765), >„Basaltware“ (1767) und >„Jasperware“ (1774) und >„Pearlware“ (1779). 1768 gründete er seine zweite Manufaktur

Biscuit Barrel

Wedgewood Bowl

Teapot

Vase

Plate

Two-handled Vase

Wedgewood Urn

in Etruria/Staffordshire. Der Betrieb ist noch heute im Besitz der Familie Wedgwood. Marken: Der Namenszug in verschieden großen Buchstaben ab 1771, Versalien oder gemischt. WEDGWOOD hat das Steingut Englands zu dem berühmtesten der Welt gemacht. Knochenporzellan wurde nur wenig hergestellt.

WEDGWOOD BED. Elizabethianisches Himmelbett aus Eiche, mit einem vollen Wandteil und zwei Pfosten.

WEICHHOLZKORPUS. Korpus eines furnierten Möbelstückes der neueren Zeit, der meist aus Fichte ist. Wird leichter rissig als ein Hartholzkorpus aus Mahagoni oder Eiche.

WEINKÜHLER. >Wine Cooler.

WELLINGTON CHEST. Schmale, hohe Kommode mit etwa sechs bis

Victorian Wellington Chest

zehn, nach oben immer niedriger werdenden Schubladen, die mit einer schwenkbaren Randleiste zentral verschlossen werden können. Der Wellington Chest war ursprünglich als Sammlerkommode (z. B. Münzen, Schmetterlinge) gedacht >Specimen Cabinet.

WELSH DRESSER. Ein Dresser, ursprünglich aus Wales, mit Schränken und Schubladen unten und Regalen oben. Beliebt in England im 17. Jh.

WHATNOT. Sehr charakteristisches Möbel des viktorianischen 19. Jh. in England; eine freistehende Etagère für

Georgian Whatnots

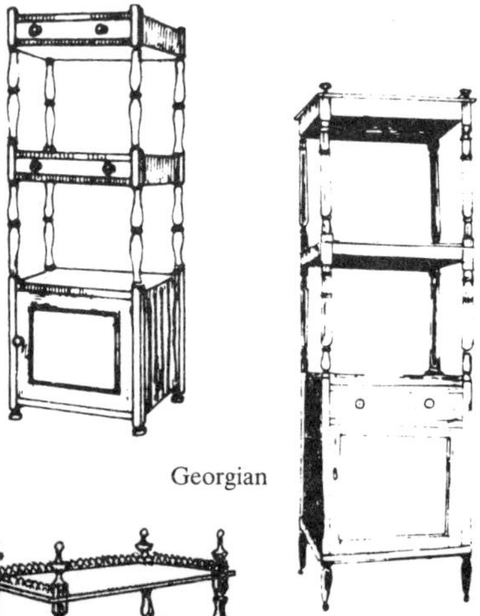

Georgian

Victorian Whatnots

Nippes und andere Kleinigkeiten (= was-nicht-alles). Entweder quadratisch oder rechteckig als offene Regalbretter zwischen gedrechselten Eckstützen oder dreieckig zum Aufstellen in Zimmerecken. Oft aus > Walnut gefertigt und mit > Marquetry verziert.

WHEAT EAR. Dekorativ geschnitztes, gemaltes oder eingelegtes Motiv bei HEPPLEWHITE-Designs: es stellt eine Weizenähre dar.

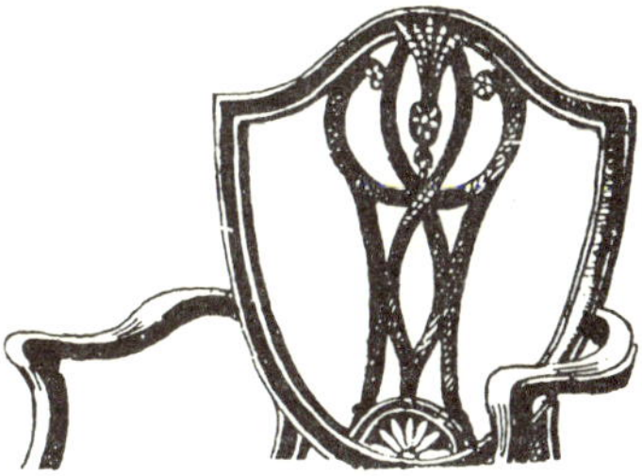

WHEELBACK CHAIR. Engl. Stuhl, dessen Rücken ein Rad mit von innen strahlenförmig gearbeiteten Streben darstellt. Er ist charakteristisch für die Designschule von ADAM im 18. Jh. HEPPLEWHITE benutzte dieses Design auch für > Windsor-Stühle. Manchmal wählte man anstelle des Kreises auch ein Oval.

Georgian Wheelback Chair

Windsor Chairs mit Rad-Design

WICKER. Geflecht von ineinander verflochtenen Holzstreifen an Stühlen, Tischen, Körben usw.

WICKER CHAIR. Engl. Korbstuhl. Korbgeflecht auf dem Sitz (oder an der Rückenlehne) nennt man „caned", also caned seat (caned back).

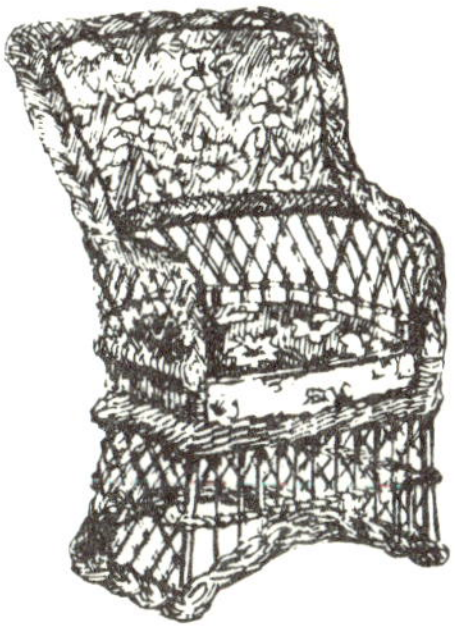

WIG STAND. Hoher Ständer mit runder Fläche für Perücken (Wig = Perücke).

WILLIAM AND MARY. Engl. Stilperiode des späten 17. Jh., die nach König William III. (1689 – 1702) aus dem Hause Oranien und seiner Gemahlin Mary, einer Tochter König Jakobs II. benannt wurde. In den amerikanischen Kolonien blieb dieser Stil

Tallboy aus der Zeit von William and Mary

Walnut Bookcase um 1700

Chest um 1700

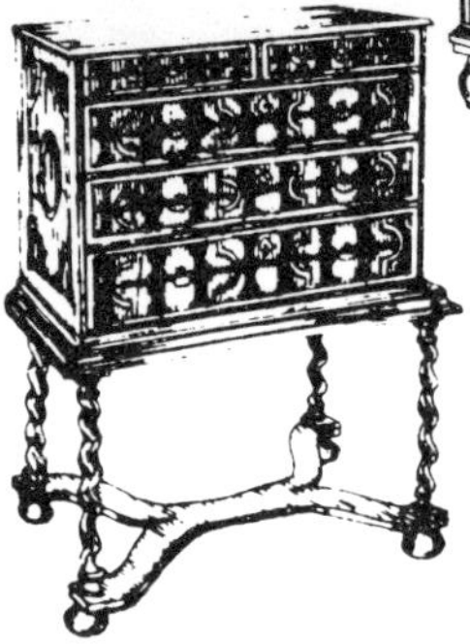

Cabinet on Stand

Side Tables aus der Zeit von William and Mary

Chair um 1700

noch lange über Williams Tod hinaus populär. Er prägte vor allem die Innenraumgestaltung und ist wie der vorausgegangene Restoration-Stil von Louis XIV. und von holländischen Einflüssen bestimmt, die von eingewanderten franz. und niederländischen Kunsthandwerkern, z. B. G. JENSEN und D. MAROT, aber auch von den Entwürfen J. L. BARIUS, die damals in ganz Europa stilbildend wirkten, ausgingen. Geschmackvolle Proportionen und das Verständnis für feine Hölzer und Furniere waren die Grundlage des Stils von WILLIAM AND MARY. Die Möbel blieben geradlinig, wurden jedoch durch dekorative Giebel, geschwungene oder gedrechselte Beine und geschweifte Stege aufgelockert.
> Cabriole Legs kamen zunehmend in Mode, doch wurden auch gerade Beine im Stil des Louis XIV. verwendet. Unter den Füßen dominierte der Kugelfuß in verschiedenen Ausprägungen. Nußbaum (Walnut) blieb die am meisten verarbeitete Holzart, doch wurden ländliche Möbel weiterhin vorzugsweise aus Eiche gefertigt. Der geschnitzte Dekor trat zugunsten von Marketerien, bes. Seetangmarketerien, stark zurück. Bei Kabinetten, Spiegelrahmen und anderen Ausstattungsgegenständen war Lackarbeit beliebt. Die Sitzmöbel sind mit Rohrgeflecht bespannt, häufiger aber gepolstert und mit Seide, Brokat, Samt und bestickten Stoffen bezogen. Beliebte Ziermotive waren u. a. Akanthus, Masken und Vasen. Typische Möbel waren z. B. der > Tallboy und > Fiddleback Chair.

WILLOW. Weide. WILLOW BRASSES sind bestimmte Griffe an > Chests oder > Bureaux.

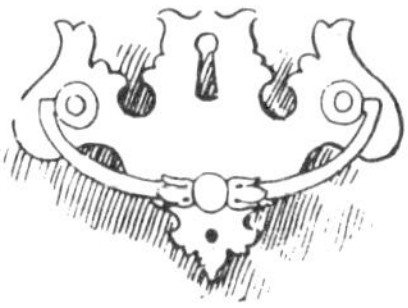

WILTON. Ein besonderer Haarteppich, der auf kontrollierten Webstühlen in Wilton in der engl. Grafschaft Wiltshire seit dem 17. Jh. hergestellt wurde.

WINDMILLS, Joseph. Uhrmachermeister in der späten Stuart- und frühen georgianischen Periode.

WINDOW SEAT. Kleiner gepolsterter Hocker, der in Fensternischen gestellt wurde. ADAM und CHIPPENDALE entwarfen einige Modelle Mitte des 18. Jh. Bei manchen Modellen ließ sich das Polster der kleinen Bank öffnen, darunter befand sich ein Ablageplatz. Daraus hat sich wohl der > Piano stool entwickelt.

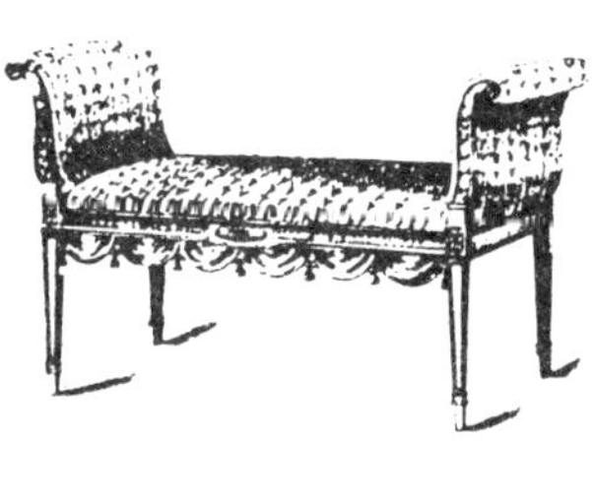

WINDSOR CHAIR. Typisch engl. Stuhl im ländlichen Stil, der im frühen 18. Jh. aufkam und in Küchen Kneipen und Versammlungsräumen als „billiges" Möbel zu finden war. Der Stuhl-

rücken war mit vertikalen dünnen Streben oder Stäben versehen, die den Eindruck von Fiddle-string oder Stickback hervorriefen. Die Beine waren ursprünglich Cabriol-leg-förmig, später gedreht. Die Armlehnen waren manchmal um die Rückenlehne weitergeführt. CHIPPENDALE stellte den Stuhl mit einem durchbrochenen Mittelstück an der Rücklehne her, HEPPLEWHITE fügte ein radförmiges Stück im Mittelteil hinzu. Die gebogenen Stäbe des Rückens wurden ursprünglich nahe Windsor geschnitten und gedreht; daher der Name. Siehe auch > Comb Back Chair.

American Windsor Chair

In Amerika wurde im 18. und 19. Jh. der sog. American Windsor Chair hergestellt, z. T. mit einer verbreiterten Armlehne zum Schreiben (>Writing Windsor). Viele der Stücke des 19. Jh. waren durch >Bamboo turning charakterisiert. Einige der Entwürfe aus Pennsylvania hatten >Ball Feet.

WINE COOLER. Kleiner, mit Metallreifen umgebener Behälter zum Kaltstellen von Weinflaschen während des Essens. Ein beliebtes Objekt z. B. von HEPPLEWHITE (>Cellaret), das nach und nach zum exklusiven Möbelstück wurde.

Beispiele für Georgian Wine Coolers

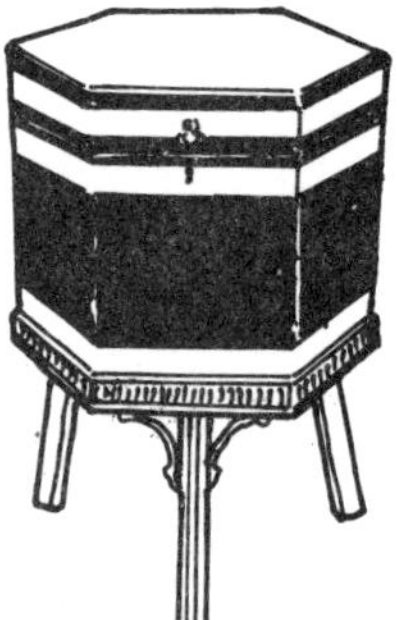

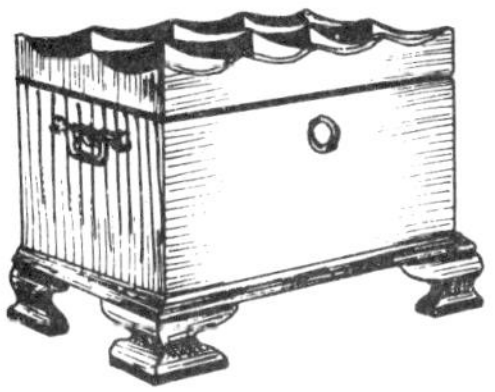

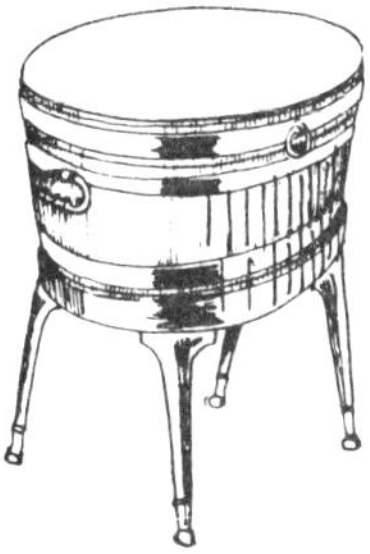

3 weitere
Weinkühler,
Georgian

Wine Coolers
aus Silber

WINE TABLE. Hufförmiger Tisch, der vor dem Kamin stand. An der Seite, die dem Feuer zugewandt ist, waren Vorhänge angebracht, dahinter gab es manchmal eine Haltevorrichtung für > Decanter. Die Leute saßen an dem konvexen Ende des Tisches.

WINE WAITER. Engl. Bezeichnung für einen Servierwagen des 18. Jh., dessen Oberteil in Fächer für Weinflaschen und Karaffen unterteilt ist.

WING CHAIR. Gepolsterter > Easy Chair mit „Ohren“ (ears) oder “Wangen“ (cheeks) oder „Flügeln“ (wings) an den beiden Seiten der hohen Rükkenlehne. Ursprünglich ein Entwurf Mitte des 17. Jh. und Vorgänger des Grandfather Chairs im 18. Jh.

Queen Anne
Wing Chair

Regency
Wing Chair

Victorian

WOOD. Holz, in unserem ABC unter den einzelnen Arten behandelt:

>Amboyna
>Apple
>Ash
>Beech
>Birch
>Boxwood
>Cedar
>Cherry
>Chestnut
>Ebony
>Elm
>Kingwood
>Mahogany
>Maple
>Oak
>Pear
>Pine
>Rosewood
>Satinwood
>Walnut
>Yew

Flower Jug

Coffee Pot

Worcestershire Plate

WORCESTER/WORCESTERSHIRE. Seit 1751 bestehende engl. Manufaktur. Der Arzt Dr. John WALL und der Apotheker William DAVIES hatten das Arkanum mitgebracht; Josiah HOLDSHIP leitete bis 1772 das Unternehmen. Das Porzellan war äußerlich dem chinesischen ähnlich. Es wurde vorzugsweise als gutes Gebrauchsporzellan mit meist feiner Blau- oder Buntmalerei hergestellt. 1757 führte Robert HANCOCK, der von >BOW kam, das >Umdruckverfahren ein. Figuren wurden erst seit 1769 von TEBO gefertigt, der vorher in Plymouth war. Thomas FLIGHT wurde 1783 Besitzer. Die klassische Flight-Periode dauerte bis 1792, dann verbanden sich FLIGHT's Söhne mit Martin BARR. Die FLIGHT/BARR- oder BARR/-FLIGHT-Periode – einmal war die eine, dann wieder die andere Familie tonangebend – dauerte im ganzen bis 1840. Dann ging die Manufaktur in ein Konkurrenzunternehmen über, das ein früherer Angestellter von FLIGHT und BARR, Robert CHAMBERLAIN 1792 gründete. Ab 1848 sind Walter CHAMBERLAIN und John LILLY die Besitzer, von 1852–62 KERR und BINS. 1889 und 1905 wurden zwei weitere in Worcester gegründete Fabriken, die von Thomas GRAINGER- und die HADLEY-Werke, dem Unternehmen angeschlossen.

WORKBOX. Nähkasten. In England werden auch Nähtischchen als Workbox bezeichnet. Wenn aber Beine vorhanden sind, ist der richtigere Ausdruck >Worktable.

WORKTABLE. Nähtischchen mit Schublade, die wiederum in Fächer eingeteilt ist. Unter der Schublade hing ein Stoffsack, in dem das Näh- oder Strickzeug aufbewahrt wurde.

Derartige Stoffsäcke sind später oft abmontiert worden. Worktable werden auch Sewing Table oder Pouch Table genannt.

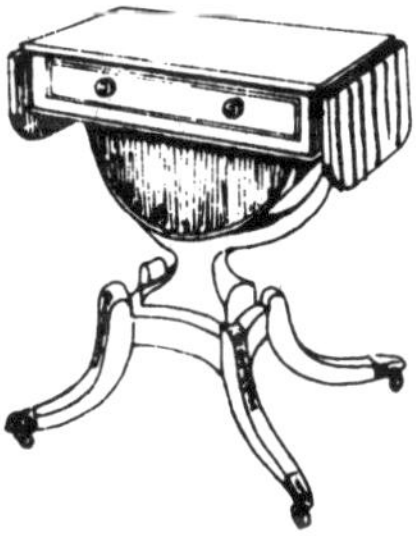

Drei Beispiele für Regency-Nähtischchen

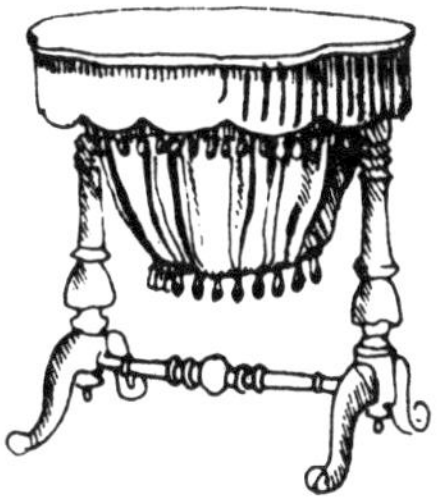

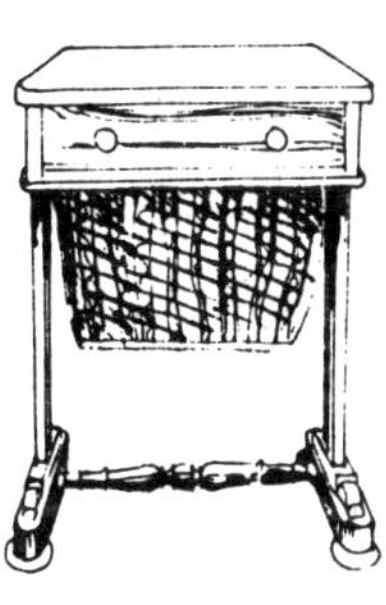

Zwei Victorian Nähtische mit Stoffsack

Worktable mit Schachbrett

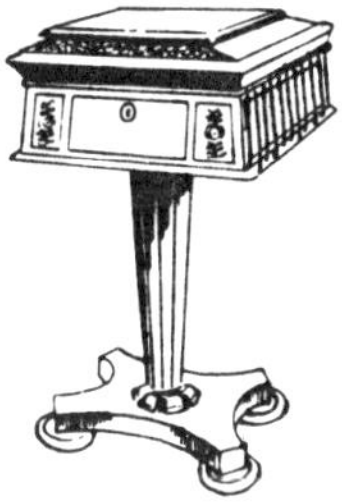

Victorian

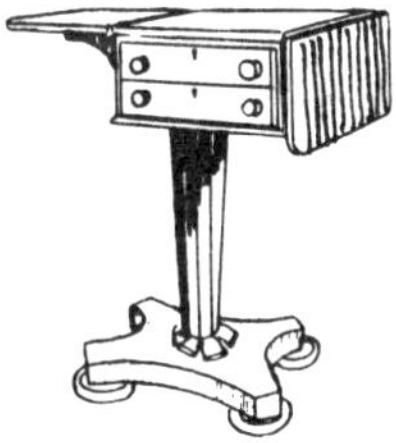

WORMHOLES. Löcher des Holzwurms an alten Möbeln, die aus relativ weichem Holz hergestellt waren. In „faked" antiques (> Fake) werden Wormholes auch künstlich verursacht, im Gegensatz zu den gekrümmten Gängen aber gerade durchgehend.

WREN, Christopher. Bekannter Architekt gegen Ende des 17. Jh. (1632–1723), der vorwiegend Stadt- und Landhäuser im Barockstil baute und mehr auf Interior-Design (Kamine, Paneele usw.) als auf Möbel spezialisiert war. Architekt der St. Paul's Cathedral in London und von weiteren 100 öffentlichen Gebäuden und Colleges.

WRITING BOX. Schreibkästchen, tragbares Schreibpult. Durch Aufklappen einer Box entsteht ein kleines Pult (ohne Untergestell) mit lederbezogener Schreibplatte und Schüben und Fächern für Tinte und Schreibutensilien. Writing Boxes (>Bible Box) gibt es seit dem 16. Jh., auch oft nur als Lesepult.

WRITING DESK. Schreibpult, an dem man sitzen kann. Meist mit Lederplatte und manchmal mit Messinggalerie. Das Oberteil ruht lose im Rahmen des Untergestells. Aus dem Writing Desk mag sich der > Davenport entwickelt haben.

WRITING SIDE TABLE. Ein Schreibtisch auf vier Beinen, den man an die Wand stellt, meist mit Leder-

platte. Fast immer viktorianischen Ursprungs. Die relativ kleinen Tische haben zwei oder vier oder fünf Schubläden, sind recht praktisch und recht preiswert.

WRITING SLOPE. Andere Bezeichnung für > Writing Box.

WRITING TABLE.
> Bureau
> Bureau Plat
> Davenport
> Drum Table
> Library Table
> Pedestal Desk
> Secretaire
> Writing Desk
> Writing Side Table

Georgian Bureau, Bracket Feet

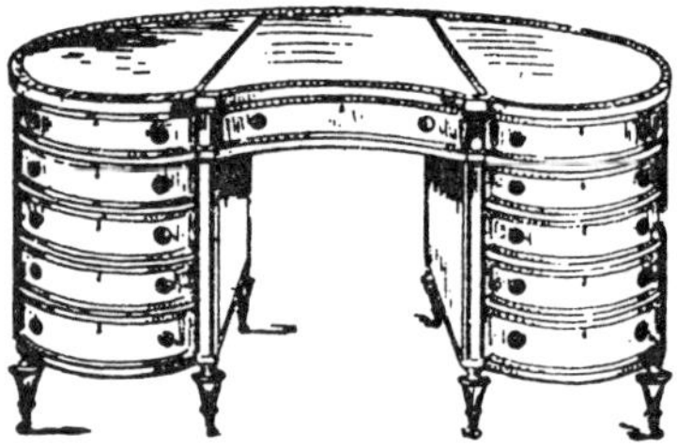

Kidney Writing Desk, Georgian

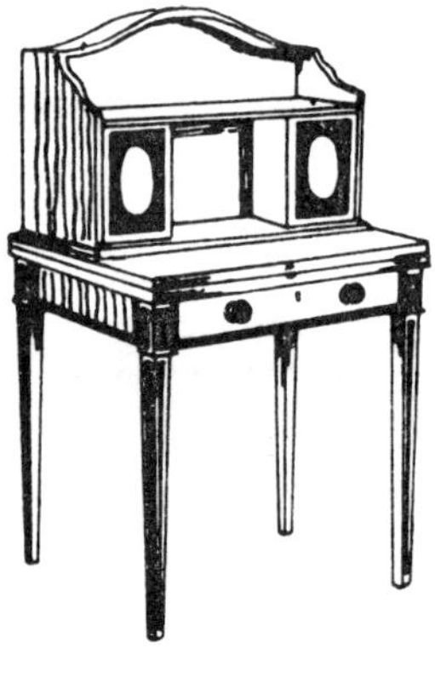

Bonheur du Jour, Sheraton

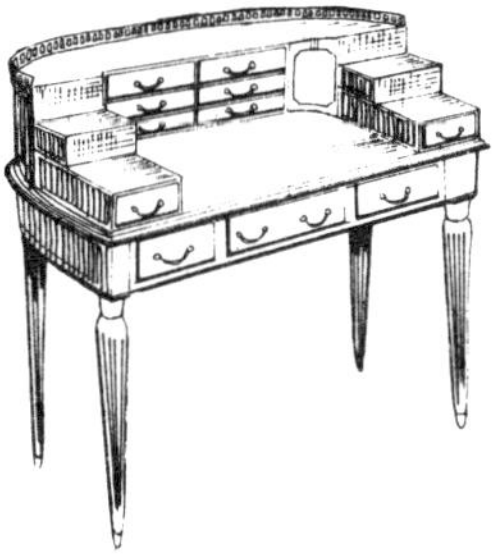

Carlton House
Writing Table

Georgian
Kneehole
Desk

Sheraton
Writing Table
with Cylinder Top

Writing Table
with Leather Top

WRITING WINDSOR. Windsor Chair aus dem 18. Jh. mit einer Schreibfläche, die an einer der beiden Armlehnen angebracht ist. Unter der Schreibfläche und unter dem Sitz befindet sich häufig eine Schublade.

WYATT, James. Bedeutender Innenarchitekt während der Zeit König Georg IV. (Regency), der in den Stilarten Klassizismus und Neogotik arbeitete.

WYLD, J. Uhrmachermeister aus Nottingham im 18. Jh.

X

X-SHAPED. X-förmig. Ein X-shaped Chair hat gekreuzte Beine, bei einem X-shaped Stretcher kreuzen sich die Querstreben unterhalb eines Tisches oder Stuhls.

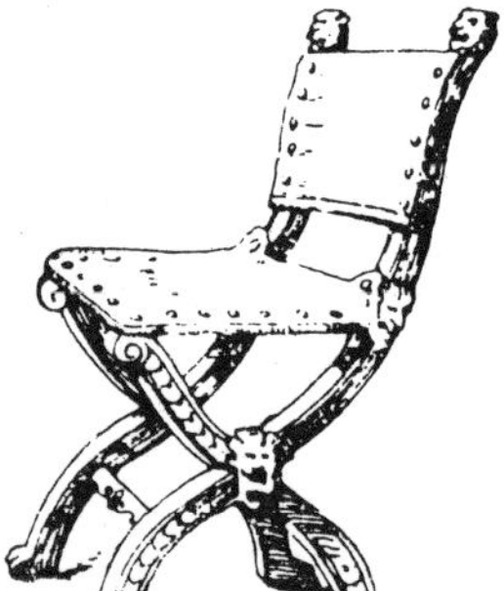

X-Shaped Chair

X-Shaped Stretcher

Y

YEW. Eibe, ein gelbliches bis hellbraunes Holz mit kleinen schwarzen Flekken (Astlöcher). Eibe ist ein besonders hartes, dichtes Holz und deshalb gut zu polieren. Es wird im allgemeinen nicht gebeizt, um seinen eigenen Charakter zu erhalten. In England wurde es seit dem 16. Jh. auf dem Lande (Tudorzeit) verarbeitet, später, vor allem in der viktorianischen Ära, auch für elegantere Möbel und Furniere.

YOKE BACK. Gekreuzte s-förmige Bogen als Verzierung bei Rückenlehnen in der Georgian Zeit. Die Silhouette gleicht einem Ochsenjoch.

YOKE FRONT CHEST. Schubladenkommode des 18. Jh. mit nach innen geschwungener Front, d. h. das Mittelteil flieht zurück.

YORKSHIRE CHAIR. Ein kleiner, geschnitzter Stuhl der Jacobean Period, mit gerader Rückenlehne, gedrehten Beinen und reich geschnitzten, bogenförmigen Partien in der Rückenlehne. Typisch nordenglisch.

YORKSHIRE CHEST. Kommodenform, nach der gern Eichen-Chests in Yorkshire gebaut wurden.

Yorkshire Chest, ca. 1780, Crossbanding

Z

ZARGE. Verbindungsstück zwischen den horizontalen (Tischplatte, Sitzfläche eines Stuhls) und den vertikalen (Beine, Stützen) Bauelementen eines Möbels als rahmenartige Einfassung. Auch als erhöhter Rand einer Tafel.

ZEBRAWOOD oder ZEBRANO. Zebraholz, braune Streifen auf hellbraunem Grund während der Regency-Periode für elegante Möbel verwendet; stammt aus Brasilien und Afrika.

ZEDER. > Cedar.

ZEITSCHRIFTENSTÄNDER. > Canterbury.

Georgian Canterbury

Regency Canterbury, ca. 1820

Victorian, ca. 1850

ZIDER (CIDER)-GLASSES. Trinkgläser für Zider (Apfelwein), den Ale-Gläsern ähnlich, aber mit Apfelblüten oder -bäumen graviert; gewöhnlich mit flötenförmigem Kelch. Der Schaft mit einem Mittelknauf sitzt auf hohem, breitem Fuß.

ZINN. > Pewter. Zinngegenstände sollten – wenn sie leicht verschmutzt sind – mit warmer Seifenlauge und einer weichen Bürste (Naturhaar) gerei-

2 Beispiele für Pewter Mugs, 18. Jh.

nigt werden. Zum Trockenreiben sollte man ein Flanelltuch nehmen. Man kann natürlich auch das alte Spezialmittel Zinnkraut (Ackerschachtelhalm) zum Putzen verwenden, aber niemals scharfe oder körnige Putzmittel. Auch bei Metallwolle große Vorsicht. Wer damit umgeht, muß sehr viel von Zinn verstehen. – Auf gar keinen Fall dürfen Putzmittel bei Reliefzinn verwendet werden, denn dessen Erhöhungen würden abgewetzt.

ZINNPEST. Eine bei Zinngerät auftretende Krankheit, die sich in verschieden großen Aufblähungen äußert, die nach und nach den ganzen Gegenstand befallen und zur völligen Auflösung des Zinns führen. Die Aufblähungen zerfallen bei Berührung zu einem schwarzgrauen Pulver. Bei der Beseitigung müssen die Aufblähungen vorsichtig entfernt werden. Dann wird der Gegenstand wiederholt mit einer Salzsäurelösung behandelt und schließlich lange Zeit gewässert (>Pewter).

ZYLINDERBUREAU. > Cylinder Bureau. Ein Schreibmöbel mit zy-

lindrischem Rollverschluß; beim Öffnen rollt sich der Zylinder zwischen Rückwand und Schubkastenteil ein. Das Möbel kam Anfang des 18. Jh. auf. Das Zylinderbureau ist häufig mit vielen Geheimfächern ausgestattet.

Literaturverzeichnis

ANDREWS, John	The price guide to antique furniture, The Antique Collectors' Club, Clopton/Suffolk
ANDREWS, John	Victorian Furniture, The Antique Collectors' Club, Clopton/Suffolk
ANDREWS, John	Antique Furniture, Lyle 1977
AUSTEN, Brian	A Handbook of Styles in English, W. Foulsham & Co. Ltd., Slough 1974
AUSTEN, Brian	Engl. Möbel im Lauf der Jahrhunderte, Keysersche Verlagsbuchhandlung, München 1975
CHIPPENDALE, Thomas	The Gentleman and Cabinet-Maker's Director (Reprint), Dover Publications, Inc., New York
CURTIS, Tony	Lyle Official Antiques Review 1977, Lyle Publications, Selkirkshire 1976
CURTIS, Tony	Lyle Furniture Antiques and their values, Lyle Publications, Selkirkshire 1976
CURTIS, Tony	Silver, Antiques and their values, Lyle Publications, Selkirkshire 1976

DOLZ, Renate	Porzellan, Heyne-Verlag, München 1975
DOLZ, Renate	Gläser, Heyne-Verlag, München 1975
DOLZ, Renate	Zinn, Heyne-Verlag, München 1976
DOUCET, F.	Silber, Heyne-Verlag, München 1975
FERBER, Elfriede	Ullstein Möbelbuch, Ullstein-Verlag, Frankfurt–Berlin–Wien 1974
HAYWARD, Charles-H.	Antique or Fake? Evan Brothers Ltd., London 1977
HUGHES, G. Bernard	Collector's Pocket Book, Country Life
JOHNSON, Peter	Collecting Antique Furniture, The Hamlyn Publishing Group Ltd., London–New York 1976
KINGSLEY-ROWE, E. + CAMERON, Ian	Das große Antiquitätenlexikon, Herder, Freiburg–Basel–Wien 1977
LIPPS, Holger	Englische Möbel, Heyne-Verlag, München 1974
MACDONALD-TAYLOR, Margaret	English Furniture from the Middle-Ages to Modern Times, Evan Brothers Ltd., London 1965
MOLESWORTH, H. D. + KENWORTH-BROWN, John	Meisterwerke der Möbelkunst aus drei Jahrhunderten, Schuler Verlagsgesellschaft, München 1972
NICKERSON, David	Englische Möbel d. 18. Jahrhunderts, Ariel Verlag, Frankfurt 1963

PEGLER, Martin — The Dictionary of Interior Design, Arthur Barker Ltd., Woking London 1967

PRAZ, Maria — An Illustrated History of Furnishing, George Braziller, New York 1964

The Complete Encyclopaedia of Antiques, Compiled by The Conoisseur, Editor: L.G.G. Ramsey, London 1962-1967

Le Rayonnement (Paris), Die großen europäischen Möbelstile, Keyser, Heidelberg–München 1963

SCHINDLER, George — Uhren, Heyne-Verlag, München 1976

SHERATON, Thomas — The Cabinet-Maker And Upholsterer's Drawing-Book (reprint), Dover Publications Inc., New York

Nachschlagewerke & Jahrbücher*

Busse, Joachim — Internationales Handbuch aller Maler und Bildhauer des 19. Jahrhunderts, Busse-Verzeichnis, Busse Kunst Dokumentation GmbH, Wiesbaden

Caplan, H. H. — The Classified Directory of Artists Signatures, Symbols & Monograms, Georg Priors Publishers, London

Guichard, Kenneth M. — British Etchers 1850–1940, Georg Priors Publishers, London

Hislop, R. — Art Sales Index, Band I: Auktionsergebnisse für Ölgemälde, Band II: Auktionsergebnisse für Aquarelle und Zeichnungen, Art Sales Index Ltd., London

Internationales Kunst-Adreßbuch — International Directory of Arts, Art Address Verlag Müller GmbH & Co. KG, Frankfurt/M.

Matterlin, O. — Le Catalogue Bibliographique des Ventes Publiques, Edition Mayer, Paris

Mayer, E. — L'Annuaire International des Ventes 1978, Edition Mayer, Paris

*zu beziehen über Art Address Verlag Müller GmbH & Co. KG, Große Eschenheimer Str. 16, Postfach 2187, 6000 Frankfurt/M., Tel. (0611) 284486, Telex: 04-11699 omf d

5
NDR
30644

T Sheraton del. G Terry Sculp.

Publish'd by T. Sheraton. March 27. 1793.

Originalzeichnungen von SHERATON